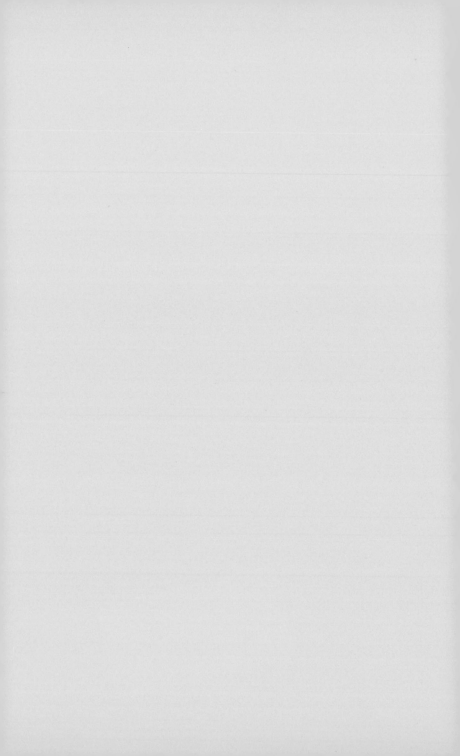

나르시시즘의 고통

나르시시즘의 고통

이졸데 카림

신동화 옮김

우리는 왜 경쟁적인 사회에
자발적으로 복종하는가

민음사

목차

일러두기

1 단행본은 『　』로, 논문, 기사, 영화 등 개별 작품은 「　」로, 잡지 등 연속간행물은 《　》로 표시했다.

2 외래어 표기는 국립국어원의 외래어 표기법을 따랐으며 일부 관례로 굳어진 것은 예외로 두었다.

1장

우리의 자발성은
어디에서 비롯하는가?

출발점은 오래된 의아함이다. 왜 우리는 현재 상태에 동의하는가? 현재 상태가 우리에게 이롭든 아니든. 우리는 이따금 투덜댈지 모른다. 하지만 대체로는 주어진 상황에 동의한다. 자발적으로. 이 자발성은 어디에서 비롯하는가?

이 책을 쓰기 시작할 무렵 발생한 코로나 팬데믹은 이 오래된 의아함에 새로운 장을 열어 주었다. 그리고 이 책이 팬데믹에 관한 책은 아니지만 우리는 팬데믹에서부터 우리의 문제를 펼쳐 나갈 수 있다.

기억을 떠올려 보자. 손 씻기든 마스크 착용 의무든 아니면 사회적 거리 두기든, '조치들'이 시행되면서 물음이 떠올랐다. 왜 많은 이들이, 모두는 아닐지라도 다수가 이러한 규정을 따르는 것일까?

이에 대해서는 수많은 답이 있었다. 가령 두려워서다. 처벌이 두려워서, 지침을 준수하지 않을 경우 받을 제재가 두려워서. 그런데 이것은 순종이다. 규정, 명령, 법령 같은 외적인 형식에 부응하는 것이다.

그러나 다른 두려움 때문일 수도 있다. 위험이 두려워서, 바이러스가 두려워서. 이때 따르는 행위는 복종에서 이성으로 전도된다. 꼼꼼히 헤아리는 합리적 존재로서, 깨어 있는 시민으로서 사람들은 여러 규제 조치의 필요성을 십분 이해한다. 즉 확신이 있기에 따르는 것이다. 더 이상 규정된 형식을 따르는 게 아니라 주어진 내용을 따른다. 납득이 가는 내용을 따른다. 따라서 일반적으로 사람들은 관철되는 형식을 따르거나 납득이 가는 내용을 따른다.

대개는 아마 두 가지가 혼합된 형태였을 것이다. 완벽하게 착실한 시민이나 100퍼센트 자주적인 주체가 어디 있겠는가? 그래도 여전히 해결되지 않는 지점이 있다. 바로 팬데믹이 그것을 드러냈다. 특히 초기에 사람들은 무엇이 이성적이고 무엇이 그렇지 않은지를 거의 판단할 수 없었다. 무엇이 우리를 지켜 주고 무엇이 소용이 없을까? 마스크의 경우 처음에는 '소용없다'였다가 나중에는 '필요하다'가 되었다. 접촉 감염, 즉 표면 접촉은 처음에는 '파급력이 엄청나다'였다가 나중에는 '무시해도 좋다'가 되었다. 길거리에서의 우연한 만남은 처음에는 '위험하다'였다가 나중에는 '상관없다'가 되었다. 그럼에도 사람들은 조치를 따랐다. 단지 이성만으로는 설명할 수 없는 일이었다. 왜냐하면 사람들은 논증이 불가능한 것에도 순응했기 때문이다. 그렇다고 순수한 순종도 아니었다.[1]

정치의 목표는 사소하기 이를 데 없는 일상적 행위에 이르기까지 사람들의 행동을 변화시키는 것이다. 따라서 정치는 사람들의 협조에 의존한다. 그렇다면 이러한 지침들에 대한 동의는 어디에서 비롯하는가? 여러 견해에 따르면 사람들의 행동을 가장 잘 규제하는 수단은 긍정적 자극이다. 다시 말해 강제도 설득도 아니라 조작이다. 하지만 이런 상황에서 무엇이 이성적인지가 불분명하듯, 여기에서 무엇이 긍정적 자극으로 기능하는지 역시 불분명하다. 이 모든 가능성은 결국 불충분하다. 그것들을 혼합한 형태도 충분하지 않다. 왜냐하면 핵심 동기를 놓치고 있기 때문이다. 자발성이 바로 그것이다. 자발적인, 하지만 이성에 근거하지 않는.

즉 코로나 팬데믹이라는 예외 상태는 우리가 발단을 넘어서 물음을 다르게 던져야 한다는 것을 보여 주었다. 만약 어떤 사건에서, 만약 사회적 관계들 일반에서 대중의 자발성이 핵심이라면, 그러한 자발성은 어디에서 비롯하는가? 21세기 계몽된 주체의 자발성은 어디에서 비롯하는가? 이것이 서두에 언급한 의아함이다. 그리고 이것이 우리의 문제다.

[1] 모든 유형의 코로나 부정론자들이 보인 온갖 거부 형태는 일단 논외로 하자. 왜냐하면 우리의 문제에서는 순종하는 행위가 훨씬 더 흥미진진하기 때문이다.

라 보에시의 역설적 공식

1546년 또는 1548년[2]에 프랑스 작가 에티엔 드 라 보에시는
「자발적 예속에 관한 논설(Discours de la servitude volontaire)」을
썼다.[3] 이로써 그는 수없이 인용되는 공식을 만들었다. 자발
성을 예속과 결합하는 이 공식은 자발적 강제 관계라는 역설
적인 혼합 형태를 제시한다.

　라 보에시는 묻는다. 그토록 많은 사람들, 온 마을과 도시
와 민중들이 단 한 사람의 폭군을 감내한다니, 어떻게 이럴 수
가 있을까? 그의 답은 이렇다. 통치자는 사람들이 주는 것 이
상의 권력을 갖지 않는다. 폭군도 마찬가지다. 폭군은 사람들
이 양도한 만큼의 권력만 가진다. 폭군은 사람들이 견딜 용의
가 있는 만큼만 그들을 해할 수 있다. 그러므로 지배의 비결은
피지배자들의 동의에 있다. 피압제자들은 자신들에 대한 억압
을 자발적으로 받아들인다. 이것이 라 보에시가 동시대인들에
게 주는 역설적 교훈이다. 그리고 라 보에시는 그들을 향해 외

---

〔2〕　정확한 집필 날짜는 알 수 없다. 이 텍스트는 1576년에 처음 출간
되었다.

〔3〕　Étienne de La Boétie, *Abhandlung über die freiwillige
Knechtschaft*, Innsbruck(Wien, 2019).(한국에 여러 번 출간된 번역
본의 제목은 '자발적 복종'이다. 카림의 독일어 텍스트에서는 과거의 '예
속 혹은 노예 상태(Knechtschaft, servitude)'와 오늘날의 '복종(Un-
terwerfung)'을 구별하여 논의를 펼치기에 부득이 기존 번역본과는 다
른 용어를 택했다.ㅡ 옮긴이 주)

친다. 폭군을 강력한 존재로 만든 것은 너희들 자신이다! 폭군의 권력은 너희들의 자발성이다!

라 보에시에 따르면 민중이 자유로워지려면 군주를 섬기는 일을 관두기만 하면 된다. 왜냐하면 예속될지 아니면 자유로워질지 선택권은 민중에게 있기 때문이다. 그러나 민중은 자신의 불행에 동의한다. 아니, 한술 더 떠 자신의 불행을 추구한다.

"참으로 몹시 기묘한, 그러나 흔하디흔한 현상이다."라고 라 보에시는 말한다.[4]

그런데 왜 사람들은 본인의 이익에 부합하든 아니든 상관없이 복종하는 것일까? 무엇보다도(이것은 훨씬 더 유해한 문제다.) 왜 사람들은 본인의 이익에 부합하지 **않는데** 복종하는 것일까?

라 보에시는 이 역설적 현상을 다음과 같이 설명한다. 원래 민중은 강제로 예속되었을 것이다. 그러나 예속되자마자 "자신의 자유를 아주 망각"하게 되고 자진해서 폭군을 섬기게 된다. 그런데 이러한 망각은 어디에서 비롯할까? 어떻게 강제가 자발성으로 전도될까? 이 물음에 대한 답을 라 보에시는 하나하나 전부 열거한다.

첫째, 기만과 유혹을 통해서다. 다시 말해 폭군의 책략을

[4] Ibid., p. 6.

통해서다. 폭군들은 유곽과 도박장, 대중 경기, 오락에다가 고기를 나눠 주는 잔치 같은 강력한 수단을 능란하게 사용했다. "폭군들은 그렇게 백성들을 속인다. 무지한 백성들의 주인은 늘 배다."[5] 이게 교환이라고 말할 수도 있을 것이다. 그러나 나쁜 교환이다. 그 대가가 자유이기 때문이다.

둘째, 지배는 뭐든 쉽사리 믿게 만드는 모든 수단을 통해서 작용한다. 무엇보다 화려함, 거짓말, 종교 같은 권력의 쓸데없는 부속물을 통해서. 즉 사람들을 현혹시키는 모든 것을 통해서.

셋째, 자발성은 습관과 교육을 통해 장려된다. 습관과 교육은 "자유를 위해 태어난" 인간의 본성을 기형화한다. 곧 자발성은 다름이 아니라 자유를 향하는 인간의 자연적 경향이 기형화된 것이다. 교육과 습관은 이러한 본성을 덮어 버리고 망가뜨린다. 그리하여 인간은 자유의 대체물인 자발성에 만족한다. 이 대체물은 습관과 교육을 통해 인간에게 자연스러운 것이 되고, 타고난 "온전한 본성"을 대체한다. 따라서 자발성이란 참된 자유를 대신해 제2의 본성이 되어 버린 대체물이라 할 수 있다.

라 보에시는 섬기려는 고집스러운 태도가 깊숙이 뿌리를 내린다고 하면서도, 그리고 (자기) 노예화가 제2의 본성이 되

[5] Ibid., p. 42.

었음에도 텍스트에서 촉구하고, 선언하고, 호소한다. "더 이상
섬기지 않겠다고 결심하라. 그러면 그대들은 자유롭다." 더 이
상 노예 상태에 동의하지 않으면 즉시 해방될 것이라면서. 마
치 제2의 본성을 간단히 떨쳐 버릴 수 있는 양. 동시대인들을
향한 라 보에시의 촉구는 두 가지에 근거한다. 한편으로 그는
예속 상태를 외적 관계로 생각한다. 무엇보다 그것이 강제와
기만에 의거한 경우에 그렇다. 다른 한편으로 자발성은 그의
텍스트에서 놀라운 존재를 영위한다. 즉 자발성은 부재한다.
자발성을 다루는 텍스트에서 이것은 놀라운 일이다. 이 텍스
트에 자발성이 부재하는 까닭은 어쩌면 라 보에시가 자발성을
결핍으로만 여기기 때문일지도 모른다. 자발성이란 참되고 왜
곡되지 않고 자연스러운 자유의 부재이므로. 자발성은 그에게
단지 기형화되고 타락한 인간 본성에 불과한 것이다.

　　라 보에시의 역설은 지속적인 동시에 변화할 수 있는 현
상이다. 오늘날에도 여전히 우리가 자발적인 강제 관계 속에
서 살고 있다는 점에서 그것은 지속적이다. 하지만 사회적 관
계와 더불어 자발적 종속도 그때그때 바뀐다는 점에서 그것은
변화할 수 있다.

　　자발적 순응은 예나 지금이나 존재한다. 그러나 순응하는
방식 그리고 순응하는 대상은 변한다. 따라서 그것은 불변하
는 현상이면서도 다양한 특징과 다양한 강도와 다양한 실현
방식을 가지며 다양하게 이론화된다. 그래서 오늘날에는 자발

적 예속이 아니라 자발적 복종이 존재한다. 이것은 중요한 차이다. 왜냐하면 복종하는 자는 주인의 노예가 아니기 때문이다. 복종하는 자는 오히려 관계에 순응한다. 그는 자신을 끼워 맞춘다. 예속과 달리 이것은 스스로를 복종이라 여기지 않는 복종이다. 이 복종은 오히려 동의로 체험된다. 현재 상태에 대한 동의로, 사회 질서의 수용으로. 아니, 더 나아가 이 위장된 강제 관계의 자발성은 정반대의 것으로 나타난다. 복종이 권능 부여[6]로 체험되는 것이다. 이러한 자발적 복종의 실효성은 결코 과대평가할 수 없다. 왜냐하면 그것은 기존 질서를, 기존 관계를 유지하고 떠받치고 영속화하는 가장 광범위하고 가장 효율적인 형식이기 때문이다. 자신의 이익에 합치하게 그리고 자신의 이익에 반하여.

하지만 자발적 복종이 지속적인 동시에 변화할 수 있다면, 한 가지 의문이 생긴다. 도대체 자발성이란 무엇인가? 그리고 자발성은 어디에서 비롯하는가?

공식의 확장

그러니까 우리는 라 보에시의 텍스트에 부재하는 자발성을 탐

---

〔6〕 Ermächtigung. '임파워먼트', '역량 강화', '권능 부여', '권한 부여', '역능화' 등 여러 가지로 번역되는 개념이다.─옮긴이 주

색한다. 그곳에서 존재감 없는 부엌데기 신세인 자발성 말이
다. 라 보에시에게 자발성이란 자유를 향한 '본능'이 타락한
것이다. 그것은 자유 충동의 자연스러움을 덮어 버리는 문명
적 기형화다.

　하지만 우리의 탐색은 문명의 폐허 속을 파헤치는 고고학
적 작업이 아니다. 만일 그렇다면 라 보에시의 가설을 확인하
는 게 될 테니까. 우리의 탐색은 에움길로 돌아간다. 사회적인
것을 기형화가 아니라 가능성으로, 저 께름칙한 자발성의 조
건으로 이해하는 길로.

　자발적 복종이라는 역설적 공식을 제공한 것은 라 보에시
의 공로다. 그러나 그는 유효한 개념 정의를 남기지는 않았다.
그가 마음속에 그리는 것은 결단력을 가지고 폭군에 맞서는
주체의 모습이다. 이 주체가 자발적 복종에 이른 것이 습관이
된 강제 때문이든, 기만 때문이든, 아니면 유혹 때문이든, 어
떤 경우든 간에 이걸로는 미흡하다. 왜냐하면 이 모든 경우에
그것은 외적 관계에 그치기 때문이다. 자발적 복종은 내적 관
계를 필요로 하고, 내적 관계에 근거한다. 아니, 더 나아가 자
발적 복종은 내적 관계**다**.

　따라서 우리는 물음을 제기해야 한다. 그런 관계를 어떻게
상상할 수 있는가? 그리고 그것은 어디에서 비롯하는가?

　이 물음에 답하기 위해 우리는 16세기 프랑스에서 17세기
네덜란드로 향해야 한다. 우리는 바뤼흐 스피노자에게서 자발

적 복종에 대한 다른 정식화를 발견한다. 스피노자에 따르면 사람들은 "마치 자신의 구원을 위한 것인 양 자신의 예속을 위해 투쟁한다."[7]

이로써 사람들은 자신의 예속을 구원과 혼동할 뿐만 아니라, 더구나 자신의 예속을 위해 투쟁한다. 왜일까?

언뜻 보면 이렇게 말할 것이다. 예속이란 강제이며 구원이란 우리가 바라는 것, 추구하는 것이라고. 물론 그렇다. 하지만 스피노자는 국가의 지배가 순종을 강요하는 데 한정되지 않음을 보여 준다. 국가의 지배는 사람들을 자발적으로 순종하게 만드는 모든 수단을 포괄한다. 중요한 점은 스피노자에게는 이 둘이 차이가 없다는 사실이다. 주권자의 명령에 따르는 이유가 처벌이 두려워서든, 이득을 바라서든, 신 혹은 조국을 사랑해서든 아무래도 상관없다. 왜냐하면 "순종하는 **이유**가 아니라 순종한다는 **사실**이 한 사람을 신민으로 만들기"[8] 때문이다.

단지 행동이 자발적이라고 해서 예속이 아니라 실은 구원이라는 법은 없다. 물론 우리는 **자신의 판단에 따라** 행동할지 모르지만, 그렇다고 해서 우리가 국가의 법이 아닌 **자신의 법**에 따라 행동하는 것은 아니라고 스피노자는 말한다. 즉 자발

[7] Baruch de Spinoza, *Theologisch-politischer Traktat*(Hamburg, 2012(초판 1670)), p. 6.

[8] Ibid., p. 255.(강조는 저자)

성은 복종이라는 사실을 바꾸지는 않는다. 그러므로 스피노자의 말마따나 중요한 점은 순종이라는 외적 행동이 아니라 "내적 마음가짐"이다. 바로 이것이 우리가 찾던 내적 관계다. 이 말인즉슨 자발성이란 단순히 명령을 따르는 데 그치지 않고 "진심으로" 따르는 것이다. 따라서 우리는 더 나아가 이렇게 말해야 한다. 자발성은 복종이라는 사실을 축소시키지 않는다. 정반대다. 자발성은 복종이라는 사실을 오히려 증대시킨다. 그리하여 스피노자는 결론에 이른다. 가장 큰 지배력을 행사하는 자는 "신민들의 마음을 지배하는 자"다.

그런데 마음을 지배하는 것은 정서를 조종하는 것이다. 즉 사랑, 증오, 경멸 같은 격정의 방향을 조종하는 것이다. 가령 우리에게 구원처럼 보이는 자신의 예속을 위한 투쟁에 나서도록 말이다. 격정은 본질적으로 주권자를 향한다.

여기에서 우리는 스피노자가 "군주정의 마지막 비밀"이라 일컫는 것에 접근한다. 신민들은 자신의 구원을 예속과 혼동하기만 하는 게 아니다. 그들은 자신의 복종을 자발성과 혼동하기만 하는 게 아니다. 그들은 자신의 군주를 신과 혼동하기도 한다.

그리고 이는 내적 관계에 따라 자발적 복종에 대한 다른 중요한 키워드를 우리에게 제공한다. 스피노자에게 이러한 복종의 전형은 종교이기 때문이다. 유일신 신앙이 특히 그렇다. 순수한 필연성으로 이해했을 때 추상적인 성격을 가진 이

보이지 않는 신은 마음을 움직일 수 없다. 신은 표상이 될 때
만 마음을 붙잡을 수 있다. 즉 마음을 사로잡을 수 있는 형태
를 갖춰야만 한다. 신은 군주로, 왕으로, 입법자로, "자비롭고
공명정대한", 그러니까 인간적 특성을 가진 존재로 표상되어
야만 한다. 요컨대 신은 인간으로, 이상화된 인간으로 파악될
때, 파악 가능한 존재가 될 때 마음을 움직인다. 권위는 인간
화되어 인간적 형상을 갖춰야 비로소 마음에 호소한다. 흰 수
염을 기른 늙은 남자의 표상이 비로소 마음을 움직이고 순종
을 부추긴다. 관건은 진심에서 우러나온 순종이다. 그것은 복
종이라 느껴지지 않는 복종이다. 왜냐하면 그러한 인간적 표
상이 자발성의 핵심 동기를 낳기 때문이다. 권위에 대한 "개
인적 관계"[9]가 그것이다. 인격화된 신에 대해서만 우리는 개
인적 사랑의 관계를 맺는다. 그런 신만이 나를 사랑한다. 그리
고 그런 신만이 **나를** 사랑한다. 즉 그런 신만이 스피노자의 표
현처럼 "다른 모든 사람보다" 나를 사랑한다. 이것은 결정적
인 지점이다. 그 의미는 다음과 같기 때문이다. 신이 **나를** 본
다. 신이 대상으로 삼는 것이 **나**다. 그리고 이 대상 됨은 자발
적 복종, 진심에서 우러나온 추종의 동력이다. 그것은 기만 또
는 유혹이라는 모든 순전히 외적인 표상을 훨씬 넘어선다.

[9] Etienne Balibar, *La crainte des masses. Politique et philos-
ophie avant et après Marx*(Paris, 1997), p. 67.

정리하면 자발적 복종의 중심에는 이 내적 관계, 즉 신에 대한, 권위에 대한 개인적 관계가 자리한다. 프랑스 철학자 루이 알튀세르는 1970년대에 이 관계를 냉철한 개념으로 옮겼다. 그는 이것을 호명이라 불렀다.[10]

호명이란 무엇인가?

호명은 종교적 맥락 안은 물론이고 밖에도 있다. 하지만 모든 경우에 동일한 의미를 가진다. 즉 호명은 자발적 복종의 원장면이다. 비록 일반화되고 세속화되었더라도 종교는 여전히 그러한 호명의 모델이다.

통상 말하길 신자는 신을 부른다. 하지만 그러자면 이미 신을 믿어야 한다. 신이 기도를 들어준다고 믿어야 한다. 그러니까 이미 믿는 자여야 한다. 따라서 이것은 이차적 호명이다. 하지만 일차적 호명은 이처럼 신을 향하는 것에 선행하는 과정이다. 그것은 **우리에게** 내리는 부름이다. 앞서 언급한 경우에 신자에게 닿는 것은 신의 부름일 것이다.

이것은 몹시 상상적이면서도 현실적인 과정이다. 상상적이라 함은 그것이 표상되고 상상된 권위에서 출발하기 때문이다. 이 권위는 신, 주권자, 국가, 민족, (심급으로서의) 아버지 혹은 추상적 원칙일 수도 있다. 이러한 권위들은 전부 성격이 제각각이지만 호명 속에서 모두가 표상된 상상적 권위, 즉 인간

[10]　Louis Althusser, *Ideologie und ideologische Staatsapparate*, Positionen Band 3(Westberlin, 1977).

화된 큰 주체가 되고 그 부름은 모든 작은 주체들에게 내린다. 신자든 국민이든 자녀든 간에 우리는 작은 주체들이다. 권위는 각각 대문자 주체가 된다.[11] 이 대문자 주체는 자신의 주체들을 부른다. 흰 수염을 기른 늙은 남자가 자신의 어린 양들을 부르듯이.

이것은 말 그대로 부름일 뿐 아니라 제도적 배열 전체이며 실천적–이데올로기적 배치 전체이다. 즉 제도, 상징, 실천, 의식, 의례, 형식, 전통을 아우르는 총체다. 부름은 이것들을 통과하여 나아가고 표현되고 순환하다가 주체에게 닿는다. 하나의 온 우주인 이것을 이데올로기라 칭할 수 있다.

이 부름은 출생과 함께 (혹은 그보다 앞서) 시작된다. 이때 가정에서는 신생아를 사회에 처음 입문시키는 과정으로 이름과 자리와 정체성을 정해 준다. 부름은 학교와 직업 훈련소에서 계속 이어진다. 부름은 확장되어 부름들의 전체 합창이 된다. 종교 기관의 부름, 정치 조직의 부름, 문화적 형식과 심급의 부름이 된다. 각각의 부름은 제안이자 가능성이며 구체적 정체성과 구체적 자리를 부여한다. 때때로 부름들은 서로를 보완한다. 하지만 때때로 서로 모순되기도 한다. 그러면 개인에게 삶의 위기를 불러올 수 있다. 이러한 부름들은 사방팔방

---

〔11〕 알튀세르는 "평범한 소문자 주체와 구별하기 위해" 큰 주체 (SUBJEKT)를 대문자로 표기한다. 여기에서 나는 알튀세르의 표기 방식을 따른다.

에서 올 수 있다.

　제임스 조이스는 부름의 이러한 다성성(多聲性)을 묘사했다. 젊은 예술가에게는 "무엇보다 늘 신사가 되고, 늘 훌륭한 가톨릭 신자가 되라고 촉구하는 아버지와 선생들의 목소리가 끊임없이 귓속에 울렸다. …… 체육관이 문을 열었을 때 그는 강하고 남자답고 튼튼한 사람이 되라고 촉구하는 또 다른 목소리를 들었다. 그리고 민족 부흥 운동이 서서히 학교에서도 느껴졌을 때, 또 다른 목소리가 그에게 조국에 충성을 다하고 조국의 쇠퇴한 언어와 전통을 재건하는 일에 참여하라고 호소했다. 그가 예상했듯이 범속한 세계에서는 세속적 목소리가 그에게 전력을 다해 아버지의 몰락한 지위를 다시 일으켜 세우라고 촉구했고, 중간중간 학우들의 목소리가 그에게 훌륭한 학우가 되라고, 다른 친구들이 창피를 당하지 않게 도와주거나 곤경에서 구해 주고 최선을 다해 휴강을 얻어 낼 것을 촉구했다."[12]

　그러니까 부름은 우리를 향한다. 부름은 우리에게 말을 건다. 부름은 우리에게 닿는다. 우리가 부름을 들을 때. 우리가 부름을 따를 때. 그러나 우리가 부름을 따르는 것은 명령을 따르는 것과 다르다. 우리는 부름에 응답함으로써 부름을 따른다. 우리는 말한다. 예, 나예요. 그 사람이 나예요. 바로 그 사

[12]　James Joyce, *Ein Porträt des Künstlers als junger Mann* (Zürich, 1993), p. 100.

람이. 그러면 우리는 이름과 자리와 정체성을 받는다. 그러면
우리는 대문자 주체가 우리에게 제공하는 이름을 받는다. 그
러면 우리는 대문자 주체가 우리에게 제시하는 정체성을 받는
다. 부름을 따르는 것은 따라서 나, 특정한 나가 되는 것이다.
대문자 주체의 주체가 되는 것이다. 그때그때 다른 대문자 주
체의 주체가. 왜냐하면 대문자 주체는 삶의 과정에서 바뀔 수
있기 때문이다.

　우리가 본 것처럼 신, 주권자, 국가, 민족, 아버지, 모두가
호명자의 위치를 차지할 수 있다. 그리고 혁명, 미덕 또는 아
방가르드도 마찬가지다. 대문자 주체가 어떤 이름을 가지든
호명에는 상관이 없다. 호명이 우리를 신자로 만들든 아들로
만들든 딸로 만들든 국민으로 만들든 폭도로 만들든 호명에는
역시나 상관이 없다. 어떤 경우든 호명은 우리의 정체성에서,
이로써 우리의 자발적 복종에서 각각의 원장면을 이룬다. 이
때 자발적 복종을 우리는 복종으로 체험하지 않는다. 우리는
그것을 우리가 자발적으로 따르는 부름으로 체험한다. 우리가
받아들이는 부름으로. 우리 것으로 인식하는 부름으로. 우리
는 자신이 부름의 대상이라고 느낀다. 방식은 바뀔 수 있으나
호명이라는 사실은, 우리가 어떤 부름을 따른다는 사실은 평
생 동안 우리와 함께한다. 앞선 호명들과 연속되든 혹은 단절
되든 말이다.[13]

　스피노자가 범례로 제시한 종교를 떠올린다면, 대강 생각

해 봐도 종교적 호명이 시간의 흐름에 따라 어떻게 변화하는
지 알 수 있다.

기독교가 국교로 유럽 지역을 지배했을 때 모든 사회적 제
도는 이 종교적 호명의 유통 영역이었다. 그때 종교적 부름은
가정에서도 학교에서도 내려졌다. 그때 종교적 부름은 정체성
도 생활 세계도 규정했다. 가령 달력을 통해서. 달력은 시간을
성스러운 시간과 세속적 시간, 노동 시간과 자유 시간으로 나
누었다. 달력은 세례부터 통과 의례를 거쳐 결혼과 죽음에 이
르기까지 인생의 단계들에 동반했다.

종교적 고백과 형식이 대폭 늘어나는 오늘날에는 부름(더
이상 모두가 아니라 특정 그룹을 겨냥한다.)은 물론이고 그 제도
적-이데올로기적 유통 영역도 대폭 늘어나고 상세화된다. 그
리하여 가령 소수 종교 커뮤니티들은 각자의 격리된 영역 안
에서 자신들의 부름을 관철하려 하며, 아울러 학교와 같은 보
편적인 이데올로기 장에서는 자신들의 목소리가 특별하게 들
리게 하려고 노력한다.

그러나 사회적 호명들이 종교 영역뿐 아니라 모든 영역에
서 증대되는 경향은 그 개념 자체를 해치지는 않는다. 호명은
예나 지금이나 정체성이, 자발적 복종이 생산되는 방식이다.

〔13〕 우리가 첫머리에 제기한 물음과 관련해서 일단 확인할 수 있는 사
실은 코로나 위기에서도 틀림없이 호명이 이루어졌다는 것이다. 물론 어
떤 호명인지는 아직 알 수 없다.

달리 말하면 호명은 부단한 메커니즘인 동시에 끝없이 다양하게 변형된다.

고로 추상적 원칙들도 부름으로 변신할 수 있다. 정의나 자유, 평등, 형제애 같은 원칙도. 그리고 이성, 쾌락주의 혹은 자유로움도 마찬가지다. 모든 것이 호명이 될 수 있다. 이러한 경우에는 세속적 호명이 된다.

추상적 원칙이 부름이 되면 역시나 인간화 과정을 거친다. 그것은 대문자 주체가 된다. 즉 그것은 '인간적' 형태를 빌린다, 내지는 '인간적' 형태가 그것에 부여된다. '테마별 신들'이라 부를 수 있을 고대 신들과 마찬가지다. 고대 신화에서는 하나의 원칙에 하나의 신, 하나의 신적 형상이 할당된다. 아테나는 지혜, 아프로디테는 사랑, 유스티티아는 정의에 해당하는 식이다. 이러한 신들은 원칙을 표현하고, 말하자면 '체현한다'. 신성을 두고 이렇게 말할 수 있다면 말이다.

세속적 호명을 설명하기 위해 고대 신들을 끌어오는 것이 불합리하게 여겨질지 모르겠다. 하지만 여기에는 전적으로 근거가 있다. 왜냐하면 호명은 결코 완전히 세속적이지 않기 때문이다. 고대 신들이 없어도 말이다.

추상적 원칙에서 부름이 나오려면 그것은 반드시 이상이 되어야 한다. 이상은 신적 형상의 현세적 대응물이다. 이상은 세속적으로 떠받드는 것이기 때문이다. 자율이나 이성처럼 아주 세속적인 원칙들도 이 과정에서 변화한다. 그것들은 신앙

이 된다. 이성적임은 이성을 믿는 것과는 다르다. 후자는 이성
이 상상적인 대문자 주체로 변화되고 이로부터 부름이 나온다
는 뜻이다. 그러한 대문자 주체는 순수한 형태의 원칙이다. 즉
이성의 이상이다. 또한 동시에 이상적 전형의 척도이자 표상
이기도 하다.

원칙 중에는 그 이상이 주체에게 무언가를 요구하는 것들
도 있다. 가령 의무가 그렇다. 그리고 그 이상에 약속이 내포
된 원칙들도 있다. 가령 자율이나 쾌락주의가 그렇다. 하지만
어떤 경우든 원칙은 부름으로 주체에 닿는다. 즉 이상은 추상
적 원칙에 대한 개인적 관계를 열어 준다. 부름을 듣는 주체는
자신이 대상이라고 느낀다. 너는 이성적 주체다.(그보다는, 너
는 이성적 주체여야 마땅하다.) 혹은, 너는 향유하는 주체다. 하
지만 이게 다가 아니다. 개인적 관계는 정서적 차원도 가진다.
이때 사랑과 증오는 칭찬과 질책이 된다. 그 효과는 요구나 약
속에 못지않다.

이제 우리는 라 보에시가 말하는 주체들의 자발적 예속이
란 그들이 폭군의 부름을 따랐고 그에 응했다는 뜻이라는 것
또한 안다. 자신을 대문자 주체의 주체로 이해해야, 그런 식의
개인적 관계에 들어서야 비로소 자발성을 말할 수 있다. 그것
은 우리에게 두루 스며들고 우리의 정체성을 형성할 만큼 개
인적인 관계다.

그런데 만일 대문자 주체가 내 마음을 움직일 뿐 아니라 어느 정도는 형성하기도 한다면 대문자 주체에 대한 이 개인적 관계를 어떻게 생각해야 할까? 만일 이 권위가 내 자발성을 만든다면? 그렇다면 자발성은 내 복종의 결과일까, 아니면 복종이 내 자발성의 결과일까?

사실 이 물음에 그렇게 답할 수는 없다. 그것은 순환 고리이기 때문이다. 권위를 인정하고 그 부름을 따르는 것, 즉 복종하는 행위는 우리를 변화시킨다. 그것은 우리를 특정한 정체성을 가진, 행동할 수 있는 주체로 만든다. 즉 복종은 우리를 행동하는 자로 만든다. 행동하는 자는 부름을 따를지, 다시 말해 자발적으로 복종할지 아니면 그러지 않을지(그럼으로써 다른 부름을 따를지) 결정할 수 있다. 복종하려면 누군가가 되어야만 한다. 그리고 특정한 누군가가 되려면(혹은 바로 그것을 거부하려면. 하지만 그러면 다른 누군가가 된다.) 복종해야만 한다.

따라서 자발성은 라 보에시의 자유 본능처럼 '자연적'이지 않으며, 만들어지고 형성되어야 한다. 호명을 통해서. 이 점에서 자발성은 사회적 산물이다. 곧 사회적 기형물이 아니다. 자발성은 단순한 동의라는 한 가지 의미가 아니다. 그것은 자발적 복종이라는 역설적 관계의 양의성을 띤다. 이 점에서 우리는 라 보에시를 따른다. 그러나 자발성 복종이 의거하는 관계는 권위에 대한 개인적 관계다. 이 관계는 강력한 애착이다.

그야말로 연루다.

사람들은 자신을 복종시키는 권력과 애정 관계로 결합되어 있다. 스피노자의 "마음에 대한 지배"는 그리 쉽게 피할 수 없는 손길이다. 따라서 그러한 자발적 복종을 벗어나는 출구도 그리 쉽게 찾을 수는 없다. 자발적 복종, 이것은 오직 가까스로 풀리는 연루다.

라 보에시는 권력에 대한 관계를 순전하게 외적인 것으로 파악했기에 사슬을 던져 버리라는 구호를 글로 쓸 수 있었다. 외적 관계라면 떨쳐 버릴 수 있다. 하지만 사실 사람들은 "마치 자신의 구원을 위한 것인 양" 자신의 사슬을 위해 투쟁한다. 왜냐하면 이 사슬을 내면화했기 때문이다. 더 나아가 이 사슬이 사람들을 '그들의' 대문자 주체에, 그럼으로써 '그들' 자신의 주체성에 근본적으로 묶어 주기 때문이다.

그렇다면 인간화된 권위, 인격화된 권위에 대한 개인적 관계가 자발적 복종의 공식일까?

아직은 부족하다. 왜냐하면 그것은 자발적 복종의 동기를, 그 사회적 기능을 아직 말하지 않기 때문이다.

자발적 복종의 완전한 공식은 유감스럽게도 좀 더 복잡하다. 즉 이렇다.

"이데올로기는 개인이 자신의 현실적 실존 조건과 맺는 상상적 관계를 표현한다."

참으로 괴물 같은 문장이다. 이 문장은 마치 무슨 일괴암처럼 어느 단편 텍스트에 나온다.[14] 이 문장은 너무나도 부담스럽다. 그러나 이것이 바로 자발적 복종의 거대한 공식이다. 따라서 이 일괴암을 허무는 수밖에 도리가 없다.

이 문장을 분해하기 위해 먼저 분명히 짚고 넘어갈 점이 있다. 현실적(real)과 상상적(imaginär)의 대립은 실제와 가상, 현실과 환상의 대립과 일치하지 않는다. 마찬가지로 그것은 물질적과 관념적의 대립을 의미하지도 않는다.

"현실적 실존 조건"이란 오히려 어떤 인간화도 적용되지 않은 사회 질서 전반을 의미한다. 표상된 형태가 없는. 이데올로기적으로 벌거벗은. 그런데 인격화하는 형상이 없는 그것은 사회적 관계의 익명적 구조다. 여기에서 개인은 탈중심화되어 있다. 개인은 사회적 관계의 중심에 있지 않다. 뿐만 아니라 사람들은 이 관계 속에서 단지 행위자[15]에 불과하다. 관계의 행위자로서 자신을 능가하는 관계의 지배를 받는다. 여기에서는 절대 복종을 말할 수 없다. 왜냐하면 이 관점에서 볼 때 개인은 그저 톱니바퀴에 지나지 않기 때문이다. 그리고 톱니바퀴로서 사람들은 **스스로** 복종할 수 없다. 그저 **수동적으로** 매

[14] Althusser, op. cit., p. 133. 이 텍스트 전체에 대해 나는 책 한 권을 썼다.(『알튀세르 효과(*Der Althusser-Effekt*)』) 지금은 이 문장만 다룰 것이다.

[15] 여기에서 '행위자(Agent)'는 주체적으로 판단하고 움직이는 '행동하는 자(Handelnder)'와 구별된다는 점에 유의해야 한다.—옮긴이 주

일 수만 있다. 사회 기계에. 생산 기계에.

그러나 이것은 주관적으로 견딜 수 없다. 또한 실제로 이루어질 수도 없다. 사람들은 본인이 자기 삶에서 행위자라고 느낄 수가 없다. 본인이 시스템의 톱니바퀴라고 여길 수가 없다. 내지는 만일 그렇게 느낀다면 그것을 견딜 수가 없다. 즉 **견딜 만한** 관계가 필요한 것이다. 우리의 일괴암 같은 문장, 즉 "개인이 자신의 현실적 실존 조건과 맺는 상상적 관계"에 나오는 상상적 관계라는 표현은 바로 이것을 의미한다. 그런데 이 상상적 관계는 이중적이다.

한편으로 그것은 자기 관계다. 즉 우리는 **누군가**다. 누군가는 생겨난다. 특정한 누군가. 뚜렷이 구별되는 누군가. 이 관계에서 우리는 어떤 부름을 따르고, 자아가 생겨난다. 그러니까 우리는 행위자가 아니라 주체다. 톱니바퀴가 아니라 행동하는 자다.

하지만 이 상상적 관계는 자기 관계일 뿐 아니라 세계 관계이기도 하다. 즉 세계와 맺는 개인적 관계다.

세계와 맺는 개인적 관계를 어떻게 상상해야 할까? 스피노자주의자가 태양을 체험하는 것과 대략 비슷하다. "예컨대 우리는 태양을 바라볼 때 태양이 우리에게서 약 200피트 떨어져 있다고 상상한다."라고 스피노자는 쓴다.[16] 이것이 태양

---

[16] Baruch de Spinoza, *Ethik*(Leipzig, 1919, p. 177)(4부 정리 1 주석).

에 대한 우리의 표상을 만든다. 태양의 실제 거리에 대한 우리의 지식과는 무관하다. 우리가 나중에 실제 거리를 알게 된다고 치자. "우리는 그럼에도 불구하고 여전히 태양이 우리와 가깝다고 상상할 것이다." 즉 우리는 인지된 태양을 우리의 의식 속에 있는 무언가로 체험하지 않는다. 우리는 그것을 오히려 우리의 "세계"로 체험한다고 알튀세르는 말한다.[17]

따라서 중요한 건 착오를 밝히는 게 아니다. 실은, 사실은, 너희의 작은 태양은 크기가 이만저만하다고 수치를 대 가며 말하는 것이 중요한 게 아니다. 그리고 너희, 그러니까 우리가 태양이 창문에서 인지하는 것처럼 실제로 작다고 믿는다면 그건 원근법적 착각이라고 말하는 것이 중요한 게 아니다. 중요한 건 계몽이 아니다. 착각과 진실, 오인과 깨달음의 대립이 아니다. 중요한 건 오히려 원근법적 착각을 있는 그대로 이해하는 것이다. 무의미하거나 잘못되었다고 보는 게 아니라 스피노자의 표현처럼 그 "부적절한 관념"의 필요성으로, 필요한 착각으로, 효과적인 가상으로 이해하는 것이다. 달리 말하면 그 "실용적-사회적 기능"[18]을 이해해야 하는 것이다. 이러한 기능은 분명하게 말할 수 있다. 세계를 우리가 견딜 만하게 만드는 것이다. 왜냐하면 태양과의 체험된 거리가 의미하는

〔17〕 Althusser, *Für Marx*(Frankfurt/M., 1968), p. 183.

〔18〕 Ibid., p. 213.

바는 우리가 있는 곳, 우리의 위치가 이 우리 세계를 이루는 부분이라는 것이기 때문이다. 그렇다, 우리가 있는 이 위치에서 세계가 우리에게 열린다는 뜻이다. 이 위치는 원근법적 착각이며 부적절한 관념일지도 모른다. 그럼에도 우리의 '세계', 우리의 '현실'의 토대나 다름없다. 우리의 '세계', 이것은 상상적 관계이자 체험된 관계이자 견딜 만한 관계다. 이 세계에서는 내가 대상이다. 이 세계에서 나는 존재한다. 수신자로서. 이 세계는 나와 관련되어 있다. 내가 이 세계와 관련되어 있듯이. 이 세계의 중심에는 내가 서 있다. 이 상상적 관계는 질서를 의미하며 그 속에서 나는 하나의 자리를 가진다. 톱니바퀴가 아니라 주체로서. 달리 말하면 바로 이 관계, 이 질서 속에서 비로소 자발성이 가능해진다.

이 관계가 상상적이라는 것, 우리가 주체로서 상상적 정체성을 가진다는 것은 그와 상반되지 않는다. 관건은 상상적인 것의 베일을 벗기는 것, 그 아래 숨은 현실을 인식하는 것이 아니다. 행동하는 주체의 가면을 벗기고, 기능을 수행하는 행위자를 폭로하는 것이 아니다. 현실의 사회적 무력함을 행동하는 자율적 주체에 대한 예찬으로 전도시키는 것 역시 아니다. 유감스럽게도 이러한 예찬은 환상이다. 상상적인 것에서 관건은 전도도 아니고 순수한 환상도 아니다. 상상적이라 불리는 것의 필요성과 기능성과 효과를 이해하는 것이 오히려 중요하다. 우리의 상상적 주체성, 세계에 대한 우리의 상상적 관계야말로 우리가 기능하는 **조건**이라는 것이 오히려 중요하다. 이 점에서 그것은 환상적인 동시에 환상적이지 않다. 그것은 효과를 발휘하는 환상이다. 그리고 그런 환상으로서 자체적인 현실성을 가진다.

"개인이 자신의 현실적 실존 조건과 맺는 상상적 관계"라는 일괴암 같은 문장은 자발적 복종의 거대한 공식이다. 이는 우리가 오직 상상적 관계의 장에서만, 오직 이데올로기적인 것 안에서만, 우리에게 필요한 것을 부여받는다는 뜻이다. 여기에서 우리는 현실적 실존 조건의 요구들을 충족시키기 위한 도구를 받는다. 왜냐하면 우리는 행동하는 자로서만 훌륭한 행위자이기 때문이다. 오직 주체로서만, 정체성을 가진 행동하는 주체로서만 우리는 훌륭하게 기능할 수 있다. 우리는 생산관계라는 거대 기계 속에서 톱니바퀴에 지나지 않을지 모른다. 스스로 행동하는 경우라도 말이다. 그러나 자신을 톱니바퀴로 상상하고 느낀다면 우리는 톱니바퀴로 기능할 수가 없다. 우리가 톱니바퀴 같은 게 아닐 때만 우리는 행위자로서 '행동'할 수 있다. 더 정확히 말하자면, 우리가 자신을 톱니바퀴 같은 걸로 상상하지 않을 때만 말이다. 우리는 얼마나 상상적이든 간에 우리 자신을 주체로 느끼고 경험해야 톱니바퀴로 기능할 수 있다. 우리의 사회적 실존이 이러한 분열을 필요로 하고 또 장려한다고도 말할 수 있으리라. 우리는 분열된 존재다. 우리 모두. 행위자이자 행동하는 자. 수동적으로 매인 자이자 자발적으로 복종하는 자. 우리는 현실적 실존 조건이라는 외부의 필요성에 끼워 맞춰지고, 상상적인 것이라는 '자기의' 필요성에 스스로를 끼워 맞춘다. 이것이 우리의 사회적 실존의 모순적이고 역설적인 논리다.

따라서 저 일괴암 같은 문장, 자발적 복종의 거대한 공식의 의미는 이렇다. 우리는 오직 주체로서만, 오직 정체성을 가진 행동하는 주체로서만 훌륭하게 기능할 수 있다. 즉 자발적으로 기능할 수 있다. 저절로 기능할 수 있다.[19] 왜냐하면 이것이 자발적 복종의 비밀이며 그 엄청난 효과의 비결이기 때문이다. 자발적 복종은 우리 한 사람 한 사람이 저절로 기능하게 한다. 진심으로.

우리 모두는 부름을 따른다. 그러나 이 부름은 자꾸만 변한다. 그렇다면 오늘날 우리에게 내려지는 부름은 무엇인가? 오늘날 우리가 스스로 기능하게 하는 것은 무엇인가? 달리 표현하자면 무엇이 오늘날 우리의 자발적 복종을 장려하는가?

---

[19] Louis Althusser, *Ideologie und ideologische Staatsapparate*, p. 148.

2장

자발적 복종으로서의
나르시시즘

이 책의 테제는 이렇다. 오늘날 우리가 따르는 지배적 호명은 나르시시즘이다. 달리 표현하면 나르시시즘은 오늘날 우리가 자발적으로 복종하는 방식이라 할 수 있을 것이다. 이것은 사회적 복잡성을 하나의 개념에 고정해 그 비밀을 밝히려는 게 아니다. 그보다 우리가 사회 속에서 살아가는 특수한 양태를 파악하려는 시도다.

나르시시즘이라는 테제는 새로운 것이 아니다. 따라서 어떠한 독창성도 요구하지 않는다. 이 주제에 대해 가장 잘 알려진 책 두 권은 이미 수십 년 전에 출간되었다. 리처드 세넷의 『친밀함의 독재』(1977)와 크리스토퍼 래시의 『나르시시즘의 문화』(1979)가 그것이다. 여기에서는 나르시시즘에 대한 한 가지 특수한 이해만 제시할 것이며, 두 저자와의 일치점과 차이점을 보여 주려 한다.

세넷이나 래시 모두 나르시시즘을 이기주의와 명확히 구분한다. 이러한 구분은 절대 자명하지 않다. 일상에서 나르시시즘과 이기주의는 동일한 뜻으로 여겨진다. 그와 달리 세넷은 "이기주의자는 공격적인 방식으로 세상에서 만족을 얻고, 자신이 소유한 것과 자신의 현 상태를 즐기며, 무언가를 취할 줄 안다."라고 쓰는데 이는 나르시시스트의 프로필에 부합하지 **않는다**.[20] 이에 관해 래시는 전적으로 비슷한 논지를 펼친다. 래시 역시 나르시시즘을 그가 "견고한 개인성"[21]이라 일컫는 것, 즉 세상을 오직 자기 뜻대로 가꾸어 나가는 "텅 빈 황무지"로만 보는 이기주의와 구별한다.

따라서 정리하면, 나르시시즘은 그런 자신감 넘치는 뚜렷한 자기애와 반대된다.

이것이 하나의 구별이다. 다른 하나는 정신분석과의 구별이다. 이 구별은 훨씬 더 까다롭다. 물론 나르시시즘이 정신분석 개념이기 때문이다. 여기에 이론을 제기하는 사람은 없다. 하지만 동시에 나르시시즘을 곧바로 병리 현상으로, 성격 장애로 이해하면 안 된다. 새로운 사회적 정상성, 새로운 "사회적 형식"(세넷), 새로운 사회 현상을 지칭하기 위해 정신분석 개념인 "집단적 나르시시즘"(래시)을 차용하는 것이다. 우리가 다루는 나르시시즘 역시 정확히 그렇게 봐야 한다. 사회를 형성하고 사회를 규정하는 동기로 말이다. 그러나 여기에서 우

〔20〕 Richard Sennett, *Verfall und Ende des öffentlichen Lebens. Die Tyrannei der Intimität*(Berlin, 2008), p. 577.

〔21〕 Christopher Lasch, *Das Zeitalter des Narzissmus*(München, 1982), p. 27.(래시의 책에서는 나르시시스트와 대비하여 '견고한 개인주의자'라는 표현을 사용한다.—옮긴이 주)

리와 두 저자의 차이점도 나온다. 왜냐하면 두 사람 각각에게 바로 그것은 다른 의미를 가지기 때문이다.

세넷은 나르시시즘의 사회를 "친밀함의 사회"로 이해한다. 그것은 역사적 쇠락의 결과다. 향수에 의해 이상화된 18세기 "공공성의 사회"가 쇠락한 결과다. 후자가 사회적 관습과 행동 규칙의 무대였다면, 이제 나르시시즘적 "친밀함의 독재"가 그 자리에 들어섰다. 공공성이 사적 자아의 무대로 전락한 사회가 등장한 것이다. 19세기 이래로 친밀한 자아는 점차 공적 영역을 찬탈했다. 모든 감수성과 모든 자기 준거성이 여기에 동반한다.

한편 래시는 사적인 것으로의 후퇴에 대한 세넷의 설명을 비판한다. 발전한 자본주의는 사적인 것을 결코 특별히 장려하지 않으며 오히려 파괴한다면서. 이로부터 생겨나는 나르시시즘은 사사성(私事性)의 종말이자 "시민적 개인성"의 종말이다. 이것은 또 다른 쇠락의 역사다.

두 가지 설명을 우리는 따르지 않는다. 우리는 나르시시즘을 시민적 주체의 도착으로도, 통탄할 만한 공적 친밀함으로도 이해하지 않는다.

우리의 차이점을 명확히 보여 주는 것은 무엇보다 고대 나르키소스 신화일지 모른다. 세넷에게 나르키소스 신화는 자아에 푹 빠져서 어디에서나 자기 자신의 모습만 보는 것이 얼마나 위험한지를 환기시킨다. 그러한 세계 관계는 나르키소스가 자아와 세계의 차이, 그러니까 내부와 외부의 차이를 인지하지 못하게 방해한다는 것이다. 하지만 사실 이 주장은 나르키소스가 오직 자기 자신에만 몰두하고 자기만 인식하면서도 왜 수면에 비친 영상에서 자신을 알아보지 못하고 그 영상과 사랑에 빠지는지를 설명하지 못한다. 왜 나르키소스는 자신을 알아보지 못하는가? 이러한 낯섦은 어디에서 비롯하는가?

이 물음에 답하기 위해 우리는 프로이트의 나르시시즘 개념에 기대야 한다. 물론 그 개념이 심리적인 것의 특수한 기능 양태를 스케치하는 한에서만. 기능 장애나 결함, 요컨대 병리 현상을 기술하는 개념으로는 차치하고 말이다. 여기에서 다루는 나르시시즘은 내부와 외부 세계의 특수한 관계, 특수한 세계 관계이자 자기 관계다. 그러므로 프로이트의 개념을 오로지 가능한 **나르시시즘적 호명**과 관련해서만 독해할 것이다.

프로이트에 따르면 나르시시즘은 정신의 자체적 원리다. 우리는 이 주장을 전체적인 영향과 함께 고찰해야 한다. 이에 따르면 나르시시즘이란 개인의 정신 속에 있는 본능으로 자체 에너지와 자체 목표와 자체 역사를 가지기 때문이다.

성적 리비도와 달리 이 자아 본능의 에너지는 성적인 것이 아니다. 성적 리비도가 완전히 외부 대상을 향하는 반면, 나르시시즘적 본능은 모든 에너지를 자기 자아에 들이는 것을 목표로 한다. 이는 사랑하기와 사랑받기의 차이와 상응한다.

이제 영혼적 삶에서 나르시시즘의 역사와 관련해 프로이트는 여러 단계를 구분한다. 정확히 말하자면 두 가지 단계다.

첫 번째 단계는 유아기의 상태다. 아기는 아직 자신의 주변 세계가 아닌 것과 공생 관계 속에서 살고 있다. 내부와 외부의 구별을 아직 모르는 것이다. 이것이 일차적 나르시시즘이다. 그것은 경이로운 합일, 무제한적 쾌락 원칙, 완벽한 행복, 순수한 전능감이다. 이를 프로이트식으로 표현하면 대양적 존재라 일컬을 수 있을 것이다. "자아와 주변 세계의 긴밀한 결합."

우리가 이러한 낙원에서 추방당한 것은 죄 때문이 아니다. 오히려 현실의 쓰라린 경험 때문이다. 예컨대 어머니의 가슴을 빼앗긴 경험. 순수한 쾌락 자아의 완벽함에 대항하여 세계는 외부로, 방해로, 결핍으로 나타난다. 그러한 세계는 일차적 나르시시즘을 흐려 놓는 것이다. 이런 현실 원칙의 등장에 나중에는 부모나 기타 권위의 훈계, 사회의 윤리적 표상이 더해져 나르시시즘의 낙원에서 우리를 추방한다. 나르시시즘에 대항하여 현실 원칙 외에 사회 원칙도 출현하는 것이다.

이 모든 갈등과 엄청난 항의에 직면한 나르시시즘은 성장 과정에서 실은 붕괴해야 할 것이다. 그렇게 되면 나르시시즘은 개인의 발달 과정에서 하나의 에피소드에 그칠 것이라고 프로이트는 말한다. 하지만 여기에서 정신분석의 흥미로운 교훈이 시작된다. 이에 따르면 본능 충동은 그냥 사라지지 않는다. 사회적 표상과 갈등에 휘말린다 해도 말이다. 왜일까? 왜냐하면 우리는 "한번 누린 만족을 포기"하려 들지 않기 때문이다.[22] 이러한 포기하지 않음은 그 자체로 이미 나르시시즘의 원칙이다! 그것은 만족을 약속하는 것을 하나도 포기하지 않겠다는 뜻이다. 따라서 원초적 나르시시즘은 그냥 없어지지 않는다.

이제 두 가지 일이 일어난다. 그리고 둘 다 우리의 맥락에 중요하다.

한편으로 모든 걸 아우르는 이 감정의 잔여물은 프로이트에 따르면 영혼적 삶 속에 보존된다. 비록 의식적 기억은 없더라도 자취가 남는다. 많은 이들에게는 이후 삶에서 그 흔적이 어떤 감정으로 다시금 밀려온다. 프로이트가 표현하듯 일체와의 풀리지 않는 결합, 전체와의 유대라는 "대양적 감정"으로 말이다. 이 감정은 자주 종교적으로 해석된다.[23] 덜 종교적인 이들은 이 무의식적 기억을 어떤 동경으로, 지극히 행복한 상태를 향한 동경으로 인지한다. 이제부터 동경은 상실된 나르시시즘을 되찾도록 우리를 몰아간다. 일차적 나르시시즘은 따라서 그 상태를 복원하라는 말 없는 촉구로 "살아남는다." 사

〔22〕 Freud, *Zur Einführung des Narzissmus*, in *Psychologie des Unbewußten*, Band III(Frankfurt/M., 1975), p. 61.

〔23〕 이에 관해서는 다음을 참조하라. Sigmund Freud, *Das Unbehagen in der Kultur*(Stuttgart, 2017).

람들이 살아생전에, 때로는 더, 때로는 덜 치열하게 이 일차적
행복감을 추구한다는 것을 우리는 확인할 수 있다.

그런데 다른 한편으로 나르시시즘은 중대한 변화를 겪었
다. 포기하지 않음과 수많은 사회적 항의 사이의 갈등 속에서
변한 것이다. 나르시시즘은 새로운 형태를 취했다. 유아적 전
능감, 이전의 완전함은 프로이트에 따르면 주체 안에서 이상
으로, 즉 자아이상(Ich-Ideal)의 심급으로 세워진다. 이로써 이
이상은 "어린 시절 상실된 나르시시즘의 대체물"[24]이 된다.
이상이 하나의 대체물이라니, 멋진 생각이다. 이상은 바로 아
무런 이상도 필요 없었기에 완벽했던 상태의 대체물이다. 하
지만 이로써 나르시시즘의 의미는 이동한다. 더 이상 자아가
아니라 이상이 중심에 있기 때문이다.[25] 이것이 두 번째 단
계, 프로이트가 말하는 이차적 나르시시즘이다.

이 자아이상은 정신의 모순적 심급이다. 그것은 (아이가 자
족하며 지내던) "일차적 나르시시즘의 계승자"인 동시에 주변
의 요구와 항의로부터 생겨난다. 여기에서는 두 가지 상반되
는 동기가 결합한다. 원초적 나르시시즘 그리고 동일시가 부
모와 그 대리자들과 집단적 이상과 결합하는 것이다. 우리가
맺었던 직접적이고 매개 없는 유일한 세계 관계가 극도로 매

---

[24] Sigmund Freud, *Narzissmus*, p. 61.

[25] 여기에서 또한 분명해지는 사실은 나르시시즘이 자아에 중심을
두는 자기중심주의가 아니라는 점이다.

개된 세계 관계와 결합한다. 이렇게 자아이상은 가장 내밀한 것을 사회적 표상과 요구라는 외적인 것과 하나로 짜맞춘다. 따라서 자아이상은 내면성이면서 주체 안의 사회적 심급이다. 달리 말하면 자아이상은 주체의 가장 내밀한 곳, 즉 주체의 자기 관계와 자기감정 안에 자리한 사회의 대리자다.

여기에서 프로이트의 설명은 전적으로 명확하다. 앞서 언급한 인용구의 전문이 이를 보여 준다. 인간이 "자기 앞에 이상으로 투사하는 것은 자기가 스스로의 이상이던 어린 시절 상실된 나르시시즘의 대체물이다."[26] 여기에서 우리에게 중요한 한 단어는 '스스로의'다. 어린 시절 일차적 나르시시즘 상태에서 인간은 **스스로의** 이상이었다. 그런데 이에 따르면 이차적 나르시시즘에서 이상은 더는 스스로의 이상이 아니다. 이후 논의를 진행하며 프로이트는 시종일관 강조한다. 이제 이상은 "개인적 측면 외에 사회적 측면도 가진다. 그것은 한 가족, 한 계층, 한 민족의 공동 이상이기도 하다."[27]

그러니까 우리는 성장 과정에서 낯선 외부의 이상을 받아들이고 그것을 새로운 '스스로의' 이상으로 인정한다. 이 역설에 주목해야 한다. 일차적 나르시시즘 상태에 있는 인간을 방해하고 낙원에서 몰아내는 것은 처음에는 부모가, 나중에는

〔26〕 Freud, Narzissmus, p. 61.

〔27〕 Ibid., p. 67.

사회가 제시하는 이미지와 표상인데, 바로 이것이 이제는 나르시시즘적 본능의 목표다. 나르시시즘의 이상은 몹시 반나르시시즘적이라고도 할 수 있을 것이다.

그러나 이상의 '사회적 측면'만이 외부에서 우리에게 주어지는 것은 아니다. 외부성은 훨씬 멀리 나아가 '개인적' 측면, 다시 말해 우리 자신의 이미지에도 적용된다. 그것은 **이상자아**(Ideal-Ich)로서 자아이상의 부분이며 우리의 이상적 형상, 이상적 형태, 이상적 이미지를 포함한다. 그리고 이 이미지 역시 '외부에서' 우리에게 주어진다.

프랑스 정신분석가 자크 라캉은 이 점을 유명한 장면으로 설명했다. "거울 단계"[28]가 그것이다. 우리가 지금 이 장면을 살펴보는 이유가 그 명료함 때문이라면 놀랍게 여길지 모르겠다. 라캉이라는 저자가 딱히 명료함으로 유명하지 않다는 사실을 감안하면 말이다. 라캉은 사건을 다음과 같이 묘사한다. "아직 걷지도, 심지어 똑바로 서지도 못하는 젖먹이가 거울 앞에 있다."[29] 이 시점에 아직 "운동적 무력함에 빠져" 있고 "침

〔28〕 Jacques Lacan, Das Spiegelstadium als Bildner der Ichfunktion wie sie uns in der psychoanalytischen Erfahrung erscheint, in: *Schriften I*, Weinheim(Berlin, 1986).

〔29〕 라캉의 이론에서 이 장면은 아주 이른 시기에 일어나지만 여기에서 설명하는 것은 훨씬 이후 과정이다. 한편으로 라캉은 이때 자아와 자아의 이상을 형성하는 초석이 놓인다고 본다. 그리고 다른 한편으로 여기에서 다루는 과정은 전형적인 동시에 근본적이다.

팬지 새끼보다 운동적 지능이 떨어지는" 아기는 거울 속에 비친 스스로의 모습을 보고 자신을 알아본다. 이 결정적인 "아하 체험"에 아이는 환호성을 지르며 반응한다.

여기에서 이 "이야기", 라캉의 표현대로 자아 형성의 "매트릭스"에서 우리에게 중요한 점들을 차례대로 들면 이렇다.

우선 거울 속에서 아이에게 제시되는 것은 이미지, 형상인데 그것은 (아직) 아이 자신이 아니다. 아이는 그 성숙 단계에 (아직) 이르지 않았기 때문이다. 라캉이 "정형외과적"이라 일컫는 전체성의 통일적 이미지, "한 신체의 총체적 형태"가 그것이다. 이 이상적 이미지는 따라서 거리를 규정한다. 대양적 존재의 원초적 단일성, 직접적 체험과 하나 됨이 여기에서 변한다. 분열, 그러니까 이미지와 자아의 차이, 거리를 경험한다. 왜냐하면 이상적 이미지는 아이 자신이 (아직) 아니기 때문이다. 그런데 이로써 주체와 이상의 관계가 최종적으로 결정된다. 라캉이 일컫듯 자신의 이상상(理想像)과의 근본적 "불일치"로. 근본적이라 함은 이상의 본질인 이 단일성을 우리가 결코 되찾을 수 없기 때문이다. 그래서 자아 형성은 라캉에 따르면 "드라마"가 된다. 여기에서 드라마는 거울 앞에서 출발한다.

게다가 자아를 그 이상과 분리하는 거리는 중립적이지 않다. 총체적 형상의 이미지로서 이상은 더 나은 자아의 이미지이기 때문이다. 이 이미지는 프로이트가 말하듯 "모든 귀중한 완전함을 소유한다."[30] 그러므로 그것은 이중적 의미에서 본보기이다. 그것은 자아 앞에 있다.(즉 자아에게 외부다.)[31] 그리고 그것은 완전한 까닭에 자아가 추구할 만한 본보기다. 이미지와 자아의 거리는 따라서 위계적이며 가치 평가적이다. 이상과의 이 거리, 이 불일치는 영원히 만회할 수 없다. 뿐만 아니라 그것은 자아를 영원한 결핍에 빠지게 한다. 이때 처음으로 형성되는 자아는 영광스러운 자아가 아니라 주어진 기준에 견주어 늘 너무 부족한 자아다.

그러므로 이상자아는 자아를 '허구의 선' 위에 위치시킨다. 이로써 라캉은 거울 속 구체적인 형상을 추상적인 것으로 변환한다. 허구의 선은 주어진 기준이다. 이제부터 자아는 우리의 이상인 이 선을 평생 동안 따른다. 이 선을 지향한다. 그러니까 주체에게는 항상 다음과 같은 물음이 제기된다. 내가 거기에 도달할까?

이 이상적 자아, 이 이상적 형상, 이 이상적 이미지에 이제 나르시시즘적 사랑이 향한다. 이것은 결정적인 변화다. 이전에는 자아에게 향하던 나르시시즘적 관심이 이제는 부분적으로 "외부에서 강요된 이상", "외부에서 강요된 형상"을 향하기

[30] Freud, *Narzissmus*, p. 60.

[31] '본보기'로 옮긴 독일어 단어 Vorbild에서 Bild는 '이미지, 상, 그림'을 뜻한다. 즉 Vorbild는 '앞에(vor) 있는 이미지, 상, 그림'이 된다.—옮긴이 주

때문이다. 더는 이를 경솔하게 '자기'애라 부를 수 없을 것이다. 비록 이 사랑이 우리의 나르시시즘적 에너지를 동원하더라도 그렇다.

그런데 이상적 자아는 사랑만이 아니라 동일시도 유발한다. 라캉에 따르면 정신분석이 동일시라는 용어에 부여하는 의미는 자기 변화다. 더 정확히 말하면 "이미지가 유발하는 변화"다. 이런 의미에서 이상상으로부터 부름 즉 호명이 나온다고 할 수 있을 것이다. 우리는 자신을 변화시킴으로써, 이미지를 모방함으로써, 이미지와 자신을 바로 동일시함으로써 그 부름을 따른다.

라캉이 말하는 아이에게서 그것은 "환호에 찬 분주함"으로 나타나서, 아직 드라마를 예감하지 못하는 아이를 움직이게 하고 심지어 때로는 일어서게 한다. 아이는 여태껏 전혀 걷거나 똑바로 설 수가 없었는데도 말이다. 삶이 진행되는 동안 계속해서 이상의 부름이 올 것이다. 계속해서 주체는 이상과 자신을 동일시할 것이다. 계속해서 주체는 이상을 모방하려 애쓸 것이다. 즉 라캉의 표현처럼 "변증법적 종합"을 통해 이상과의 거리를 극복하려 시도할 것이다. 그러니까 주체는 우리가 되어야 할 이상과 현재 우리의 상태인 현실 간의 대립을, 이 불일치를 지양하려고 계속해서 애쓸 것이다.

이 거리는 삶이 진행되면서 결코 좁혀지지 않는다. 정반대다. 오히려 굳어진다. 이로써 자아는 늘 결핍된 자아에 그치며 늘 이상에 접근하려고 애쓴다. 그것은 헛되고, 그래서 드라마 틱한 시도다. 왜냐하면 이상이라는 "허구의 선"은 라캉에 따르 면 오직 "점근적으로 도달"할 수 있기 때문이다. 우리는 자신 의 기준선에 기껏해야 근접할 수 있을 뿐이다. 그러나 그 선은 도달할 수 없는 것으로 남는다. 완전한 만큼이나 허구적이기 때문이다.

이렇게 지양할 수 없는 결핍이 애초부터 자리를 잡는다. 그리고 끊임없는 불만족도. 하지만 동시에 바로 이 점이 이상 에 그럼에도 도달하려는 지속적인 움직임을 일으킨다. 이 움 직임은 결코 이상에 도달하지 못할 운명에 처해 있다. 따라서 우리는 우리의 이상에 영원히 뒤처져 있다. 그리고 우리는 이 상에 추동되어 부단히 움직인다. 이상을 따라잡고 이상을 따 르기 위해서. 도달 불가능 속으로.

주체로서 우리의 근본 기질에 대한 전망은 이 얼마나 처량 한가. 그리고 동시에 얼마나 맹렬한 원동력인가. 이 얼마나 난 폭하고, 달래기 어렵고, 흔들림 없는 추진력인가. 바로 그래서 이 추진력은 고갈되지 않는다. 소모될지는 몰라도 소진되지는 않는다.

바로 이 도달 불가능함은 자아이상의 두 번째 기능도 촉진 한다. 자아이상은 본보기로, 즉 완전한 형상의 기준으로 상상 적 기능을 하지만 또 한편 통제 심급이기도 하다. 주체가 모방 하려는 본보기는 척도이기도 하기 때문이다. 더 수준 높은, 더 나은 자아의 총체로서 본보기는 작은 자아에게 잣대가 된다. 자아를 측정하는 척도가 된다. 자아를 관찰하고 평가하는 기준점이 된다. 이상과의 관계는 따라서 사랑과 동일시의 관계일 뿐 아니라 통제의 관계이기도 하다. 그러나 한 가지 물음이 여전히 남는다. 도대체 왜 우리는 이상에 도달하려는 것인가? 이상은 무엇을 '약속'하는가?

그것은 약속을 넘어서 유혹이자 전망이다. 목표는 일차적 나르시시즘을 향한 동경을 사회적 요구와 조화롭게 일치시키는 것이다.

자아이상은 앞서 보았듯이 모순적 심급이다. 자아이상은 일차적이고 자족적인 나르시시즘의 계승자**이자** 사회적 영향들의 저장고다. 따라서 자아이상의 목표 역시도 모순적이다. 자아이상은 완벽한 순환, 대양적 존재에 다시 이르고자 한다. 하지만 그러기 위한 **수단**으로 요구를 충족시킨다. 최초의 순환을 중단시킨 요구를 말이다. 따라서 약속은 이렇다. 이상과 똑같아져라, 그럼 너는 오래도록 갈구해 온 대양적 존재를 되찾을 것이다. 비록 형태는 대양적 감정으로 변했을지라도. 그러므로 우리가 이상의 부름을 따르는 것은 이상이 잃어버린 낙원으로, 우리가 추구하는 상태로 가는 새로운 길을 '약속'하기 때문이다.

지금까지 우리는 자아이상이 약속이자 요구이자 표준적

이미지임을 살펴보았다. 이제 아직 밟지 않은 단계로, 우리의 핵심 테제로 나아갈 수 있다. 나르시시즘은 자아이상에 대한 자발적 복종을 의미한다는 테제가 그것이다. 우리 '스스로의' 이상상에서, 그 개인적 측면과 사회적 측면 모두에서 나오는 부름에 대한 자발적 복종. 더 수준 높은 자아의 형태에 대한 자발적 복종. '자기'의 이미지에 대한 자발적 복종. 우리는 그 이미지와 일치하지 않지만 그것을 실현하려 애쓴다.

옆길로 벗어나 다소 상세한 보론을 거친 후에 바로 이 지점에서 우리는 처음의 물음으로 되돌아온다. 어째서 신화 속 나르키소스는 물속에 비친 자신의 모습에서 스스로를 알아보지 못하는가?

이제 나르키소스 신화를 살펴보자. 오비디우스의 묘사에서 님프의 아들인 아름다운 나르키소스의 이야기는 두 부분으로 나뉜다. 첫 번째 부분에서 나르키소스는 물속에 비친 모습을 보고 황홀해한다. 나르키소스는 그것이 자신의 상, 자신의 거울상임을 알지 못한다. 거기에서 자신을 알아보지 못하는 것이다. 왜냐하면 그 모습은 '모든 완전함을 하나로 결합'하기 때문이다. 달리 말하면 나르키소스가 보는 것은 그의 이상자아다. 이로써 그가 황홀해하는 이유뿐 아니라 자신을 알아보지 못하는 이유도 설명된다.

이 신화는 경이로운 배치다. 이상과 자아의 분열을 장면으

로 나타낸다. 그럼으로써 이상의 양가성을 정교하게 표현한
다. 즉 이상은 자아인 동시에 비(非)자아다. 개인의 부분인 동
시에 '외적' 부분이다.

　카라바조는 이 장면, 이 양가성을 그림으로 포착하는 데
성공했다. 카라바조의 「나르키소스」에서 우리는 물가에 있는
청년을 본다. 무릎을 꿇은 나르키소스와 물속에 비친 그의 모
습은 함께 완벽한 닫힌 원을 이룬다. 어둠 속에서 밝게 두드러

지는 맨무릎이 원의 중심이고 중점이다. 이것은 완벽한 단일
성의 이미지다.

　우리에게 이 이미지 형태가 중요하다. 세계와의 공생 관계
를 나타내는 원의 형태. 이것은 상상 속의 세계 관계다. 왜냐
하면 이 관계에서 세계는 '그의' 세계인 한에서만 그에게 세
계, '그의' 외부인 한에서만 외부이며, 그가 가진 세계상과 '그
의' 단일성인 한에서만 단일성이기 때문이다. 이러한 형태가
카라바조의 그림을 세계와의 하나 됨의 이미지로, 대양적 감
정의 이미지로 만든다.

　따라서 이 그림의 충격적 효과도 첫눈에 이미 알 수 있다.

　무릎을 중심으로 한 원의 형태는 되찾은 단일성의 형태다.
다시 말해 우리가 평생토록 추구하는 지극한 행복의 형태다.
그것은 이상적 순간의 복원, 완벽한 상태의 회복을 암시한다.
세계의 분리를 뚫고서. 이 형태는 낙원의 형태다. 돌이킬 수
없게 상실된 일차적 나르시시즘의 형태다.

　그러나 그림의 완벽한 원은 외부가, 세계가 낯선 동시에
낯설지 않은 경우에만 닫힌다. 즉 세계가 '나의' 외부인 경우
에만. 카라바조는 이러한 양가성을 보여 준다. 내가 나 자신이
아니라고 여기는 것과 하나인 순간을. 세계에 대한 스스로의
시선, 스스로의 관점이 '세계'로 체험되는 순간을. 태양에 대
한 우리의 거리, 우리의 관점일 뿐인 스피노자주의자의 작은
태양처럼. 우리가 우리의 '세계'로 경험하는 작은 태양처럼.

요컨대 카라바조는 일차적 나르시시즘의 자취인 대양적 감정이 다름 아닌 우리가 세계와 맺는 상상적 관계로 증명된 다는 것을 보여 준다. 카라바조의 이미지는 그러한 상상적 관계의 모상이다. 그리고 나르시시즘이 그 관계의 순수 형식이라는 것을 보여 준다. 나르키소스에게 세계는 자기 자신인 동시에 타자/타물이다.

이 고대 신화의 두 번째 부분은 나르키소스가 물속에 비친 자신의 모습을 알아보는 순간에 시작된다. 그는 외친다. "너는 나잖아! 이제야 알겠어. 나는 더 이상 내 모상에 속지 않아!"[32] 이와 함께 그의 파멸이 시작된다. 세간에 알려진 판본에서 나르키소스는 아무런 깨달음에 이르지 못하고 물속에 비친 제 모습을 알아보지 못했다는 바로 그 이유 때문에 파멸한다. 하지만 이와 달리 오비디우스의 판본에서 나르키소스의 파멸은 자기를 인식하는 순간에 시작된다. 예언자 테이레시아스의 예언에 따르면 나르키소스는 '자기를 모르는' 경우에만 오래 살 수 있다. 왜일까?

이 물음에 대한 대답은 거울 단계와 신화를 비교함으로써 얻을 수 있다. 아이와 나르키소스 둘 다 자신의 거울상을 본다. 둘 다 황홀해하며 반응한다. 아이의 경우: 계시적 모방 행

---

〔32〕 Ovid, *Metamorphosen*(Köln, 2016), p. 76.

위, 환호하며 받아들이기. 나르키소스의 경우: 매료, 경탄. 황홀함은 두 경우 모두 총체적 형상으로부터, 이상으로부터 비롯한다. 즉 아직 '파편화된' 아이에게 제시되는 단일성의 이미지, 그리고 아름다운 청년에게 제시되는 완전함의 이미지가 황홀함을 유발한다. 둘 다 거울상과 일종의 교환을 시작한다. 아이의 경우 그것은 일련의 제스처다. 제스처를 통해 아이는 거울에 비친 제스처와의 관계를 장난스럽게 받아들인다. 반면 나르키소스는 이미지에 입을 맞추고 이미지를 만지려 한다. 그리고 바로 이 지점에서 두 이야기는 갈린다.

아이가 그러한 거울상을 장난스럽게 '정복'하여 자기 것으로 만드는 반면, 나르키소스는 (처음에) 이미지의 장난을, '대답'을 일종의 대화로 오해한다.

내가 물결을 향해 입을 내릴 때마다
그 작은 입이 매번 똑같이 올라왔으니까.[33]

미숙한 운동 능력을 가진 아이는 신체적 단일성의 이미지와 자신을 **동일시한다**. 아이는 그 이미지를 부름으로, 변화하라는 부름으로 이해하고 그 부름을 따른다. 그러나 나르키소스는 거울상이 그에게 아직 낯설었을 때 거울상과 사랑에 빠

[33] Ibid.

저 버렸다. 즉 완전함의 이미지와 사랑에 빠진 것이다. 그는 거울상을 벌써 대상으로, 사랑의 대상으로 점찍었다. 깨달음은 너무 늦게 찾아온다. 그것은 잘못된 충동 에너지에 더 이상 제동을 걸 수 없다. 그는 자기에 준거한 나르시시즘적 충동을 세계에 준거한 대상 충동과 이미 혼동했다.

나르키소스는 이상과 하나가 되고자 했다. 그러나 잘못된 공생을 시도했다. 라캉의 아이처럼 이상의 부름을 따르고 이에 맞춰 자신을 형성하는 대신에 나르키소스는 호명을 오해한다. 나르키소스는 스스로가 이상이거나 이상이 되는 대신에 이상을 가지고 싶어 해서 파멸에 이른다. 나르키소스는 너무도 나르시시즘적이지 않아서 파멸하는 것이다!

자신의 갈망이 이루어질 가망이 없음을 알자 나르키소스는 야위어 간다. 연모에 빠진 그의 자아는 너무나도 시들어 버렸기 때문이다. 릴케가 이 신화에 관해 쓴 것처럼 나르키소스에게 이상은 도달할 수 없는 것이었다. 일반적인 나르시시즘적 충동에는 이러한 도달 불가능함이 무한 동력이 된다. 그러나 대상 충동에는 그것이 절망이 된다.

나르키소스는 그렇게 충동을 혼동하고 말았다.

카라바조가 **제대로 된** 상상적 관계를 보여 준다면, 나르키소스의 이야기는 **잘못 이해된** 호명의 이야기다.

어쩌면 이것은 나르키소스 신화가 우리에게 주는 중요한 교훈일지 모른다. 잘못 이해된 호명은 우리를 파멸로 이끈다.

역으로 만일 우리가 나르시시즘적 호명을 '제대로' 이해한다면 파멸하지 않는 걸까? 그렇게 되면 나르시시즘은 '제대로' 된, 즉 잘 기능하는 견딜 만한 상상적 관계를 구축하니까.

따라서 자발적 복종으로서 나르시시즘의 목표는 해방이 아니다. 목표는 오히려 자기를 탈바꿈하는 것, 모방해서 똑같아지는 것이다. 즉 해방되는 게 아니라 이상을 충족하는 것이다. 이상이 아무리 도달 불가능할지라도 말이다. 그런데 이는 나르시시즘적 호명이 고갈되지 않는 에너지를, 부단한 동력을 열어 준다는 뜻이다. 이것이 '사회적 형식', 사회적 현상으로서 나르시시즘의 핵심 동인이다.

우리의 논증이 이상 형성에 이른 순간부터, 그러니까 작은 자아가 큰 자아, 이상적 대문자 자아와 맺는 관계가 사랑을 동반한 복종, 자발적 복종의 관계였음이 명백해진 이차적 나르시시즘부터 우리는 다시 본래 주제로 돌아왔다.

그리고 그때부터 의문이 생겼다. 우리가 순수 심리적 사건에서 벗어난 게 아닐까? 답은 '그렇다'와 '아니다'다. '그렇다'인 까닭은 그 순간부터 우리가 순수 심리적 사건 밖으로 넘어갔기 때문이다. '아니다'인 까닭은 여러 심리 내적 과정들과 이데올로기적 과정들 사이에 구조적 유사성이 존재한다는 사실이 드러나기 때문이다. 여기에서 구조적 유사성은 너무 얕은 표현이다. 프로이트에 따르면 한 시대의 이상 형성은 개인의 이상 형성과 근원이 유사할 뿐 아니라, 유사하게 엄격한 요구를 제시하기 때문이다. 그러한 기준, 그러한 요구에서 개인의 이상 형성과 집단의 이상 형성이 겹치는 것이다. "집단의 문화적 발달 과정과 개인의 문화적 발달 과정"은 프로이트의 말에 따르면 서로 "달라붙어" 있다.[34]

'달라붙음'은 여기에서 우리에게 핵심 개념이다. 가령 한 문화, 한 사회가 단지 하나의 초자아만은 아니라고 프로이트는 말한다. 이 초자아는 개인의 초자아와도 긴밀히 결합되어 있다. 곧 **달라붙어 있다.**[35]

따라서 여기에는 구조적 유사성뿐 아니라 실제적 중첩이 존재하는 것이다. 우리의 영혼적 삶은 이미 이데올로기적으로 구조화되어 있다고도 말할 수 있을 것이다.

그러니까 우리의 논의가 자아이상에 이르면서 순수 심리적 사건을 벗어난 것은 우연이 아니다. 왜냐하면 이상은(아직 언급하지 않은 초자아의 이상뿐 아니라 이상자아의 이상도) 바로 사회와 개인의 교차점이기 때문이다. 이상은 사회가 침투하는 길목이다. 이러한 중첩이 없다면 정신분석 이론은 이데올로기 이론에서 은유적 가치만 지닐 뿐, 분석적 가치는 지니지 못했을 것이다. 정신분석 용어는 현상을 기술하며, 현상을 해명하기 위한 개념 또한 제공한다.

〔34〕 Sigmund Freud, *Unbehagen in der Kultur*, p. 96.
〔35〕 우리의 경우에 이것은 자아이상과의 달라붙음이다. 이 차이는 곧 살펴볼 것이다.

따라서 이제 우리는 나르시시즘을 심리적 원리뿐 아니라 서두에 언급한 세넷의 '사회적 형식'으로 고찰하는 단계로 넘어갈 수 있다. 비록 세넷은 이를 다르게 이해하지만 말이다. 세넷에게 나르시시즘이 사회적 형식이라는 것은 "공공성의 의미에 대한 신뢰가 사라지고 현실의 의의를 결정하는 척도로서 친밀함에 지배되는"[36] 문화가 확립되었다는 뜻이다. 그리고 바로 이 설명을 우리는 따르지 않는다. 문제는 공공성으로 영역을 넓혀 나가는 기존 주체의 친밀함이 아니다. 문제는 오히려 만들어져야 하는 주체이다. 이 과정은 계속 이루어진다. 우리는 일단 이러한 나르시시즘적 사회 주체가 되어야 한다. 그리고 이 주체가 자신의 친밀함으로 공공성을 찬탈한다는 것도 문제가 아니다. 나르시시즘이 사회적 요구가 되었다는 것이 문제다. 이런 의미에서 사회적 형식으로서의 나르시시즘은 이상적 대문자 자아에서 다음과 같은 부름이 나온다는 뜻이다. 너의 이상이 되어라! 이러한 나르시시즘적 호명은 도처에서 울리는 부름이다. 이상으로부터 작은 자아, 즉 우리 모두에게 내리는 부름. 그것은 우리에게 나르시시즘적 에너지를 동원하라고 촉구하는 사회적 부름이 되었다. 이 부름은 우리를 나르시시즘적 자기 관계와 세계 관계로 몰아간다. 우리에게 그런 관계를 요구한다. 여기에 내재하는 모든 역설에도 불구하고.

〔36〕 Sennett, op. cit., pp. 565, 566.

그리고 이 나르시시즘적 호명은 우리에게 도달한다. 이런저런 형태로, 우리 모두에게.

이러한 맥락에서 하나의 호명을 말하는 것은 결코 당연하지 않다. '정상적인', '통상적인', '일반적인' 기존의 호명들은 초자아 유형에 따른 호명이지 않은가. 이미 언급한 대로 이 호명들은 신, 군주, 민족 아니면 정의 같은 추상적 원칙 등 각각의 권위에 따라 구별될지 모른다. 하지만 이데올로기적 견지에서 모두 비슷한 구조, 즉 초자아 구조를 가진다.

나르시시즘적 호명은 따라서 특수한 경우다. 그것은 많은 점에서 다르다. 그것은 기능 양태, 추동되는 방식, 목표상에서 구별된다. 나르시시즘적 호명은 다른 사회와 다른 사회 유형에 속한다고 말할 수도 있을 것이다.

앞서 보았듯이 크리스토퍼 래시는 그 사회 유형을 쇠락으로 묘사한다. 권위적 가정, 억압적 성도덕, 프로테스탄트적 노동 윤리, 다시 말해 초자아의 문화라 일컬을 만한 것이 쇠락했다. 래시에게 이는 발전한 자본주의에서 시민적 질서의 종말이자 이 질서의 본질적 심급인 자율적 자아의 흔들림이다. 따라서 래시가 볼 때 사회적 원칙으로서 나르시시즘의 부상은 이러한 몰락의 표시다. 이제 비로소 우리는 래시의 설명을 따르지 않는 이유를 댈 수 있다.

우리의 견해가 다른 까닭은 나르시시즘을 다르게 이해하

기 때문이다. 래시에게 나르시시즘은 가부장적 권위의 해체이자 (아버지나 선생이 체현하던) 집단적 초자아상의 약화, 그러니까 종합적으로는 "내적 검열관"의 약화다. 이로써 본능의 유예가 해제되고 "카오스적이고 충동적인 성격"이 멋대로 날뛰게 된다. 이는 나르시시즘을 자아이상의 지배로, 이상에 대한 자발적 복종으로 이해하는 우리의 견해와 정면으로 배치된다. 그렇기 때문에 우리는 이러한 변화를 교란으로도, 구질서의 쇠락으로도 보지 않으며, 새로운 세계 관계와 자기 관계의 부상으로 본다. 나르시시즘적 호명이라는 말은 정확히 그런 의미다.

　이러한 나르시시즘적 호명을 이해하기 위해 이제 초자아 호명과 자아이상 호명의 차이, 즉 사회적 초자아와 사회적 자아이상의 차이를 고찰할 것이다. 앞으로 열거하는 차이점이 전부는 아니다. 우리는 프로이트의 구별에서 몇 가지 항목만 취한다. 그럼으로써 예의 개념들이 여기에서 어떻게 사용되는지를 대략적으로 스케치한다. 더 자세한 설명은 다음 장들에서 이어진다.

　첫 번째 차이는 이렇다. 사회적 초자아는 허용된 것과 금지된 것의 도덕법을 확립하는 데 그치지 않는다. 뿐만 아니라 우리가 정상성으로 내면화하는 모든 규범을 정한다. 우리는 그러한 질서에 자신을 끼워 맞추고 순응해야 한다. 우리가 그러한 규범을 충족하는 것은 그 핵심인 평균을 충족할 때다.

　반면에 사회적 자아이상은 완전히 다른 종류다. 사회적 자아이상은 우리에게 이상에 '적응'할 것을 요구한다. 그것은 모두에게 똑같이 적용되는 규범과는 반대다. 이 이상은 보편적 특징들을 가졌을 수 있다. 하지만 이상으로서 각각 특수하고 개인적이다. 사회적 자아이상의 정수는 바로 특수성과 개인성을 규정하는 데 있다. 이 특수화에 성공하면 이상이 충족된다. 흥미로운 점은 이 이상이 내포한 모순이다. 규범은 모순 없이 적응을 요구할 수 있다. 그러나 어떻게 자아이상이 모순 없이 관철될 수 있을까? 어떻게 특수함이 규정되고, 유일무이함이 요구될 수 있을까? 그것은 어떤 종류의 '적응'일 수 있을까?

　요구에 대한 적응은 두 가지 방식으로 이루어질 수 있다. 첫 번째 경우에는 적응을 위해 **추종**이 필요하다. 두 번째 경우에는 **자기 변화**가 필요하다.

　우리는 초자아의 명령과 그 규범을 따른다. 규율적 관점에서든 도덕적 관점에서든. 이처럼 초자아 호명은 금지에 순응하는 것, 그러니까 자아의 제한을 요구한다. 자기 자리를 취하라는 촉구의 핵심은 바로 여기에 있다.

　반면에 자아이상 호명에서는 금지가 아니라 본보기가 중요하다. 그러므로 그것은 도덕적 압력이 아니라 형성적 압력, 말하자면 미적 압력을 행사한다. 자아이상 호명은 말한다. '너는 네가 되어야 한다.' 그 뜻은 이렇다. '너는 더 나아져야 한다. 너는 어떤 자리를 취할 게 아니라 이상을 충족하려 노력

해야 한다. 이상을 네 것으로 만듦으로써. 너 자신을 바꿈으로써. 늘 그리고 끊임없이.'

그런데 모든 호명에는 금지 기능과 이상 기능의 두 가지 요소가 모두 있다. 두 기능은 그때그때 다르게 혼합된다. 다시 말해 그때그때 우세한 기능이 다르다.

이 지점에서 표현 양태의 차이가 중요해진다. 서로 다른 호명들은 어떻게 그 주체에게 말을 걸까? 초자아 호명은 법을 규정한다. 그것은 언어를 매개로 주체에게 말을 건다. 부모와 권위의 목소리와 말을 통해서. 이것은 말 그대로 부름이다. 반면 자아이상 호명은 앞서 보았듯이 주체에게 이미지를 제시한다. 그것은 이중적 의미의 본보기다. 주체 앞에 본보기를 제시하는(vor-stellt) 이미지. 그리고 주체에게 본보기를 규정하는 이미지. 주체는 이 기준에 따라 바뀌고, 이 기준으로 변신하고, 이 기준을 모방해야 한다. 초자아가 '강제적'인 반면 자아이상은 '고무적'이라는 라캉의 말 또한 우리는 이런 의미에서 이해한다. 고무적이라 함은 개선, 향상을 의미한다. 왜냐하면 이상의 이미지는 무엇보다 하나기 때문이다. 그것은 '더'다. 우리가 모방하는 것, 우리가 도달하려 애쓰는 것, 그것은 항상 '더'다. 그것은 우리 자신보다 크다. 그것은 스스로를 넘어 성장하라고 요구한다. 금지가 항상 자아의 감소를 뜻하는 반면, 여기에서 핵심은 나를 넘어서는 향상이다.

우리가 초자아를 따르는 것은 특수한 성격의 강제 때문이다. 이 강제는 외적 강제가 아니다. 그것은 내면화된 강제이며, 엄격한 필연성으로 성장할 수 있다. 우리는 기준을 받아들임으로써 강제를 내면화한다. 이러한 기준은 통제와 검열과 처벌 외에 초자아로서 개인의 일부가 된다. 이 점령군의 가장 나쁜 위협, 그러나 가장 효과적인 지배 수단이 바로 양심의 가책이다. 초자아는 법과 규범의 지배다. 하지만 수용되고 또 사랑받는 권위의 지배이기도 하다. 권위의 성격이 개인적이든 원칙적이든 말이다. 이 점에서 그것은 또한 동일시인데, 고유한 종류의 동일시다. 즉 권위의 주체로서의 종속이며 자발적 복종이다.

그런데 우리가 이상자아의 이미지를 포함한 자아이상을 따르는 것은 이상에 대한 역설적 자기애 때문이다. 우리는 스스로 사랑받기 위해 자아이상을 따른다. 그럼에도 불구하고 그것은 똑같이 엄격한 지배다. 그리고 기준을 따르는 것 역시 고유한 종류의 자발적 복종이다. 큰 대문자 자아가 권위가 되면, 이 이상을 모방하는 것은 단순히 복종이 아니다. 심지어 복종의 강화 형태다.

그 이유는 이렇다. 초자아에 대한 자발적 복종은 부분에 그친다. 혹은 적어도 부분에 그칠 수 있다. 반면 자아이상에 대한 자발적 복종은 항상 총체적이다. 왜냐하면 우리는 자발적 복종에 맞서 대항력을 동원할 수 없기 때문이다. 기준으로 주어지는 완전함을 우리는 자기 것으로 만들어야 한다. 여기에 실패한다면 이상을 충분히 받아들이지 못한 게 아니라 이상을 제대로 충족하지 못한 것이다. 따라서 이상 충족에 실패한다면 양심의 가책과는 완전히 다른 것이 퍼져 나간다. 파괴적 열등감, 광범위한 모욕감이다.

하지만 동시에 이러한 실패는 불가피하다. 왜냐하면 이상은 항상 '더'이기 때문이다. 그리고 이상은 항상 '더'를 요구한다. 이상은 항상 도달 불가능한 것으로 남는다. 이미 언급했다시피 이상에는 '점근적'으로만 접근할 수 있다. 이상은 점적으로만, 순간적으로만 충족 가능하다.

이상은 그러니까 끊임없는 접근과 필연적 실패 두 가지를 정해 둔다. 이로써 추진력은 아주 독특한 질을 가진다. 자아이상은 자아를 끊임없이 계속 앞으로 몰아가는 압제적인 사령관이다. 자아이상의 저 압제적인 요구 속에서 우리는 일차적 나르시시즘의 행복으로부터 어느 때보다 멀리 떨어져 있다. 나르시시즘은 이상의 압제다. 친밀함의 압제가 아니다.

여기에서 우리는 몹시 놀라운 현상과 처음 마주친다. 사회적 나르시시즘의 고통이 그것이다. 이데올로기를 늘 환상적 위안으로, 가짜 전원시로 이해했다면 이는 놀라운 현상이다. 이데올로기를 쓰라린 현실에서 눈을 가려 줄 가상으로 이해했다면 말이다. 그런데 실은 이데올로기적 관계들 자체가 우리에게 고통을 안긴다는 사실이 여기에서 뜻밖에 드러난다. 이데올로기의 한 가지 동기가 아주 뚜렷해진다. 즉 이 나르시시즘은 가짜 위안만 주지 않고 진짜 압력도 행사한다.

더욱 놀라운 것은 그 효과다. 우리는 이러한 자발적 복종에서 거의 벗어날 수 없다. 바로 고통스러움이 나르시시즘을 거의 끊어 낼 수 없는 연루로 만든다.

바로 두 가지 동기 때문에 나르시시즘적 호명은 사회의 입장에서 아주 흥미롭고 쓸모 있다. 추진력의 특별한 '질'과 연루의 불가피성이 그 동기다.[37]

아주 깔끔하게 열거하고 구분한 이러한 차이들 가운데 많은 것은 이후 논의 과정에서 이런저런 형태로 혼합되어 다시 나올 것이다. 그렇지만 당장 우리는 또 다른 테제를 정식화하기 위한 요소들을 전부 모았다. 그 테제는 이렇다. 우리가 자발적으로 복종하는 방식은 변화를 겪어 왔다. 초자아 호명에서 자아이상 호명으로의 이동으로 이해할 수 있는 변화다. 만약 개인적인 것과 집단적인 것이 서로 '달라붙어' 있다면, 이 이동 속에서 사회적 변화가 드러날 것이다. 왜냐하면 이데올로기적-심리적 배치의 변화는 사회적 변화의 결과이기 때문이다. 알튀세르식으로 말하면 이렇다. 현실적 실존 조건이 변

〔37〕 처음에 제기한 물음과 관련하여 이제 코로나 위기에서 내려온 부름이 나르시시즘적 호명의 형태를 취할 수밖에 없었음을 알 수 있다. 바로 이것이 오늘날 지배적인 호명이다. 이 호명을 정확히 어떻게 생각해야 할지는 아직 불분명하다. 문제는 이후 논의가 진행되면서 해명될 것이다.

하면 상상적 관계 또한 달라진다.

한편 다음과 같은 물음이 이 테제에 따라온다. 자발적 복종이 나르시시즘을 통해 작동한다는 것은 무슨 의미일까? 한 사회가 반사회적 원리를 통해 작동한다는 것, 나르시시즘의 반사회성이 사회의 기능 양태가 되었다는 것은 사회에 무슨 의미일까?

3장

신자유주의의 나팔

두 가지 논리를 가진 하나의 사회

그러니까 우리 앞에 놓인 물음은 다음과 같다. 한 사회가 나르시시즘 같은 반사회적 원리를 통해 작동한다는 것은 사회에 무슨 의미일까?

이 물음에 다가가기 위해 우리는 에움길로 돌아가야 한다. 그 출발점은 독일 사회학자 헬무트 두비엘의 텍스트다. 「포스트자유주의 사회 성격」에서 두비엘은 시민사회의 기능 방식을 설명한다.[38] 비록 자본주의를 동반하기는 했지만 시민사회에서 시장 법칙은 통념과 달리 유일하고 절대적으로 통용되는 원리가 아니었다. 고전적 자본주의 사회에서조차도 모든 게 자본의 논리를 따르지는 않았다. 자본의 논리에서 제외된 영역도 늘 있었다. 두비엘은 교육, 예술, 문화, 가족, 사랑을 여기에 포함시킨다. 이러한 영역들은 자체 논리를 따랐다. 경제

〔38〕 Helmut Dubiel, Der nachliberale Sozialcharakter, in *Ungewißheit und Politik*(Frankfurt/M., 1994).

적 원리에 의거하지 않는 자체적인 기능 방식을 가지고 있었
다. 이러한 이중의 기능 방식은 결코 우연이 아니었다. 이것이
요점이다.

두비엘은 시민계급 저자들의 오랜 전통을 지적한다. 그들
이 보기에는 자유 경쟁의 파괴적 성격을 문화적, 윤리적, 도덕
적 또는 정치적 제한으로 완화하는 일이 꼭 필요했다. 시장의
영역에서 필요했던 것, 예컨대 이기주의, 사익 추구, 관철 능
력은 다른 영역에서는 이타주의, 충직함, 공정함 같은 원칙을
통해 제한되어야 마땅했다. 가령 가정에서는 자유 경쟁에 경
도되지 않고 구성원을 결속하는 식으로 말이다. 하지만 이로
써 자본 논리는 제한되기만 한 게 아니라 저지되고 말았다. 그
러한 조직 원리는 독자적일뿐더러 경제적 원리와 상충했기 때
문이다. 이런 의미에서 시민적 시장 사회는 두비엘의 표현처
럼 "역설적 형성물"이었다. 시민적 시장 사회는 서로 다른 두
논리, 두 기능 방식을 결합했을 뿐만 아니라 바로 반자본주의
적 원리들에 의해 안정화되었다. 왜냐하면 사회적으로 파괴적
인 결과들을 반자본주의적 원리들이 바로잡아 주었기 때문이
다. 시민적 시장 사회가 시장 사회로 작동하기 위해서는 그러
한 대항 논리가 필요했다.

따라서 두비엘의 논증은 이렇다. 경제를 지배하는 이기주
의적 이익 극대화의 원리에 제동을 걸지 않으면 파괴적인 사
회적 결과들이 초래된다. 그러므로 이익 극대화 원리는 연대

와 상호성이라는 반대 원리로 보완되어야 한다. 이러한 반대 원리는 이익 극대화의 원리를 제동하고 억제하고 제한한다. 가령 인륜을 통해 혹은 문화를 통해 혹은 가족의 유대를 통해. 이러한 반대 원리들은 자본주의적 이익 추구와 시장 합리성을 제한함**으로써** 사회적으로 안정화한다. 아무런 방해를 받지 않고 펼쳐지며 무제한적으로 팽창하는 자본주의 논리는 사회를 파괴하며 반사회적이기 때문이다. 이것이 반대 효과를 통한 안정화라는 역설이다.

우리의 맥락에서 중요한 건 그러한 원리들, 그러한 영역들이 오랜 기간 고유한 원리로서 지위를 유지했다는 점이다. 자본 관계가 가족부터 예술까지 이런 영역들에 온갖 손길을 뻗쳤을지라도 이 영역들은 비교적 독립성을 유지했다. 그리고 바로 이 독자성을 통해 사회의 기능을 보장했다. 시장 논리에서 (상대적으로) 벗어나 있었다는 바로 그 까닭에 이 영역들은 사회 전체를 안정화했다. 두비엘의 두 가지 논리 개념은 우리가 1장에서 마주친 상상적 관계와 현실적 관계의 구별과 일치할까? 다시 말해 세계에 대한 개인적이고 체험된 관계와, 우리가 끼워져 있는 익명적 사회 전체에서 주어진 실존 조건 사이의 구별과 일치할까? 부분적으로는 그렇다.

사회학에서는 이 이중 논리를 그다지 매력적이지 않은 용어로 표현한다. 체계 통합과 사회 통합이 그것이다. 체계상으로 개인은 가만히 있어도 경제적 연관 관계에 의해서 통합된다. 즉 개인의 의지에서 벗어난 연관 관계에 의해서 통합된다. 하지만 사회적으로 개인은 능동적으로 **자신을** 통합한다. 규범과 실천과 전통을 따름으로써. 두비엘에 따르면 주체는 이중으로 사회에 끼워진다. 체계상으로 그리고 사회적으로.

두비엘은 전(前)자본주의적 인륜성의 유산이 사회 통합을 보장한다고 본다. 사회적 통합은 오랜 노동 윤리에, 마찬가지로 오랜 의무감에 근거한다. 아니, 그 이상이다. "비합리적인 감수와 복종심", 우리의 용어로는 자발적 복종은 봉건적 충성심의 표상을 소비했다. 오랜 인륜성과 노동 윤리의 이러한 전근대적 잔존물은 계속 영향력을 발휘했고 자본주의 사회에 장기간 자양분이었다고 두비엘은 말한다. 자본주의 사회는 그런 것을 스스로 생산할 수 없었기에 "흡사 기생충같이" 과거의 잔존물을 먹고 살아야 했다는 것이다.

1993년 말 논문에서 두비엘이 분석한 위기는 이러한 역설의 조건들인 자본주의의 "도덕적 쿠션"이 소진되는 지점에서 시작한다. 소진되었다 함은 새로 보충할 수도 다시 생산할 수도 없는 도덕의 오랜 재고가 고갈되었다는 뜻이다.

20세기 말에 두비엘은 시장 행동이 경계를 벗어나고 시장 외부의 규범에 의해 더 이상 제동되지 않는 현상을 본다. 이중 논리와 두 가지 기능 방식의 이러한 중단, 침식에서 두비엘은 시민사회의 쇠락이 아니라 진정한 승리를 본다.

그리고 두비엘은 이제 새로운 사회 성격[39]이 출현한다고 말한다. 글 제목인 '포스트자유주의 사회 성격'이 그것이다. 그런데 사회 성격이란 전적으로 의심스러운 사회학 개념이다. 왜냐하면 이 개념은 각 사회의 정확한 모상이어야 할 어떤 유형을 지칭하기 때문이다. 이는 자본주의 사회의 이중적, 모순적, 역설적 기능 방식에 대한 두비엘의 분석과 심하게 상충할 것이다. 자본주의 사회란 딱히 시장 관계의 반영, 모상이 아니라 오히려 두 가지 반대되는 논리를 뜻한다. 더군다나 부합하는 행동을 낳는 사회 성격의 기능은 두비엘이 스케치하는, 자본 논리와 반대되는 사회 통합의 이데올로기적 기능과 정확히 모순된다.

그렇다면 어째서 두비엘은 사회 성격을 말하는 것일까?

두비엘이 보기에는 자본주의 사회의 고전적 기능 조건들이 더 이상 주어져 있지 않기 때문이다. 자본 논리를 절제하는 인륜성은 더 이상 남아 있지 않다. 이는 곧 체계 논리의 무제한적 확장을 의미한다. 전에는 시장의 명령에서 벗어나 맞서던 영역들에 시장의 명령이 진입한다. 한 가지 시장의 논리가 단독으로, 막힘없이, 여과되지 않고 주도권을 쥐는 것이다. 똑같이 경계를 벗어난 거침없는 개인주의가 그 결과다. 이익 극대화에만 방점을 둔 순수한 공리주의는 공동체성의 모든 피나처를 해체한다. 이로써 남아 있던 배려와 연대도 전부 사라진

〔39〕 에리히 프롬이 제시한 개념으로 한 집단이나 사회 환경에 속한 사람들의 공통된 성격 특성을 유형화한 것이다.― 옮긴이 주

다. 모든 층위에서. 바로 그 결과로 수많은 병리 현상이 생겨난다. 두비엘에 따르면 이러한 병리 현상은 사회적 통합의 약화부터 비정치적인 개인 이익만 대변하는 노동조합까지, 소비주의적 쾌락주의부터 자기 관계의 격심한 위기까지 이른다.

요컨대 포스트자유주의 사회 성격의 부상은 두비엘이 보기에 하나의 증상이다. 왜냐하면 제동되지 않은 자본주의 사회, 여과되지 않은 시장 합리성의 사회라는 악몽은 제대로 작동할 수 없기 때문이다. 그 경향은 너무도 파괴적이라고 두비엘은 이야기한다. 포스트자유주의 사회 성격을 말하는 것은 따라서 그것을 불가능성의 '반영'으로, 반사회적이며 작동하지 않는 체계의 '모상'으로 이해한다는 뜻이다. 그렇다면 이 체계가 필연적으로 불러오는 병리 현상들은 바로 나르시시즘적 사회 성격이라는 증상으로 나타난다. 그럼 두비엘의 분석이 우리의 구상과 일치하는 것일까?

정리해 보자. 사회의 이중적이고 역설적인 기능 방식에 관해서 우리는 두비엘의 견해를 따른다. 그러나 우리는 그 기능 방식을 다르게 이해한다. 그러니까 한편으로는 상상적이고 체험된 관계로, 다른 한편으로는 현실적이고 주어진 관계로 이해한다. 여기에서 요점은 이 상상적인 것이 꼭 도덕적이지도 않고 전근대적 잔존물도 아니라는 것이다. 달리 말하면 상상적인 것은 꼭 제한하는 작용을 할 필요가 없다. 그럼에도 불구하고 그것은 대항 원리일 수 있다. 그 온전한 의미를 명확히 알아야 한다. 요컨대 자본 논리에 부합하지 않으면서도 도덕적이지 않은 대항 원리들, 다시 말해 제동하고 제한하고 억제하는 역할을 하지 않는 원리들도 있다. 오늘날 지배적인 나르시시즘이 바로 그 경우다.

오늘날에도 우리 사회는 나르시시즘적 병리 현상이라는 비용을 발생시킬 하나의 시장 논리에 지배되지 않는다. 오히려 오늘날에도 현실적 관계와 상상적 관계라는 서로 다른 두 가지 기능 방식이 있다. 왜냐하면 상상적 관계가 없는 사회는 존재하지 않기 때문이다. 상상적 관계는 절대 오랜 의무들을 자양분으로 삼지 않는다. 그리고 이 점이 결정적인데, 무엇보다도 상상적 관계는 제한하는 작용이 아니라 고양하고 고무하고 자극하는 작용을 한다. 그러므로 우리에게 나르시시즘은 단일 논리적 자본 사회의 증상이 아니다. 기능 장애의 병리 증상이 아니다.

2장에서 다룬 크리스토퍼 래시는 나르시시스트에게서 길 잃은 후기 자본주의에 적합한 사회 성격을 본다. 래시에 따르면 나르시시스트는 고삐 풀린 자본주의의 현실을 보여 준다. 또한 나르시시스트는 순수 경쟁 사회의 진실을 드러낸다. 순수 경쟁 사회는 나르시시스트를 통해 그 '민낯'을 보인다. 이와 달리 우리는 나르시시스트가 체계 논리에 부합하지 않는다고 역설한다. 달리 말해 나르시시스트는 발전한 자본주의의 현실이 아니라 상상적인 것이다. 나르시시즘은 제한을 가하는 인륜성도 현실의 시장 논리도 아니다. 나르시시즘은 오히려 시장 논리에 대한 우리의 상상적 관계에 부합한다.[40] 이러한 나르시시즘은 완전히 새로운 종류의 대항 원리다. 나르시시즘이 대항 원리로서 얼마나 근본적으로 새로운지는 바로 그런 나르시시즘적 경향이 최근까지도 반사회적인 것으로 여겨져 심하게 억제되었다는 사실로 가늠해 볼 수 있다. 바로 그 경향을 제한하기 위해, 자기애를 제약하는 의무부터 모든 이기적 탐욕에 대한 도덕적 비난에 이르기까지 얼마나 많은 도덕과 사회적 권위가 투입되었던가. 오늘날 나르시시즘은 맞서 싸워야 할 악에서 추동의 양식이 되었다. 우리는 상상적인 것의 비상한 변화를 목도하고 있다. 그리고 이 변화는 현실적 관계의 변화를 동반한다. 그것은 어떤 모습일까?

푸코와 신자유주의

이 물음을 해명하기 위해 우리는 두비엘의 악몽으로 되돌아간다. 즉 자본주의가 완전히 발전했다고 가정하자. 자본주의는

---

〔40〕 두비엘처럼 이 상상적 관계를 (가령 가족이나 예술 같은) 고유한 사회 영역들에 꼭 귀속시킬 수는 없다. 그것은 오히려 세계에 대한 고유한 방식의 접근이자 세계 관계이며 어디에서나 접할 수 있다.

모든 대항 논리를 몰아내고 하나의 논리, 즉 체계 논리의 고독한 독재 체제에서 승리의 개가를 올릴 것이다. 이 시나리오에서는 무언가가 나타날 조짐이 보인다. 두비엘은 어떤 변화, 이 농을 예감하긴 하나 아직 그게 무엇인지 파악하지는 못했다. 무슨 일이 생겼을까?

프랑스 철학자 미셸 푸코가 1979년에 파리의 엘리트 대학 중 한 곳인 콜레주 드 프랑스에서 한 강의들에서, 두비엘이 간단하게 스케치한 악몽은 폭넓게 구상한 그림이 된다.[41] 푸코는 당시만 해도 새로웠던 변화들을 스케치한다. 오늘날 신자유주의라는 키워드로 모두에게 잘 알려져 있는 변화들이다. 푸코는 신자유주의가 장차 밟을 길을 이 강의들에서 아주 일찍이 그렸다.

푸코가 이 강의들에서 다루는 대상이 그에게 이례적이라는 사실을 미리 이야기해 두어야겠다. 그것은 자유주의 이론이다. 여기에서 푸코 자신은 자유주의 이론의 대변자가 아니라 해석자 입장에서 말한다.

해석자로서 푸코는 신자유주의를 두 가지로 규정한다. 신자유주의는 해석 원리이자 정치 경제적 프로그램이기도 하다. 둘은 하나의 목표를 가진다. 목표는 사회와 경제를 합리학하

[41] Michel Foucault, Die Geburt der Biopolitik. *Geschichte der Gouvernementalität* II(Frankfurt/M., 2019). 이 강의록은 두비엘의 텍스트가 나온 이후에 출간되었다.(2004년 프랑스어, 2006년 독일어)

는 것이다. 즉 합리성의 특정한 표상에 따라 사회와 경제를 재편하는 것이다. 프로그램과 해석 원리라는 두 가지 측면에서 푸코의 설명을 따라가 보자.

푸코에 따르면 이 재편 프로그램에서 핵심은 시장을 사회의 규제적 원리로 만드는 것이다. 이는 우리가 곧장 이해하는 바와 다르다. 모든 것이 상품이 되는 게 아니다. 사회의 초점을 오직 교환에만 맞추는 게 아니다. 그것은 다른 사회, 대량 생산 사회의 원리였다고 푸코는 이야기한다. 대량 생산 사회는 대량 상품을 통해 획일성을 지향했다. 그것은 표준화되고 규율화된 사회였다. 1970년대 말에 이미 **이** 규율화의 이론가는 이제 그 단계가 지나갔다고 주장한다. 신자유주의 이론가들은 그때 벌써 상품 교환이 아니라 다른 메커니즘을 핵심 원리로 한 사회에 주목했다. 다른 메커니즘이란 경쟁이다. 모든 것이 경쟁을 중심으로 돌아가야 한다. 푸코에 따르면 이로써 획일성에서 다수의 차이들로 초점이 이동한다. 경쟁의 핵심은 사람들을 똑같이 만드는 게 아니다. 사람들을 대량 상품처럼 표준화하는 게 아니다. 오히려 사람들이 가진 비동일성의 '게임'이 핵심이다. 따라서 경쟁의 주체는 호모 에코노미쿠스, 즉 경제적 존재다. 푸코는 이 경제적 존재가 더 이상 낡은 의미의 교환하는 인간이 아니라고 한다. 새로운 의미의 호모 에코노미쿠스는 다른 모든 이들과 경쟁하는 기업가로서의 인간이다. 이 새로운 규제적 원리가 관철된다면 엄청난 파급 효과를 미칠 것은 명약관화했다.

하지만 그러한 신자유주의 사회로 향하는 길은 필연적이지도 직선적이지도 않다.[42] 설명에서조차 그렇다. 푸코의 경우에도 일종의 중간 기착지가 있다. 그것은 독일의 질서자유주의자들이다. 그들은 국민 경제학의 프라이부르크학파가 1930년대에 펼친 전전(戰前) 시대 이론을 참고했다. 그들의 전성기는 2차 세계 대전 이후였다. 푸코는 발터 오이켄, 빌헬름 뢰프케, 알프레트 뮐러아르마크 같은 이름을 거론한다. 독일의 질서자유주의는 그중에서도 특히 한 사람의 이름과 결부된다. 서독의 기독교민주연합(CDU) 경제 장관이었으며 '독일 경제 기적의 아버지'만큼이나 '사회적 시장 경제의 아버지'로도 알려진 루트비히 에르하르트가 그 사람이다. 이 전후 시대의 보수주의자들은 옛 보수주의와 새로운 자유주의를 혼합한 형태를 제시했으며 그것은 1960년대까지 정치적으로 중요했다.

푸코에 따르면 질서자유주의자들도 경쟁을 우선시했다. 그들의 지상 목표는 경쟁을 보호하는 것이었다. 그들은 경쟁이 아무런 방해 없이 일어나고 펼쳐질 수 있도록 사회를 조직

---

[42] 여기에서 짚고 넘어갈 점이 있다. 스위스 몽펠르랭에 모인 사람들이 신자유주의적 재편을 구상했을 뿐만 아니라 전략적으로 계획하고 실행에 옮기기도 했다는 전설 같은 이야기가 널리 회자되곤 하는데 이 이야기는 말 그대로 전설이다.

하려 했다. 이를 위해서는 상응하는 경제 정책뿐 아니라 적절한 사회 정책도 필요했다. 그런데 질서자유주의자들의 이 사회 정책에는 "경제적, 윤리적 양의성"이 달라붙어 있다고 푸코는 멋지게 표현한다.

이유는 다음과 같다. 한편으로 질서자유주의자들에게는 기업의 모델을 일반화하는 것, 그러니까 기업의 모델을 증식하고 퍼뜨리는 것이 중요했다. 이러한 경제 모델은 사회 모델이 되어야 했다. 모든 사회적 관계는 '투자-비용-이윤'의 3요소에 맞춰져야 했다. 하지만 다른 한편으로 질서자유주의자들에게는 "개인이 자신의 노동 환경, 생애, 가사, 가족, 자연환경에 관해 더 이상 소외되지 않는 것"[43]이 중요했다. 즉 푸코에 따르면 "차가운" 경쟁 메커니즘에 대항하여 "따뜻한" 가치들, 그러니까 도덕적이고 문화적인 가치들도 동시에 복원되어야 했다. 복원이란 전후 시대 독일의 질서자유주의자들에게 많은 함의를 가진 개념이다. 개인에게 닻을, 항구를 제공해야 할 이 따뜻한 가치란 공동체 가치다. 질서자유주의자들에게는 전쟁 후에 그들 자신이 확립하고자 했던 계산적이고 무정한 사회에 대항하여 파시즘 이전의 옛 공동체를 **복원**하는 일이 중요했던 것이다.

푸코에 따르면 질서자유주의자들은 "시장에 찬성하는 사

---

[43] Ibid., p. 335.

회이자 시장에 반대하는 사회"인 사회를 꿈꾸었다. 경쟁을 지향하는 이 사회는 동시에 경쟁의 결손도 벌충해야 했다. 이것이 그들의 경제적, 윤리적 양의성이다. 그러니까 여기에서 우리는 두 가지 기능 방식, 두 가지 논리의 사회라는 두비엘의 도식을 다시 발견한다. 질서자유주의자들은 똑같은 도식에 의지할 뿐만 아니라 두비엘이 스케치한 것과 똑같은 주장에 근거했다. 두비엘은 경쟁이 시장 경제에 적합한 질서를 만들지만 사회적 조직 원리는 아니라고 주장한다. 왜냐하면 도덕적, 사회적 관점에서 경쟁은 "사회적 폭약"처럼 작용하기 때문이다. 경쟁은 연결하는 대신 해체한다. 결합하는 대신 분리한다. 따라서 대항력이 필요하다. 시장 원리의 사회적 결손을 벌충하는 힘들이. 이때 질서자유주의자들의 눈앞에 떠오르는 연결하고 통합하는 사회 정책은 두비엘의 경우와 똑같은 역설적 기능을 가진다. 그것은 체계에 맞섬**으로써** 체계를 강화해야 하는 것이다.

　이러한 양의성 때문에 푸코는 질서자유주의자들을 의심의 눈초리로 본다.

　푸코의 설명은 바로 여기에서 전환점에 이른다. '미국의 신자유주의'와 다른 모든 자유주의 변종이 그것이다. 그러한 이중 논리의 양의성에 맞서 이 무정부 자본주의는 "엄격하고 완전하며 철저한 급진성"을 내세운다고 말하는 푸코에게는 경탄하는 기색이 없지 않다.[44] 이 급진성의 핵심은 경제적 형식을 완전히 일반화하는 것이다. 그에 동반하는 사회적 불안정과 곤란을 수선하는 비용은 치르지 않고 말이다. 이는 모든 형태의 교정과 완충을 거부하는 것이다. 그렇다고 해서 정치가 더 이상 개입하면 안 된다는 뜻은 **아니다**. 푸코에 따르면 신자유주의는 통념과 달리 경제를 완전히 내버려 두는 자유방임이 결코 아니다. 신자유주의는 오히려 개입하는 정치를 분명 갈망한다. 다만 그것을 다르게 생각할 뿐이다. 즉 개입하는 정치는 경쟁의 사회적 비용을 보상하면 안 된다. 개입하는 정치는 경쟁을 방해할지 모를 메커니즘만 제거해야 한다. 푸코의 말처럼 경쟁**으로부터** 보호하는 게 아니라 경쟁**을** 보호해야 하는 것이다. 문제는 시장의 파괴적 작용을 교정하는 것도 보상하는 것도 아니다. 푸코에 따르면 사회와 경제적 절차 사이에는 "분리 벽"이 있으면 안 된다. 달리 말하면 이러한 자본주의에 맞섬으로써 그것을 촉진하고, 이러한 자본주의를 제한함으로써 그것을 강화하는 두 번째 조직 원리, 제2의 논리가 있으면 안 된다. 하나의 단일 문화. 단 하나의 논리. 두비엘의 악몽이 여기 있다. 그것은 어떤 완충도 더 이상 필요 없을 만큼 포괄적인 자본주의의 상이다. 더 정확히 말하면, 그러한 완충이 필요한지 아닌지는 더 이상 문제가 아니다. 오히려 사회가 그러한 완충을 더 이상 제공하지 말아야 한다는 것이다.

〔44〕 Ibid., p. 336.

따라서 유일한 원리로서 경쟁은 포괄적인 경쟁의 사회를 뜻한다. 모든 영역에서의 경쟁. 푸코는 경계가 없는 절대적인 일반화를 말한다. 하지만 경쟁이라는 경제적 형식이 유일한 조직 원리가 될 만큼 일반화될 수 있으려면 그것은 잠재적인 모든 반대 영역으로도 확장되어야 한다. 경계가 없다는 것은 경쟁의 메커니즘이 비경제 영역도 포괄하며 그 영역을 재코드화해야 한다는 뜻이다.

신자유주의적 재편 프로그램은 따라서 하나의 논리, 즉 경제 논리의 무제한적 지배를 목표로 한다. 그러나 신자유주의 이론은 처음에 언급했듯이 프로그램일 뿐만 아니라 해석이기도 하다. 더 정확히 말하면 신자유주의 프로그램은 하나의 해석 틀, 하나의 분석 도식에 근거한다. 그 핵심은 전체 사회를 경제적으로 해석하는 것이다. 비경제적인 것도 경제적으로 해석하는 것이다. 그런데 해석은 너무 약한 개념이다. 해석이라는 말을 들으면 순수한 이해와 파악, 말하자면 이해관계가 없는 해석학이 떠오른다. 그러나 실상은 완전히 다르다. 해석이란 의미에 대한 능동적 개입이다. 의미의 재코드화다. 요컨대 모든 사회적 사건을 경제적 범주로 철저하게 번역하는 것이다. 모든 사회적 사건을 시장의 사고방식과 언어라 칭할 수 있을 것으로 철저하게 번역하는 것이라고도 할 수 있다. 사람 사이의 관계든 자기 자신과의 관계든, 모든 사회적 관계는 시장의 언어로, 경쟁의 언어로, 즉 하나의 경제적 논리의 언어로 표현되어야 한다. 철저하게. 가족 관계든 우정 관계든 직업 관계든 모든 사회적 관계, 심지어 자기 자신과의 관계도 투자-비용-이윤 모델에 따라 이해되고 파악되고 포착되고 체험되어야 한다.

이것은 특별한 종류의 개입이다. 이 담론은 기술적인 동시에 수행적이다. 즉 묘사이면서 재편이다. 그리고 둘 다 똑같은 논리를 따른다. 둘 다 시장의 범주들, 시장의 언어 속에 있다. 신자유주의 이론은 세계에 고유한 방식으로 접근하는 것에 더하여 이 세계를 고유한 방식으로 만드는 것도 목표로 삼는다. 즉 총체적 세계 관계를 지향한다. 이런 의미에서 신자유주의 이론은 경제 이론이면서 이데올로기다. 물론 특수한 성격의 이데올로기다.

마치 이데올로기가 아닌 척하는 이데올로기. 왜냐하면 시장의 언어란 속임수이기 때문이다. 현실의 관계들은 말하지 않는다. 그것들은 바로 현실이니까. 현실의 관계들은 말하지 않기 때문에, 객관적이고 익명적인 구조를 이루기 때문에 현실이라고도 할 수 있을 것이다. 그러나 모든 말하기는 주관적 차원, 주관적 관점을 의미할 것이다. 시장의 언어란 따라서 존재하지 않는다. 우리의 사회적 관계를 가령 우정의 표상에서 투자와 이윤의 문제로 번역하는 것은 객관적인 시장 범주들에서 유도된 것으로 보인다. 그러나 실제로는 자기 계산의 이데올로기적 표상에만 부합한다. 신자유주의는 따라서 이데올로기적 술수에 근거한다. 마치 경제적 관계와 주체가 똑같은 논리로 환원될 수 있는 양. 말하자면 획일화된 양.

그러한 시장 언어로의 번역이 무엇을 의미하는지는 이 이데올로기의 핵심 범주에서 가장 명확히 드러난다. 숱하게 인용되는 인적 자본이라는 범주가 그것이다.

인적 자본은 노동력 개념을 대체해야 한다. 인적 자본으로서 노동자 또한 자본의 기초 위에 세워지고 자본 관계로 번역되어야 한다. 노동자는 노동력에서 자기 자신의 기업가가 된다. 자기 자신의 기업가는 푸코의 표현처럼 "스스로에게 자기 자신의 자본이며, 자기 자신의 생산자이자 자기 자신의 수입원"[45]이다.

경제적 사고 틀의 확장, 신자유주의 이론의 원정이 뜻하는 바가 여기에서 명확히 드러난다. 신자유주의 이론은 기존 영역들의 점령군이 아니라 완전히 새로 개편된 왕국의 지배자가 되고자 한다.

노동력을 착취당하던 노동자가 인적 자본이 되면 무슨 소용이 있을까? '전체' 인간은 인적 자본으로 파악될 수 있고 또 파악되어야 한다. 파악된다는 것은 두 가지 의미에서다. 붙잡히고 새로 이해되는 것이다. 따라서 정확히 표현하자면 노동

[45] Ibid., p. 321.

력이 변화하는 게 아니라 '전체' 인간이 그러한 인적 자본이
되는 것이다. 경제의 대상 영역 확장은 그러니까 모든 것을 자
본 관계로 생각한다는 뜻이다. 무엇보다 자기 자신과의 관계
까지도. 자기에게 충분히 투자하는 것은 인적 자본의 문제다.
이로써 개입은 향상이라는 의미에서 높아질 뿐만 아니라 확장
이라는 의미에서 넓어지기도 한다. 이는 지긋지긋할 만큼 잘
알려졌다시피 인간을 시장의 언어로 번역하는 것이다. 외부의
계산뿐 아니라 자기 관계에서도 비용-이윤 요인으로서의 인
간은 다름 아닌 자기 자신의 계산이어야 한다. 이로써 개입 그
리고 활용 가능성 또한 단순한 노동력에 한정되지 않으며 인
간의 모든 잠재성을 포괄한다. 물질적 잠재성과 정신적 잠재
성 모두, 신체적 잠재성과 심리적 잠재성 모두를. 노동 능력에
기여하는 모든 것을. 혹은 기여할 수 있는 모든 것을. 그 결과
개인의 이익이 향상된다.

하지만 푸코에 따르면 그렇다고 개인이 경제적 관계에 매
이는 것은 아니다. 개인을 "넘어서고, 말하자면 개인을 그가
통제할 수 없는 거대한 기계에 묶던"[46] 관계 말이다. 이것은
전통적인 좌파식 서술이었다. 그러나 신자유주의 관점에서 개
인은 거대한 경제 기계에 매이는 대신 오히려 자신을 활용해
야 한다. 자기 인적 자본의 기업가로서. 주체를 사고할 때 더

[46] Ibid.

이상 주체를 넘어서며 주체가 통제할 수 없는 현실의 관계들
에서 출발하지 않는다는 것은 주체에게 스스로를 연결할 권능
을 부여한다는 의미다. 이로써 이익이 높아질 뿐 아니라 비용
도 낮아진다고 푸코는 말한다.

　이러한 역설적 관계를 푸코는 역량 기계라는 놀라운 개념
으로 표현한다.

　푸코에 따르면 노동자의 역량, 능력은 나름의 기계를 이룬
다. 즉 노동자의 능력은 연결 가능하다. 그 능력은 활용 가능
하다. 그런데 이때 노동자는 결코 소외되지 않는다고 푸코는
말한다. 이것이 요점이다. 노동자는 자기 외부에 있으면서 자
기의 인간적 본성을 찬탈하는 기계에 매이지 않는다. 역량 기
계로서 노동자는 오히려 자기 자신의 기계가 된다. 자기 자신
의 기업가가 되는 것과 마찬가지로. 노동자는 무언가를 생산
하는 자기 자신의 기계가 된다. 무언가는 소득이다.

　푸코는 이 기계가 "노동자와 분리할 수 없는 기계"[47]라고
더욱 놀라운 표현을 사용한다. 이제 노동자는 역량 기계이며
역량 기계가 되어야 하는데, 이 역량 기계는 노동자와 **동일**하
지 않은 것이다. 역량 기계는 노동자에게서 떼어 낼 수 없다.
그것은 노동자 개인에게서 분리할 수 없다. 역량은 노동지와
함께 하나의 단일체를 이룬다. 하지만 역량은 노동자가 아니

〔47〕　Ibid., p. 312.

다. 개인은, 노동자는 그의 역량을 **체현한다**고, 말하자면 그의 기계를 **체현한다**고 할 수 있을 것이다.

이것은 독특한 전도다. 이 전도는 이중의 목적을 달성한다.

한편으로는 그로써 개인의 자원이 현격하게 향상된다. 정신적이고 심적인 역량은 물론이고 무엇보다 핵심 동기인 자기 동력도. 역량 기계는 스스로 움직이는 기계, 스스로 작동하는 기계다. 그것은 개발해야 할 핵심 자원이다. 자기 동력은 우리에게 익숙한 자발성 개념을 재코드화하고 번역한 것이다. 왜냐하면 여기에서 우리는 두 번째 목적에 이르렀는데, 이 자원을 직접 뽑아내는 것이 의도이고 목표이기 때문이다. 역량 기계란 따라서 내면생활로 우회하지 않는 자기 동력이다. 자발적 복종이 없는 자기 동력이다.

이것이 푸코가 역량 기계 개념에 매혹된 이유일 수 있다. 푸코는 이러한 이념, 이러한 프로그램의 지평에 선 사회에서는 단지 환경이 변화되고, 게임 규칙이 바뀌고, 주변이 조작된다고 말한다. 그러나 이 점이 중요한데, 이 사회는 "개인을 내적으로 복종시키지 않을"[48] 것이다. 이것은 우리의 문제에서 중요한 문장이다. 사회가 하나의 논리로 환원되는 것은 따라서 신자유주의가 개인의 내적 복종을 필요로 하지 않는 자본주의 체제라는 의미일 것이다. 여기에서 우리는 역량 기계 개

[48] Ibid., p. 359.

넘의 결정적인 동기를 확인할 뿐 아니라 우리 입장과의 최대한의 차이도 확인한다.

그럼 이 개념을 어떻게 상상해야 할까? 언제 내적 복종이 필요하지 않을까?

주체의 고유한 차원이 존재하지 않을 경우에만 내적 복종이 필요 없을 것이다. 그러한 차원을 몰수하고, 내면성을 삭제할 수 있다면 말이다. 그러기 위해서는 주체를 시장의 언어로 완전히 번역할 수 있어야 할 것이다. 마치 이 자본주의에 거주하는 주체가 상상적인 것이 없는 주체인 양 말이다. 인적 자본으로만, 역량 기계로만 생각되고 파악되고 체험되는 주체인 양. 타인에게도 자기 자신에게도. 그렇다면 자발적 복종은, 현실적 실존 조건에 대한 상상적 관계는 필요 없을 것이다. 그렇다면 단 한 종류의 관계, 즉 시장 관계만 존재할 것이다. 내적 연관이 없는 현실의 변화들은 주체의 내면성이 그 하나의 논리에 완전히 일체화되는 경우에만 존재할 수 있다. 달리 말하면 신자유주의는 신자유주의 주체가 필요 없다고 생각한다.

두비엘의 악몽은 그러나 푸코의 꿈이다. 신자유주의에서 푸코가 느끼는 (달리 표현할 길이 없는데) 매혹 또한 이로부터 생겨난다. '경제적, 윤리적 양의성'을 끝내자. 심리적 보완, 내적 버팀목을 필요로 하지 않는 듯 보이는 사회의 일의성으로 나아가자. 상상적인 것은 됐고, 오직 현실적 실존 조건만. 푸코가 꿈꾸는 것은 그런 구별의 저편에 있는 사회다.

신자유주의 주체가 필요 없다면, 즉 내적 복종이 필요 없다면, 사회화나 호명은 불필요할 것이다. 그럼 단순한 자극-반응 도식으로 충분하다. 내면화가 아니라 간단한 조작이면 된다. 주체의 주변에, 환경에 영향을 미침으로써, '긍정적 자극'을 줌으로써 주체를 조작하는 것이다.[49] 그런 까닭에 논리적으로 신자유주의에 적합한 심리학은 외적 행동만 관찰하는 행동주의다.

그러한 행동주의와 그 행동 기술이 시장의 언어로 어떻게 표현되는지 한번 살펴보자.

이를 특히 뚜렷하게 보여 주는 것은 다음과 같은 물음이다. 인적 자본, 그러니까 선천적이지 않은 인적 자본은 어떻게 형성되고 획득되는가? 신자유주의 이론의 대답은 이렇다. 교육 투자를 통해서. 교육 투자는 공부와 직업 훈련을 훨씬 넘어선다. 푸코는 인적 자본에 대한 투자의 예를 하나 인용한다. "아이가 아직 요람에 있을 때 어머니가 아이와 보내는 시간의 양"이다. 푸코에 따르면 우리는 이렇게 애정을 쏟는 시간이 "역량 기계의 형성에 매우 중요하리라는 걸, 혹은 말하자면 인적 자본의 구성에 매우 중요하리라는 걸, 그리고 부모나 어머니가 아이에게 많은 시간을 할애하면 훨씬 적은 시간을 할

─────────────

〔49〕 긍정적 자극을 통한 조작, 행동 제어는 오늘날, 그리고 코로나 시대에는 더욱 강조되어 계속 논해지고 있다.

애하는 경우보다 아이가 훨씬 더 큰 적응력을 가지리라는 걸
안다."[50] 이 점에서 애정을 쏟는 시간 자체만도 투자로 볼 수
있다.

　물론 여기에서 푸코는 청중(이것은 강의록이니까)에게 효과
를 발휘하는 예를 가져온다. 아기-역량 기계에 대한 투자로서
어머니의 시간은 이러한 신자유주의의 급진성을 명확히 보여
주기에 물론 적절하다. 그러나 여기에서 또한 의도치 않게 명
확히 드러나는 것은 이 이론의 불충분함이다.

　왜냐하면 표현의 강렬함이 한 가지를 잊게 하기 때문이다.
왜 어머니는 시간을 소비하며, 왜 이것이 아이에게 그런 작용
을 할까? 이게 신자유주의 분석의 물음이 아닌 것은 분명하
다. 신자유주의 분석은 효과에 대해서만 묻는다. 단순한 시간
과 효율의 상응 관계만 중요하다. 하지만 과정을 그런 식으로
서술하고 분석한다면, 그것은 누구의 관점일까? 어머니의 관
점일까? 아니다. 그것은 경제학자의 시각이며, 외부의 시각이
다. 이 과정을 인적 자본에 대한 투자로, 아이라는 역량 기계
의 형성으로 분석하는 게 경제적으로 허용되기는 하는가라는
문제는 제쳐 두자. 우리가 그것을 도외시하는 경우에도 여전
히 남는 사실이 있다. 이러한 서술은 그 자체의 신자유주의 논
리에 결코 부합하지 않는다.

　　〔50〕　Ibid., p. 319.

무엇이 여기에서 작용하는지, 그리고 그것이 왜 작용하는 지를 이 서술은 놓치기 때문이다.

여기에서 '자극'이라 할 수 있는 것, 그러니까 외부 환경의 의도된 조작이 '작동'하려면 그것은 자극으로 기능하면 안 된다. 어머니가 쏟는 애정이 효력을 발휘하려면 그것이 자극으로 일어나면 안 된다. 마찬가지로 반응이 효력을 발휘하려면 그것이 단순한 반응이면 안 되는데, 오직 그렇기 때문에 아이가 애정을 받아들이는 행위는 의도된 '반응'을 달성한다. 요컨대 이 과정이 신자유주의 논리에 따라 이른바 인적 자본을 증대하려면, 즉 '투자'가 되려면, 그런 것으로 환원되어서는 안 된다. 그런 투자로 행해지면 안 된다. 모든 역설에도 불구하고 말이다. 이 과정을 인적 자본의 향상으로 서술하는 것은 따라서 주관적 차원을 삭제한다는 의미다. 이러한 방식은 결코 경제적으로 순수하지 않다. 왜냐하면 이 서술이 표준적 서술이라고 주장하는 것이고, 어머니와 아이의 상상적인 것의 차원을 실질적 과정의 겉치장이자 은폐 수단으로 축소하는 것이기 때문이다. 그리고 바로 이 지점에서 분석의 불충분함은 오류가 된다.

왜냐하면 상상적인 것의 차원은 몰수할 수 없기 때문이다. 이 과정은 자극-반응 도식으로 환원할 수 없다. 그런 식으로 작용하지 않기 때문이다. 애정의 효율성 또한 주체의 배후에서, 말하자면 객관적으로, 주체의 감정적인 '잡생각'과 무관하

게 인적 자본에 대한 성공적인 투자가 되지 않는다. 신자유주
의 논리에서조차 투자의 합리성이 작용하기 위해서는 바로 주
관적 동기의 '우회로'가 필요하다는 것이 핵심이기 때문이다.
인간의 본성을 전혀 신비화하지 않더라도 그런 식의 경제적
해석으로 풀 수 없는 무언가가 존재한다. 바로 심적인 것의 기
능 방식이다.

이러한 신자유주의 논리에 근거한 심리학이 이미 말했듯
이 행동주의다. 행동주의는 스스로를 정신분석과 극단적으로
반대되는 모델이라 생각한다. 특히 처음 등장했을 때 행동주
의는 정신분석에게 도전으로 여겨졌다. 따라서 정신분석가 자
크 라캉이 어느 세미나에서 행동주의의 꿈을 단호히 거부한
것은 우연이 아니다. 여기에서 행동주의의 꿈이란 원하는 반
응을 의도적으로 '촉발'하고, 불러일으키는 자극을 통해 인간
행동을 간단히 조작할 수 있다는 것이다. 라캉은 유명한 파블
로프의 실험을 고려해서 이 꿈을 비판했다. 실험의 배치는 잘
알려져 있다. 소리를 내는 것이다. 일반적인 버전에서는 종소
리다. 라캉의 버전에서는 파블로프 자신이 (아마 일련의 실험
이 시작될 때) 나팔을 분다. 우리는 이 버전을 따른다. 왜냐하
면 나팔을 부는 파블로프의 모습은 부정할 수 없는 매력을 가
지기 때문이다. 자, 이제 파블로프가 나팔로 소리를 낸다. 뒤
이어 실험 개가 고기 한 조각을 받는다. 반복을 통해서 이렇게

조건 반사가 이루어져야 한다. 보통 때는 개가 고기를 봐야만 일어나는 침 분비가 나팔 소리만으로도 '촉발'되어야 한다.

그러니까 개는 보통 때 현실, 즉 고기에 반응하듯 상징, 즉 소리에 반응해야 한다. 이렇게 특정한 자극에 대한 반응이 체득되는 조건 반사는 행동의 조작 가능성을 증명할 것이다.

반면 라캉은 개에 관해 이 실험이 증명하는 것이 그다지 흥미롭지 않다고 말한다. 그것은 빈약한 신비라는 이야기다. 왜냐하면 조작은 개의 본성을 전혀 바꾸지 않기 때문이다. 나팔 소리는 이미 존재하던 것에만 닿는다. 한편 여기에서 실제로 증명되는 것은 완전히 다른 것이다. 개가 아니라 이 배치를 구성한 파블로프가 오히려 증거가 된다는 것이다. 그러므로 이 실험이 입증하는 것은 무엇보다 과학자로서 파블로프의 존재다. 과학자로서 파블로프의 존재는 강화된다. 이렇게 파블로프는 그의 자극-반응 도식을 통해 단지 "자기 자신의 메시지를 전도된 형태로 되돌려"[51] 받는다. 왜냐하면 이 실험에서는 개의 욕망이 아니라 파블로프의 욕망이 충족되기 때문이다. 파블로프에 의해 그의 나팔로 말이다. 파블로프는 자신의 배치에서 이익을 챙긴다. 라캉에 따르면 개에 관해 이 실험이 증명하는 것은, 우리가 반응에서 발견했다고 여기는 것이 이미 앞서 존재할 수밖에 없다는 사실뿐이다. 그러므로 라캉

[51] Jacques Lacan, *Séminaire XV: L'Acte Psychanalytique* (Séminaire du 15 Novembre 1967), p. 22.(미출간)

은 파블로프의 행동주의를 이데올로기라 일컫는다. 우리의 주
제에 적용하면 인간은 이미 자기 자신의 기업가여야만, 그리
고 스스로를 이미 자기 역량의 체현자로, 자기 역량 기계의 대
표자로 이해해야만 그러한 존재로서 신자유주의의 나팔에 반
응할 수 있는 것이다. 푸코가 국가와 경쟁에 관해 말한 것처럼
여기에서 기본 조건들을 보장하는 것으로는 충분하지 않다.
비용 효율적으로 행동에 영향을 미치려면 환경을 변화시키는
것으로는 충분하지 않다. '자극'은 주체가 이미 그러한 존재인
경우에만 효과가 있는 것이다.

　　그럼 신자유주의가 내적 복종을 필요 없다고 여긴다는 게
무슨 뜻일까? 신자유주의가 상상적인 것을 삭제하고 싶어 하
지만, 영혼의 힘을 뽑아내기를 원한다는 게 무슨 뜻일까? 신
자유주의가 기본 조건들을 통해, 조작을 통해 자기 동력을 자
극처럼 촉발하기를 원한다는 게 무슨 뜻일까? 신자유주의가
파블로프의 나팔을 분다는 게 무슨 뜻일까? 그러니까 신자유
주의의 나팔이 주체의 호명을 대체해야 한다는 것, 호명과 응
답 대신에 자극-반응을, 자발적 복종 대신에 반사를 도입해야
한다는 게 무슨 뜻일까? 그것은 신자유주의가 잘못 이해된다
는 뜻이다. 마치 신자유주의 주체 없이 신자유주의가 가능한
양. 마치 관계들의 변화에서 핵심이 주체의 차원을 몰수하고
삭제하는 것인 양. 이 모든 게 뜻하는 바는 이 '이론'이 작동하

지 않는다는 것이다. 왜냐하면 이 '이론'은 잘못된 전제, 주체의 작동 방식에 대한 잘못된 이해에 의거하기 때문이다. 달리 말하면 경제 논리라는 하나의 논리에 의거한 그런 사회는 작동하지 않을 것이다. 질서자유주의자들이 생각하듯 결속이 없어서가 아니다. 우리가, 주체들이 다른 식으로 작동하기 때문에 그런 사회가 작동하지 않는 것이다. 하나의 경제 논리라는 꿈은 개인들의 심리적 기질이 빠진 계산이다. 하나의 논리라는 꿈은 신자유주의의 환상이다.

따라서 신자유주의는 사회 이론으로서 잘못된 이론이다. 순수한 현실적 실존 조건이라는 개념은 그와 반대되는 것으로, 즉 하나의 이데올로기로 전도된다. 게다가 이 이데올로기는 그런 식으로 작동할 수 없다.

하지만 지난 수십 년간 많은 변화가 있었다. 바로 신자유주의라 칭해지는 온갖 종류의 어마어마한 변화가 있었다. 그렇다면 신자유주의의 상이 개인과 사회에 대한 잘못된 개념에도 불구하고 대세로 자리매김한 것일까? 아니면 지금까지 실현된 것이 그냥 신자유주의가 아닌 것은 아닐까? 달리 말하면 지금까지 실현된 것이 이론적 신자유주의의 상에 부합할까?

그러니까 단순히 신자유주의에 대해 이야기할 것이 아니라, 발전한 자본주의에 대해 이야기하자. 이때 우리에게는 이런 물음이 생긴다. 만약 우리와 관련된 것이 단순한 조작도 딱 맞는 사회 성격도 아니라면, 그럼 이 발전한 자본주의에 대한 우리의 상상적 관계는 무엇일까? 어떤 다른 논리, 어떤 제2의 논리, 어떤 대항 논리로 우리는 발전한 자본주의의 안정화에 기여하는 것일까?

신자유주의 주체를 찾아서

우리는 한 가지 논리만 존재한다는 신자유주의의 환상이 숨기고 싶어 하는 주체를 찾아 나선다. 발전한 자본주의에 대한 우리의 상상적 관계를 찾아 나선다. 이 여정에서 이제 우리는 독일 사회학자 울리히 브뢰클링에게 향한다.

브뢰클링은 푸코의 강의 이후 거의 30년이 지나서, 말하자면 중간 시기에 일어난 일을 설명한다.[52]

우리는 이미 푸코에게서 마주쳤던 인간상을 브뢰클링에게서 다시 마주친다. 그것은 자기 자신의 기업가다. 자기 자신의 자본이면서 자기 자신을 활용하는 기업가. 그러나 이 자기 자신의 기업가는 얼마나 변했는지! 자기 자신의 기업가는 하나의 개념에서 모범상이 되었다. 2007년에 브뢰클링은 자기 자

---

〔52〕 Ulrich Bröckling, *Das unternehmerische Selbst. Soziologie einer Subjektivierungsform*(Frankfurt/M., 2007).

신의 기업가가 헤게모니적인, 지배적인 주체 유형이 되었다고 확언해도 되었다. 모범상으로서 자기 자신의 기업가는 사람들의 행동 기준이 되는 본보기인 동시에 다음과 같은 요구다. 기업가처럼 행동하라! 네 삶을 기업처럼 운영하라! 독립적이고, 책임감 있고, 주도적인 존재가 되어라! 우리가 다 아는 타령이다.

우리에게 브뢰클링의 분석은 두 가지 면에서 흥미롭다. 한편으로는 그가 문제를 굉장히 역설적인 상황에 위치시키는 방식이 흥미롭다. 이 경제 이론이자 경제 프로그램은 주체의 차원을 몰수하려고 하는 동시에 스스로를 모범상으로 번역하고 압축하며, 이 모범상을 통해 작용한다. 게다가 이 모범상은 우리의 나르시시스트와 쏙 빼닮았다. 다른 한편으로 브뢰클링의 분석이 흥미로운 까닭은 그가 다음과 같은 물음을 던지기 때문이다. 이 인간상이 어떻게 모범상으로 자리를 잡았는가? 그러한 인간상이 어떻게 작용하는가? 그러한 유형은 어떻게 사회에 수용되는가? 그러한 표상, 그러한 프로그램이 개별 인간의 행동에 어떻게 스며드는가?

일단 브뢰클링은 개인들이 자기 자신의 기업가로 '부름을 받는다'는 데에서 출발한다. 그는 개인들이 그러한 존재, 즉 시장 주체로 **호명된다**고 분명히 말한다. 여기에서 우리는 호명의 개념, 그러니까 우리의 정체성을 형성하는 부름의 개념과 다시 만난다. 하지만 그 형식이 달라졌다. 왜냐하면 브뢰클링은 그것을 '현실적 허구'로 이해하기 때문이다. 현실적 허구란 사람들이 **실은** 아직 시장 주체가 아니지만 그럼에도 그러한 존재로 부름을 받는다는 의미이다. 사람들은 '마치' 그들이 이미 그런 자기 자신의 기업가인 양 부름을 받는다. 이 '마치'는, 이 허구는 호명된 자를 변화시켜야 한다. 계속 자기 자신의 기업가로 부름을 받으면 사람들은 서서히 그런 존재로, 그런 기업가로 자신을 변화시키기 시작할 것이다. 허구적으로 그런 존재로 부름을 받은 사람들은 실제로 그런 존재로 행동하기 시작할 것이다. 그러니까 사람들은 스스로를 자기 자신의 자본이라 여기는 자기 자신과의 관계를 발전시킬 것이다. 사람들은 자신과 자신의 행동을 투자와 이윤의 기준에 따라 규정하기 시작할 것이다.

따라서 자기 자신의 기업가라는 개념은 현실을 묘사하지 않는다고 브뢰클링은 말한다. 이 개념은 오히려 그러한 현실을 만들려 시도하고, 변화를 불러일으키려 시도한다. 이런 의미에서 그것은 현실적 허구다. 브뢰클링의 현실적 허구는 일견 우리의 호명과 혼동할 만큼 유사해 보인다. 하지만 자세히 들여다보면 바로 이 유사성이 근본적인 차이를 감추고 있음이 드러날 것이다.

브뢰클링의 분석은 우리를 일련의 애매함에 빠뜨린다. 그에게서 배울 수 있는 점 그리고 우리가 그와 다른 점이 명확히 구별되지 않는 것이다. 따라서 우리는 정확한 구별 작업에 나설 수밖에 없다.

브뢰클링의 경우에도 이 현실적 허구의 부름, 변화를 불러일으킬 부름은 말 그대로의 호명을 뜻하는 부름에 그치지 않는다. 이 부름은 오히려 수많은 실천을 통해 주체에게 내리고 닿는다. 여기에서 브뢰클링은 미셸 푸코에 의해 유명해진 자기 형성의 실천들을 언급한다. 개인은 자기 변화를 목표로 자기 자신에 대한 작업을 수행할 때 이 '자기의 테크놀로지'를 사용한다. 신체적으로나 정신적으로나. 따라서 이 실천들은 피트니스 프로그램에서부터 다이어트 모델을 거쳐 커플 치료에까지 이른다. 우리에게도 이러한 자기 관심의 실천들은 중요하다. 비록 우리는 그것들을 나르시시즘적 방법으로 이해하지만 말이다.[53]

브뢰클링이 보기에 그 모든 트레이닝과 워크숍과 코치와 치료, 그 모든 프로그램과 기술은 무언가를 발동시켜 주체를 자기 자신의 기업가로 만들어야 한다. 그리고 여기에서 브뢰클링에게 중요한 것은 바로 이 모든 기술이 하나의 믿음에 근거한다는 점이다. 그것은 개인의 창조적 잠재성에 대한 믿음이다. 스스로의 특수성에 대한 믿음이다. 나에 대한 믿음이다. 다시 말해 지금의 나가 아니라 미래의 나에 대한 믿음이다. 내

[53] 이에 대해서는 6장에서 상세히 다룰 것이다.

가 기술들을 사용한 후에 될 수 있는 나. 따라서 부름은 '너는 자신을 변화시켜**야 한다!**'라고 말하지만 않는다. 부름은 또한 '너는 자신을 변화시킬 **수 있다.**'라고 암시한다. 그러므로 이 모든 것은 하나의 핵심적 믿음으로 소급할 수 있다고 브뢰클링은 말한다. 그것은 "자아의 무한한 형성 가능성에 대한 믿음"이다.

이 믿음에 관해서 우리는 브뢰클링과 의견이 완전히 일치한다. 우리의 관점에서도, 나르시시즘적 실천으로 이해하더라도, 이 자기 관심의 실천들은 자기 형성에 대한 그러한 믿음을 필요로 한다. 나르시시즘적 호명의 경우에도 자기를 만들어 나가는 작업, 우리의 용어로는 이상을 향한 접근에 착수하자면 자신의 형성 가능성을 믿어야 한다. 자기 형성 가능성은 자아이상에서 핵심이다.[54]

그러나 브뢰클링이 이 믿음을 자기 형성의 기술들과 결합하는 방식이 그를 우리와 갈라놓는다. 브뢰클링은 자기 형성 기술들의 자아 개념을 따른다. 그래서 최적화를 위한 기술들을 행동주의식의 행동 조작으로 묘사한다. 가령 그가 제시하는 가장 설득력 있는 예 중 하나인 신경 언어학 프로그램(NLP)과 같은 기술은 정신적 조정으로 묘사된다. 여기에서 조정은 기술적인 의미로 이해된다. 즉 멘탈 프로그래밍이다. 이

[54] 이는 초자아 호명의 범주인 자율성과 다르다.

때 그 믿음은 그러한 행동주의적 기술과 딱 맞아떨어진다. 그것과 동일시된다. 자신의 형성 가능성에 대한 믿음은 이로써 그러한 변화의 행동주의적 실현 가능성으로 환원된다. 이에 따라 자기 형성은 다름 아닌 자아의 프로그래밍 가능성을 의미한다. 그리고 바로 이 지점에서 우리와 브뢰클링을 가르는 선은 선명해진다.

물론 그러한 프로그래밍 가능성은 코칭 산업 전체의 신조혹은 적어도 판매 전략이다. 그것이 오해건 기만이건 간에, 한 산업 전체가 이상적 자아에 대한 이 믿음을 자아의 조작 가능성으로 환원함으로써 유지된다. 왜냐하면 이 산업은 나르시시즘이라는 기존의 지배적인 이데올로기가 제시하는 것을 이용하고, 심지어 착취하기 때문이다. 이 이데올로기가 없다면 코칭 산업은 작동하지 못할 것이다. 코칭 산업은 나르시시즘적 호명의 값싼 대체물일 뿐이다. 꼭 화폐적인 의미에서 값싼 것은 아닐지라도 말이다. 그것은 기존의 사회 전반적인 나르시시즘적 호명을 통해 유지되지만 나르시시즘, 자아 향상을 기술적으로 생산할 수 있는 양 구는 대체물이다. 우리에게 중요한 사실은 브뢰클링이 여기에 아무런 이의를 제기하지 않는다는 점이다. 달리 말해 우리는 많은 동기와 형식을 정확히 집어내는 브뢰클링의 묘사를 따른다. 그러나 그의 진단은 따르지 않는다. 왜냐하면 우리는 자기 테크놀로지를 행동주의적 조작의 기술이 아니라, 나르시시즘적 호명의 실천으로 읽기 때문이다.

그럼 이러한 프로그램들과 자기 기술들이 따르는 모범상은 무엇일까? 우리의 용어로 표현하면 이러한 실천들의 이상은 무엇일까? 브뢰클링에 의하면 이 이상의 본질적 특징 중하나는 그것이 모순적이라는 점이다. 그래서 자기 자신의 기업가는 가령 합리적인 동시에 들뜬 상태여야 한다. 그리고 이러한 모순은 결코 우연이거나 오류가 아니라 완전히 프로그램에 부합한다. 한편으로는 그것이 구조적으로 과도한 요구를 낳기 때문이다. 우리의 용어로 표현하면 이상의 도달 불가능함이 될 것이다. 이는 무한 동력을 발동시킨다. 왜냐하면 과도한 요구는 그것을 추동하는 목표에 결코 도달할 수 없기 때문이다. 하지만 모범상의 모순은 또 다른 이유에서 프로그램에 부합한다.

목표는 전인(全人)을 포착하는 것이다. 브뢰클링에 따르면 이전에는 방해나 저항으로 여겨져 억압되던 주체의 힘들도 이제 손에 넣어야 한다. 그런 힘들도 유용하게 만들어야 한다. 가령 고집을. 혹은 반항심을. 습득 가능한 능력들을 넘어 습득 불가능한 능력들도 목표로 삼는 것이다. 그 가장 본질적이고 가장 생산적인 동기는 자기 동력이다. 브뢰클링의 표현처럼 "직원들의 능력을 최대한 뽑아내기"를 원하는 자들은 이 자기 동력을 겨냥한다. 자기 동력은 특출한 자원이다. 이것은 중요하면서도 어려운 시도다. 그것은 가장 효율적인 주체 자원 중 하나인 집요함, 반항적이고 자율적인 충동의 강력한 동력을 개척하는 일이기에 중요하다. 그러나 다른 한편으로 그것은 결코 자유를 향한 해방이 아니다. 따라서 브뢰클링은 그힘들이 속박에서 풀려나는 동시에 길들여져야 한다고 말한다. 이것은 역설적 시도다. 그리고 바로 그 점이 모범상의 모순성을 이룬다. 자기 자신의 기업가는 앞서 말했듯이 합리적인 동시에 들뜬 상태여야 한다. 절제된 동시에 열정적인 상태여야 한다. 프로그램과 전략도 마찬가지여야 한다. 프로그램과 전략은 열광과 규율을, 합리성과 희열을 동시에 동원하는 것을 목표로 한다고 브뢰클링은 말한다. 주체는 자신의 열정을 마음껏 펼쳐야 한다. 그러면서 동시에 그 열정을 규제해야한다. 이른바 임파워먼트(empowerment)의 경우도 마찬가지다.과거의 권능 부여는 오늘날 힘들을 동원하는 동시에 길들여야한다.

요컨대 바로 이 힘들을 이용하는 것이 중요하다. 이 힘들의 활용 가능성이 중요하다. 이는 주체의 힘을, 주체의 추진력을 찬탈하는 것이다. 영혼적이고 심적인 것까지 활용하려는 목표를 가지고 주체를 찬탈하는 것이다. 여기에서도 주체가브뢰클링의 표현처럼 "사회 기술적"으로 개척할 수 있는 자원이라는 표상이 목표에 수반된다.

그런데 이처럼 힘들을 동원하는 동시에 특정 방향으로 유도하는 것은 우리의 용어로 자발성과 복종의 동시성과 일치하지 않을까? 이에 대한 대답은 단연코 '아니다'다. 더욱이 활용 가능성의 논리로의 그런 환원은 결코 잘 이루어지지 않을 것이다. 그러한 환원은 오히려 이데올로기적 날조다. 왜냐하면 더 좋게, 더 높게, 더 빠르게, 더 강하게, 더 창조적으로, 더 자주적으로 만드는 생산력을 뽑아내는 것, 요컨대 이 생산력의 단순하고 직접적인 활용 가능성은 바로 그것이 겨냥하는 목표인 독자적 주체성을 삭제할 것이기 때문이다. 주체를 이용하려면 주체 형성이 필요하기 때문이다. 그러나 생산력을 뽑아낼 이 주체는 주어져 있지도 않고, 행동주의적 브리콜라주에서 나오지도 않는다.

그럼 브뢰클링에게 이 주체, 이 신자유주의적인 자기 자신의 기업가는 어떤 모습일까? 이 인간상을 더 자세히 살펴보자. 이 주체를 어떻게 상상해야 할까?

이때 브뢰클링은 특히 신자유주의 시카고학파의 저명한 대표자인 게리 베커를 따른다.[55] 여기에서 우리는 경제 제국주의와 다시 한번 마주친다. 경제 제국주의는 경제적 해석을 모든 생활 영역으로 확장하며 인간의 모든 행동을 경제적으로 번역하고, 경제적으로 이해하고, 경제적인 것에 맞춘다.

베커에 따르면 모든 사람은 늘 오직 한 가지를 중시하는데

---

〔55〕 여기에서 브뢰클링은 베커를 질서자유주의자들뿐 아니라 프리드리히 하이에크와도 명확히 구별하며 논의에 끌어온다.

그것은 자기 자신의 '행복'이다. 그런데 특히 흥미로운 것은 각자가 이 행복을 다르게 정의한다는 점이다. 베커가 말하길 "개인은 이기주의적이든, 이타주의적이든, 충직하든, 음흉하든 혹은 피학적이든 간에 **본인이 생각하는** 자신의 행복을 극대화한다."[56] 그러니까 **모든** 행동은 자신의 행복이라는 시각에서만 평가된다는 것이 요지다. 이때 개인이 무엇을 자신에게 유익하다고 여기는지는 전혀 상관없다. 이타적 행동이나 이기적 행동이나 똑같이 오직 이 시각에서만 평가된다. 내가 그 행동을 통해 이익을 얻는지 아닌지에 따라서 말이다. 그러므로 모든 행동은 궁극적으로는 이기적이다. 이타적 희생도 마찬가지다. 왜냐하면 이타적 희생에서도 우리는 만족을 이끌어 내기 때문이다. 말하자면 사익에서 벗어날 길은 없다. 궁극적으로 사익을 증진하지 않는 행동이란 없다.

자신의 '행복'은 따라서 내용이 비워지며, 무엇보다 도덕적 짐에서 해방된다. 남는 것은 순수하게 형식적인 정의다. 유일한 규정은 이렇다. 모든 사람은 자신의 행복을 **극대화**하기를, 즉 향상하기를 원한다. 그리고 바로 이 순간 모든 내용을 비운다는 것이 실은 실용주의적 속임수임이 드러난다. 이 속임수의 요체는 행복을 행복 극대화를 위한 노력과 아주 당연하게 동일시하는 데 있다. 하지만 이로써 외견상의 비우기는 뜻

[56] Gary S. Becker, *Der ökonomische Ansatz*, 브뢰클링의 책에서 인용. op. cit. p. 89.

밖에 어언간 경제적인 채우기로 바뀐다. 그리하여 행복은 경
제적 의미의 이득과 동일시된다. 행복 향상은 이로써 이익 극
대화가 된다. 그리고 쾌락의 획득은 경제적 이득이 된다. 이는
단순히 은유적인 말을 문자 그대로의 경제 용어로 옮기는 게
아니다. 오히려 경제적인 묘사를 근본적인 묘사로 만드는 것
이다. 경제적인 사고를 매트릭스로 만드는 것이다. 숱하게 인
용되는 게리 베커의 경제 제국주의란 단순히 경제적 표현 방
식을 다른 영역으로 확장하는 게 아니다. 그것은 모든 행동 영
역을 경제적으로 규정하려는 시도다. 경제를 행동의 척도로
관철시키려는 시도다.

　푸코가 예로 든 아기 침대 가의 어머니를 다시 한번 상기
해 보자. 우리는 이 과정을 아이의 인적 자본에 대한 투자로
이해하는 게 외부의 관점에 해당한다는 것을 보았다. 관찰자
의 분석 틀 말이다. 그리고 이제 우리는 그것을 보완해야 한
다. 만일 베커가 어머니의 애정을 '정신적 이득'으로 파악한다
면 이 경제적 매트릭스를 당사자의 주관적 관점에도 기입해야
한다. 그렇다면 그것은 더 이상 그저 외부의 관점만이 아니다.
그렇다면 이 외부의 관점은 행동하는 자에게도, 이 경우에는
어머니에게 받아들여져야 한다.

　이로써 인적 자본 개념을 다시금 더 자세히 규정할 수 있
다. 우리가 보았듯이 인적 자본은 전인을 포착해야 한다. 인적
자본은 전인을 그의 이익에 맞춤**으로써** 전인을 포착해야 한

다는 것이 이제 밝혀진다. 행동은 그런 명확한 비용-이윤 계산을 따라야 하며 이 계산의 명백한 목표는 사익을 향상하고 극대화하는 것이다. 이런 의미에서 인간은 '자기 자신의 자본가'가 된다. 즉 자기 사익의 자본가가 된다. 모든 도덕의 저편에서. 왜냐하면 이타주의적 행동도 이 목록에 기입되어 있으니까.

경제 제국주의란 따라서 모든 것을 자기에게 편입시키는 것이다. 이것은 이중의 의미에서 편입시키기다. 즉 자기와 관련시키기면서 쾌락 혹은 불쾌로 기장(記帳)하기다. 그런데 모든 게 이른바 쾌락 획득이라는 화폐로 변역된다는 것이 무슨 의미일까? 자아가 모든 형식 속으로 파고든다는 것, 심지어 이타주의 속으로도 파고든다는 것이 무슨 의미일까? 이것은 나르시시즘일까? 우리는 여기에서 실용주의적으로 번역된 나르시시즘과 다시 만나는 것일까? 그러니까 이익 극대화로, 말하자면 자기 자신에 대한 자본 관계로 번역된 나르시시즘일까?

이것은 경제적으로 전환된 나르시시즘처럼 보일지도 모른다. 그러나 사실은 그게 아니다. 바로 그렇기 때문에 차이점을 정확히 파악하는 것이 중요하다.

그 차이점은 브뢰클링이 "자기 자신을 갉아먹는 나르시시즘"의 반대 개념으로 제시하는 것에서 가장 똑똑히 드러난다. 그것은 자기 삶의 자본화를 동반하는 자기 삶의 경영화다. 따라서 나르시시스트가 아니라 자기 자신의 경영자가 주체로 추구될 것이다. 그러나 사실 이 주체는 신자유주의 이론에 부합하는 주체일 뿐이다.

나르시시스트와 달리 자기 자신의 경영자는 자신의 삶을 기업처럼 운영한다. 주권적이고 합리적으로. 그는 자신의 행동을 제어해야 한다. 분명하게, 이용 가능하게, 명확하게. 그런 한에서 주권적일 것이다. 그리고 그는 자신의 행동을 자신의 이기적 목표에 맞춰야 한다. 이 목표는 시장과 경쟁의 요구들과 이상적으로 맞아떨어진다. 그런 한에서 그는 합리적일 것이다. 이때 묻히는 것은 그 근저에 깔린 모순이다. 즉 시장의 요구에 자신을 맞추는 주권의 모순이다.

모든 도덕적 짐과 그 밖에 방해가 되는 짐에서 해방된 이 이기심이 전체의 중심점이자 요점이다. 이러한 이기심은 자기 자신의 경영자의 동력을 보증해야 한다. 가정에 따르면 이 주체는 자신의 이기심이 무엇인지 늘 명확히 말할 수 있을 뿐 아니라 항상 자신의 이익을 추구하고 향상하고자 노력하기 때문이다. 이러한 소위 자연적인 이기심은 시장이 침투하는 길목이다. 이기심을 통해 시장 원리가 주체에 기입되어야 한다. 왜냐하면 풀려난 이기심은 시장 그리고 경쟁과 조화를 이룬다고 가정되기 때문이다. 이런 식으로 이기심은 주체 안에서 시장의 대응물이자 반영물이 된다. 이때 이기심과 시장은 말하자면 하나의 음으로 조율된다. 이때 이기심과 시장은 동일한 논리를 따른다.

여기까지가 이것을 이데올로기가 아닌 현실적 관계로 서술하는 신자유주의 담론이다.

이와 반대로 스스로를 이데올로기적 이야기라고 명백히 자처하는 이야기를 하나 살펴보자. 한창때 한 장르 전체를 대표했던 옛날 영화 록키 시리즈를 떠올려 보자. 이 이야기는 오랫동안 수많은 형태로 끝없이 변형되고 반복되었다. 비록 각 요소는 다를지라도 기본 패턴은 늘 똑같다. 장래의 영웅은 핸디캡을 가지고 있다. 그게 어떤 종류든. 신체적이든 사회적이든. 이 핸디캡 때문에 그는 실패를 맛본다. 그게 무엇이든. 처음에는 항상 실패가 있다. 그가 어떤 부름을 따르고 그래서 자기 자신에 대한 작업을 시작하는 순간 반전이 시작된다. 이야기의 끝에는 승리가 있다. 이 승리는 감정적, 경제적 인정을 의미한다. 자기 형성에 대한 믿음, 이에 속하는 자기 형성의 실천들, 자신을 넘어 성장하기, 이 모든 것이 작용한다. 여기까지는 이 이야기를 영웅이 호명에 응하는 과정으로 묘사한 것이다. 이 예는 그러한 부름의 효과가 대중문화에서 어떻게 표현되는지를 바로 그 진부함을 통해 보여 준다.

이 이야기를 시장의 언어로, 자기 경영화의 언어로 번역하면 어떻게 될까? 주인공은 자신의 행동을 변화시킨다. 그는 자기 자신의 경영자로서 자신의 인적 자본에 투자했다. 이때

자신의 사익을 극대화할 수 있다는 전망이 그를 추동했다. 그
는 시장의 요구를 충족했다. 그리고 반대급부를 챙겼다. 그러
나 이것은 겉보기에만 번역이다. 사실은 속임수 버전일 뿐이
다. 왜냐하면 여기에서는 중요한 것이 은폐되기 때문이다.(신
자유주의 담론에서 일반적인 일이다.) 그것은 다음과 같다. 인간
은 이미 호모 에코노미쿠스여야만 그러한 존재로 행동할 수
있다. 인간은 이미 경제적 매트릭스를 지향해야만 이익 극대
화라는 자신의 목표를 맹렬히 추구할 수 있다. 요컨대 신자유
주의 트릭의 요체는 자신이 호명이라는 사실을 은폐하는 것이
다. 그토록 합리적이고 주권적인 시장 주체가 호명에 지배된
다는 사실을 은폐하는 것이다. 호모 에코노미쿠스로서의 부름
에 말이다. 신자유주의는 위장된 호명이며 마치 호명이 아닌
양 군다. 마치 또 하나의 층위가 없는 것처럼.

　　반면 록키 이야기의 진부함은 참으로 계몽적이다. 그것은
신자유주의 담론이 은폐하는 사실을 보여 주지 않는가. 즉 장
애물을 극복하기 위해서는 부름을 들어야 한다는 사실을. 부
름을 듣는다 함은 이해하는 것이다. 그게 **나**라는 걸. **내가** 대상
이라는 걸. **내가** 해낼 수 있다는 걸. 자신이 부름의 대상이라고
느끼는 자는 부름을 따른다. 그러한 호명만이 모든 것의 결정
적인 동기를, 즉 자기 동력을 동원할 수 있는 것이다.

　　여기에서도 상황은 아기 침대 가에 있는 어머니의 경우와
비슷하다. 부름은 겉치장이고 은폐 수단인 반면 투자-비용-

이윤의 도식이 알맹이로 근저에 있는 게 아니다. 왜냐하면 역량 기계가 작동하려면, 역량 기계가 자기 동력을 발동하려면 더 많은 것이 필요하기 때문이다. 상업적으로 축소된 편입 이상의 것이. 순수 실용주의적인 자기 관계 이상의 것이. 가장 합리적이고 가장 주권적인 시장 주체에게도 사익의 표상만으로는 충분하지 않다. 자기 동력의 무조건적 '자기 의지'가 필요하다. 그러나 이것은 자기 자신의 경영자 개념이 숨기려 하는 것에서 나온다. 이것은 대상 됨에서 나온다. 스피노자가 구상한 것처럼 자기가 대상이라는 느낌에서.[57] 스피노자는 신자유주의 이론가들보다 주체를 훨씬 더 잘 이해했다. 왜냐하면 주체는 자기 사익의 회계원 이상이기 때문이다. 자기 동력은 자기 이익의 계산 이상을 필요로 한다. 자기 동력은 오히려 부름을 필요로 하며, 신자유주의는 이 부름을 이기심의 냉철함 속에 숨기려 한다.

브뢰클링도 여기에서 호명이 작동하고 있음을 본다. 이 점에서 우리는 의견이 일치한다. 하지만 다음의 물음이 우리를 갈라놓는다. 록키가 되었든 아니면 훨씬 더 건조한 표현으로 일상적 경쟁 속에 있는 자기 자신의 경영자가 되었든 한 사람을 부르는 것은 무엇인가? 우리는 말한다, 우리를 부르는 것

〔57〕 우리는 이것을 1장에서 접했다.

은 상상적 표상이라고. 브뢰클링은 말한다. 우리를 부르는 것은 '가정'이고 허구라고. 즉 현실적 허구의 허구 부분이라고. 이러한 차이점을 이해하기 위해 우리는 브뢰클링의 개념을 다시 살펴봐야 한다.

브뢰클링에게는 한편으로 시장의 힘이 있다. 우리는 이 힘에 무방비로 내맡겨져 있다. 그리고 다른 한편으로 부름이 있다. 이 부름은 개인을 주권적 존재, 행동력 있는 존재로 호명한다. 이 표상은 허구적이다. 왜냐하면 부름을 받는 자는 자기 자신의 기업가로 호명될 때 자기 자신의 기업가가 '아직 아니'기 때문이다. 허구는 따라서 '아직 아니' 속에 있다. 행동력 있는 존재라는 이 주체상은 하나의 암시처럼 기능해야 한다. 그것은 소용돌이를 발생시키는 하나의 목표라고 브뢰클링은 이야기한다. 그런데 이 소용돌이는 다름 아닌 자극-반응 도식의 확장이다. 목표상은 앞에 제시된 자극처럼 작용한다. 이 자극은 미래로부터 손짓을 보내고, 그럼으로써 상응하는 반응, 상응하는 행동을 유발한다. 이 자극은 자기 자신의 기업가를 '촉발'시켜야 한다. 행동력과 관철 능력을 가진 존재라는 허구적 표상은 따라서 이 표상이 실제 효력을 발휘할 만큼 주체에게 권능을 부여해야 한다. 개인이 실제로 성공할 만큼 말이다. 그리하여 허구는 시장에서 일어나는 실제 사건으로 전환된다. 즉 허구는 주체를 시장의 현실로 데려오는 기능을 한다. 허구는 다름 아닌 현실로 올라가는 사다리이다. 그런데 만일 주체가 자기 자신의 기업가로 탈바꿈했다면(적어도 부분적으로. 왜냐하면 완전히 탈바꿈하는 것은 절대 불가능하니까), 주체가 모범상에 근접했다면, 그럼 어떻게 될까? 그럼 자기 자신의 기업가가 현실이 된 것일까?

허구는 환상이다. 즉 참과 거짓의 목록에 속하는 표상이다. 그리고 허구는 거짓된 표상이다. 하지만 이런 거짓된 표상이 그럼에도 효과를 발휘한다면, 그럼 더 이상 환상이 아니다. 그것은 현실이 된다. 자기 자신의 기업가라는 표상이 효과를 발휘하면 그것은 더 이상 환상이 아닌 것이다. 개인이 스스로를 행동력 있는 존재라고 상상하고 나서 실제로 성공을 거두면, 자기 자신 혹은 자신의 제품을 잘 팔면 그럼 그는 자기 자신의 기업가가 **된다**. 그럼 그는 시장 주체다. 시장, 성공은 이렇게 주체의 **인증**이 된다. 성공은 이 주체의 현실의 기준이 된다.

환상은 환상이다. 따라서 항상 실패할 수 있다.(이는 환상의 환상적 성격을 입증한다.) 그러나 환상이 성공을 거두면 그것은 더 이상 환상이 아니다.

하지만 상상적인 것의 경우에는 상황이 정반대다. 상상적인 것은 '성공'할 때조차, 성공을 거두는 때조차 여전히 상상적이다. 상상적 주체, 상상적 관계로서. 그런데 왜 성공은 상상적인 것을 지양하지 않을까? 왜 주체 자신은 시장에 '부합하는' 경우에도 여전히 상상적일까?

상상적인 것을 통한 호명은 현실적 허구처럼 교환을 제안
하는 것이 아니기 때문이다. 현실적 허구는 말한다. '네가 **만
일** 제대로 투자한다면, **만일** 성공을 거두면 너는 너 자신의 경
영자가 된다.' 만일 교환이 성공한다면 교환은 허구를 지양한
다. 그러나 상상적인 것을 통한 호명은 완전히 다르게 작동한
다. 상상적인 것을 통한 호명은 그 고유한 우주에 개인을 끌어
들인다. 허구와 달리 상상적인 것은 효과를 발휘하기 위해 현
실에서 증명될 필요가 없다. 가령 신앙의 경우에는 이것이 바
로 이해가 된다. 그런데 나르시시즘의 경우에도 다르지 않다.
나르시시즘 역시 고유한 논리를 따른다. 나르시시즘은 우리의
이상에 대한 관계에 우리를 끌어들인다. 그리고 바로 이 과정
에서 우리의 자발적 복종이 이루어진다.

하지만 이러한 근본적 동의는 행동주의적으로, 즉 행동의
조작을 통해서도 그리고 실용주의적으로, 즉 사익을 통해서도
이루어질 수가 없다. 달리 말해서 소위 촉발되는 자기 자신의
기업가 혹은 경영자는 사람들이 추구하고 부정하는 신자유주
의 주체가 아니다. 그것은 신자유주의 주체를 잘못 번역한 것
이며, 신자유주의 주체에 대한 '시장 언어'일 뿐이다.

이러한 번역을 통해 자기 자신의 기업가는, 이 시장 관계
를 딱 맞게 반영해야 할 신자유주의 사회 성격이 된다. 이러한
번역을 통해 자기 자신의 기업가는 시장 관계의 모상이 된다.
마치 그의 사익 추구가 시장 논리에 정확히 부합하는 것처럼.

그러므로 '아직 아니'의 허구 또한 성공한 교환을 통해 현실로 변환될 수 있어야 한다. 현실적 허구는 말한다. '너는 너 자신의 기업가가 아직 아니다. 그러나 만일 네가 성공을 거두면 너는 너 자신의 기업가가 될 것이다.' 하지만 이와 동시에 현실적 허구는 암시한다. '성공을 거두려면 너는 너 자신의 기업가가 되어야만 한다.' 따라서 현실적 허구는 순환 논법이다. 현실적 허구는 자신의 전제를 이미 포함하고 있다. 이러한 순환 논법으로서 현실적 허구는 발전한 자본주의의 고유한 주체를 은폐하는 이데올로기 공식이다. 현실적 허구는 이 주체를 신자유주의 사회 성격으로, 시장의 모상으로 환원하는 공식이다.

발전한 자본주의에서 추구되는 주체는 그러나 환상적이지도 현실적이지도 않다. 오히려 상상적이다. 이 주체는 기존 관계들의 대응물도 모상도 아니며, 오히려 기존 관계들의 대항 원리이다. 이 주체는 고유한 논리를 따른다. 이 주체는 다른 곳에서 효과를 발휘하고 현실화되는 기술이나 암시의 산물이 아니다. 이 주체는 행동주의적 브리콜라주에서 생겨나지 않는다. 이 주체는 호명을 필요로 한다. 그리고 이 호명은 자기 자신의 기업가의 호명이 아니라 나르시시스트의 호명이다.

그리고 바로 이 점을 현실적 허구 개념은 포착할 수 없다. 현실적 허구 개념은 그것이 원래 설명하려는 것, 즉 상상적 관계를 포착할 수 없다. 왜냐하면 신자유주의 이데올로기에는 상상적 관계가 있어서는 안 되기 때문이다. 오직 시장의 현실,

경제적인 것의 현실만 있어야 한다. 오직 이 하나의 논리만 있어야 한다. 따라서 여기에서 '호명'되는 주체 역시 시장의 언어로 번역되어야 한다. '자기 자신의 경영자'로, 자기 사익의 경영자로 말이다. 허구는 따라서 충분히 허구적이지 않다. 그것은 아직 그 하나의 현실에 기대고 있다. 그것은 신자유주의 이데올로기에 너무나도 연루되어 있다고도 말할 수 있을 것이다. 현실적 허구 개념은 결정적인 사실을 숨긴다. 우리가 이중의 신비화와 얽혀 있다는 사실을. 자기 자신의 기업가는 실로 하나의 번역이다. 상상적인 나르시시즘적 주체를 신비화하며 시장의 언어로 번역한 것이다.

허구와 상상적인 것을 구별하는 것은 학술적인 훈련이 아니다. 그것은 결정적인 차이를 가시화한다. 시장 주체가 허구를 통해 시장의 요구에 동조하는 것은 외적 관계에 그친다. 반면 나르시시즘적 호명을 따르는 것은 가장 큰 성과를 보장한다. 오직 내적 관계에서만 생겨나는 연루, 자발적 복종이 그것이다. 주디스 버틀러는 이를 "열정적 애착"[58]이라 부른다.

그러나 한 가지 중요한 점에서 우리는 모든 차이에도 불구

[58]	Judith Butler, *Psyche der Macht. Das Subjekt der Unter-werfung*(Frankfurt/M., 2019), p. 66.(이때 '애착'에 해당하는 영어 표현 attachment와 독일어 표현 Verhaftetsein은 '구속', '사로잡힘'이란 뜻도 가진다. 이 점에서 '열정적 애착' 개념은 '자발적 복종'과 연결된다.—옮긴이 주)

하고 다시 한번 브뢰클링을 따른다. 자기 자신의 기업가가 되라는 호소가 성공할 가망이 있는 자 혹은 실제로 성공한 자들에게 결코 국한되지 않는다는 점에서다. 브뢰클링은 이 호소가 오직 맨몸으로 시장에 뛰어들 수밖에 없는 사람들에게도 향한다고 말한다. 기술과 부름은 본인의 '잉여성'을 날마다 지적당하는 사람들에게도 닿아야 한다. 장기 실업자를 위한 트레이닝 코스부터 특수 학교의 교과 과정까지.

우리의 어법으로 표현하면 사회 전반적 호명, 지배적 이데올로기라는 현상은 시민계급에 국한되지 않을 것이다. 나르시시즘의 호명과 같은 것조차도 순수한 엘리트 프로그램이 아니다. 왜냐하면 이러한 호명이 지배적이고 헤게모니적이려면 반드시 **모두**를 겨냥해야 하기 때문이다. 모두가 자신이 대상이라고 느껴야 한다. 비록 거리는 제각각일지라도, 그리고 그러한 호명, 그러한 정체성을 대하는 방식이 제각각일지라도.

다시 말해 이렇다. 나르시시즘적 호명이 제시하는 기준, 그러니까 나르시시즘적 호명이 규정하는 정체성의 종류는 특정 계급에 국한된다. 그래서 나르시시스트는 명백히 시민적 정체성이다. 하지만 나르시시즘적 호명의 수신자는 특정 계급에 국한되지 않는다. 왜냐하면 그것은 모두에게 하나의 질서, 하나의 틀, 하나의 가치 지평을 규정하기 때문이다. 바로 이 점이 나르시시즘적 호명을 지배적으로 만든다. 그래서 나르시시즘은 계급적 상황이 모든 나르시시즘과 배치되는 사람들에게도 규정으로 작용한다.

요약하면 이렇게 말할 수 있다. 신자유주의 프로그램과 반대로, 확장된 자본주의도 분명 내적 복종을 필요로 한다. 순수하게 외적으로는 자기 동력이라는 목표를 달성할 수 없다. 즉 그러한 내적 복종은 실제로도 일어난다.

하나의 경제적 논리를 내세우는 신자유주의 프로그램은 이데올로기로 입증되었다. 그것은 현실의 질서로 위장하는 이데올로기다. 하지만 실제로는 자발적 복종을 분명 필요로 한다. 그리고 주체를 장악하는 연루를 만드는 것은 바로 이 내적 복종이다. 발전한 자본주의에서 추구되는 주체, 모든 역설에도 불구하고 이 자본주의를 지탱하는 대항 논리는 나르시시즘적 주체다. 사람들이 신자유주의라 즐겨 부르는 것은 그러니까 나르시시즘을 필요로 하고 장려한다. 그러나 가짜 이름으로. 신자유주의는 말하자면 가짜 깃발을 달고 항해한다. 마치 자기 자신의 기업가가 상상적 구성물이 아니라, 시장 관계의 현실적 대응물인 것처럼. 시장의 '고독한'[59] 논리가 유일한 논리로 관철되도록 마치 자기 자신의 기업가가 상상적인 것을 그냥 삭제해 버린 것처럼.

여기에서 우리는 절대적으로 역설적인 상황과 마주한다. 한 이데올로기가 다른 이데올로기에 의해 비판되고 폭로되는

---

[59] 이 단어는 루이 알튀세르에게서 빌려 왔다고 하겠다.

것이다. 신자유주의 이데올로기는 자신의 본질을 이루는 상상적 차원을 감추는데, 나르시시즘 이데올로기는 그 실체를 드러낸다. 나르시시즘은 이데올로기적 '진실'이며, 신자유주의의 숨겨진 차원이다.

따라서 우리의 결론은 이렇게 된다. 자기 자신의 기업가라는 모범상의 확장에서 우리는 신자유주의의 확장이 아니라 나르시시즘의 확장을 확인한다. 그것이 시장의 언어로 숨겨졌든 아니면 번역되지 않았든 말이다.

신자유주의 이데올로기는 대규모의 행동주의적 환원 기획으로 입증되었다. 그것은 오늘날 우리를 움직이는 근본적인 나르시시즘적 호명을 감추는 이데올로기적 기만이라고도 할 수 있다.

그러나 이건 희소식이 아니다. 정반대다. 왜냐하면 나르시시즘적 호명은 우리의 연루가 단순한 자극-반응 관계의 연루보다 훨씬 더 깊다는 뜻이기 때문이다.

4장

경쟁과 그 저편

우리는 위장된 상상적 관계들, 부정된 내적 연루를 복원하는 것이 불가피함을 3장에서 보았기에 우리의 원래 과제를 일단 미뤄 두어야 했다. 그러므로 현실적 관계들의 명백한 변화를 실제로 파악하는 데 아직 성공하지 못했다. 따라서 다시 한번 탐색에 나서야 한다. 나르시시즘적 호명은 우리가 탐색하는 변화의 일부분이라고 할 수 있다. 더 정확하게 말하자면 나르시시즘적 호명은 나름의 방식으로 이 변화와 관련된다. 즉 상상적으로 말이다. 우리는 다른 쪽에서 이 문제에 접근하고자 한다. 이를 위해 우리는 미셸 푸코에게서 이미 접한 모티프인 경쟁을 다시 다룬다. 핵심적 사회 메커니즘으로서의 경쟁. 푸코에게서 보았듯 이 메커니즘은 절대적인 일반화, 모든 사회 영역으로의 무한한 확장을 경험했다.

이것을 출발점으로 삼기는 여러모로 어렵다.

한편으로 신자유주의가 경쟁의 탈경계화를 의미한다는 푸코의 논점은 그사이 상식이 된 지 오래다.

그런데 다른 한편으로 이 출발점에는 독창성만 결여된 게 아니다. 우리가 탐색하는 **새로운** 변화를 하필 경쟁에 고정시키는 것은 모종의 역설을 낳기도 한다. 카를 마르크스는 이미 150년도 더 전에 경쟁이란 자본주의적 생산 관계가 수행되는 고유한 형식이라고 확언하지 않았는가. 달리 말하면 우리가 탐색하는 변화의 본질은 어떻게 확장하든 간에 단순히 그런 경쟁일 수 없다. 그 본질은 오히려 경쟁이라는 핵심 메커니즘이 경험한 특정한 형식, 특수한 규정, 고유한 특성 묘사일 수밖에 없다.

하나의 예를 통해 이 문제를 살펴보자.

아주 간단한 예를 들어 보자. 미심쩍은 예가 아니다. 록스타도 아니고, 신인 여배우도 아니다. 아니, 아주 신용할 만한 예다. 의사 이야기다. 의사라면 숱하게 있다. 의사들은 환자들에게 어떻게 보일까? 환자는 어느 정도는 의사의 관객이기도 하다. 약간은 말이다. 하지만 이 약간이 여기에서는 우리에게 흥미롭다. 그렇다면 의사들은 서로 어떻게 구별될까?

가령 치과 의사와 외과 의사의 구별 같은 전문적인 구별을 말하는 게 아니다. 아니, 우리가 생각하는 의사들은 전문 분야가 똑같다.

여기에 '단순한' 의사가 있다. 이때 단순하다 함은 순진하다는 뜻이 아니다. 우리의 어법에서 '단순한' 의사란 의사로 일할 자격, 의학적 능력을 갖춘 사람이다. 간단히 정리하면 '의학 교육＝의사'라는 방정식이 성립한다. 이 방정식은 모든 의사에게 적용된다. 이 점에서 의사들은 모두 똑같다. 모두 이 자격을 갖추고 있다. 그렇지 않다면 의사가 아닐 것이다.

이것은 환자들에게 다음과 같은 의미다. 눈에 문제가 있다. 그래서 안과 의사에게 간다. 나는 이가 아프다. 그래서 치과 의사를 찾아간다.

그런데 이 간단한 방정식에 또 무언가가 덧붙을 수 있다. 부가적인 차이가. 오해를 방지하기 위해 다시 한번 말하지만 그것은 각 전문 분야의 차이가 아니다. 내과 의사, 방사선 전문의, 심장 전문의 혹은 기타 전문의의 차이가 아니다. 전문의와 일반의의 차이도 아니다. 오히려 그것은 덧붙을 수도 덧붙지 않을 수도 있는 부가물이다. 동일한 의사들의 범주 안에서 차이를 만드는 부가물. 즉 여기에서 바로 경쟁이 일어난다. 사람들은 이런 의사들에게 무언가 부가적인 것이 있다고 인정해 준다. '단순한' 자격에 더해 특별한 질이 있다고.

이 특별한 질은 개인적 관계에 기인할 수 있다. 나는 그 의사를 안다.(바탕에 깔린 사실: 그 의사는 **나를** 안다.) 이때 일반적인 의사-환자 관계는 개인적으로 변형된다. 그런데 이 부가물은 소문에서 기인할지도 모른다. 다시 말해 어떤 의사를 그 의사로 만드는 평판과 관련될지 모른다. 특별한 의사, 이런 의미에서 '훌륭한' 의사는 어디에서 기인하든 간에 덧붙는 무언가인 부가물에 의해 '단순한' 의사와 구별된다. 순수하게 전문적인 근거는 의사 집단 안에서 어떤 역할을 할지도 모른다. 그러나 환자-관객에게는 어떨까? 그들에게는 판단을 내릴 의학적 기준이 없다. 그들은 어떤 특수한 전문 지식, 의학적 성과에 대해 들었을 수 있다. 그렇다면 부가물은 평판에, 소문에 근거한다. 혹은 본인이 받은 인상에 근거한다. 하지만 어떤 경우든 간에 그 근거는 결국 주관적이다.

그럼 현재 사회가 '단독성들의 사회'라고 인증하는[60] 사회학자 안드레아스 레크비츠 같은 저자는 이 차이를 어떻게 읽을까? 레크비츠는 두 가지 사회 논리를 구별한다. 객체, 주체, 공간, 시간, 집단이 사회적으로 규정되는 방식을 두 가지로 나누는 것이다. 하나는 보편의 논리, 다른 하나는 특수의 논리다.

첫 번째 논리인 보편의 논리는 레크비츠에 따르면 산업적 근대에 지배적이었다. 그것은 모든 사회 영역의 표준화와 합리화를 뜻했다. 그리고 주체는 본질적으로 규칙과 규범에 의해 규정되었다. 이로써 주체는 동질적일 뿐 아니라 교환 가능한 기능 담지자가 되었다. 아마 레크비츠는 우리가 예로 든 '단순한' 의사를 그런 의학적 역량의 기능 담지자라 칭할 것이다.

〔60〕 이에 관해서는 다음을 참조하라. Andreas Reckwitz, *Die Gesellschaft der Singularitäten. Zum Strukturwandel der Moderne*(Berlin, 2017).

두 번째 논리는 특수의 논리다. 레크비츠는 특수를 보편과 달리 '단독성'으로, 유일무이함으로 정의한다. 이 논리 역시 객체, 주체, 장소, 집단, 공간 등 모든 것을 파악할 수 있다. 이 모든 것은 유일무이해질 수 있다. 교환 불가능하고 대체 불가능하다는 의미에서, 하나의 일반적 종류에 속하는 획일적인 것이 아니라 바로 특수한 것, 단독적인 것이라는 의미에서 말이다. 우리의 예에서 이것은 '훌륭한' 의사일 터이다. 의사의 일반적 범주를 넘어서 자신을 특별하게 만드는 데 성공한 의사다. 레크비츠라면 단독화하는 데 성공했다고 말할 것이다.

보편의 논리와 특수의 논리라는 이 두 가지 사회 논리는 명백히 상반된다. 따라서 레크비츠는 두 논리가 이미 항상 긴장 관계에 있었다고 이야기한다. 그 파란만장한 전체 역사 내내.

산업 혁명, 자본주의화, 국민 국가를 비롯해 근대 전체에서 레크비츠는 보편의 논리가 지배하는 것을 본다. 이 긴 기간에 특수의 논리는 낭만주의적인 대안으로, 무엇보다 문화와 미학 영역에서 종속적 역할만을 수행했다. 어느 논리가 주도권을 쥐었는지는 명약관화했다고 레크비츠는 말한다.

그러나 레크비츠가 후기 근대라 칭하는 현재에 들어와 이 관계에 변동이 생겼다. 이제 특수의 논리가 역사상 유일하게 비상하면서 지배권을 넘겨받은 것이다. 특수성은 전체 사회에 침투하며 모든 영역을 특징짓는다. 이 단독성들의 사회에서 레크비츠는 영화부터 디자이너 오브제를 거쳐 직업적 자격에 이르기까지 어디서나 특수의 작용을 본다. 특수가 모든 것을 규정한다. 그것은 건축가들에게도 미용사들에게도, 혹은 우리의 예처럼 원래는 그런 특수화가 침투할 수 없어 보이는 직업 유형, 그러니까 의사들에게도 지배력을 발휘한다.(의사는 레크비츠가 들지 않은 예다.)

특수의 이런 새로운 지배는 레크비츠에게 너무도 근본적인 까닭에 그는 '구조 변동'을 말한다. 이것은 경제적 관계의 근본적인 변화이며 사회 전반의 변화다. 모든 것은 이제 특수화를 지향한다.

우리의 예로 돌아가서, 물론 예나 지금이나 단순한 의사들은 존재한다. 우리가 말하는 의미에서 단순한 의사들. 즉 '단지' 형식적, 전문적 자격으로만 자신을 규정하는 의사들이(그리고 그들을 그러한 의사로 '수용'하는 사람들, 환자들이) 존재한다. 그러니까 훌륭한 의사라는 특수성으로 자신을 규정하지 않는 의사들. 레크비츠식으로 말하면, 단독적인 의사가 아닌 의사들. 그렇다, 훌륭한 의사들이 비교를 통해 자신을 특수화할 수 있으려면 이러한 소위 단순한 의사들, 단순한 의사 됨이 필요하다.(이는 모든 영역에 적용된다.) 레크비츠도 물론 이 점을 안다.

그렇기 때문에 그는 특수의 지배가 보편과 특수가 맺는 새로운 관계라고 파악한다. 전경과 배경의 위치가 바뀌는 것이다.

　　보편의 논리는 지배적이던 동안에는 전경에 있었다. 하지만 이제 후기 근대에 와서 보편의 논리는 배경으로 물러났다. 그동안 특수의 논리가 반대 방향으로 이동했다. 즉 종속된 배경에서 전경으로 옮겨 갔다.

　　이것을 어떻게 생각해야 할까?

　　레크비츠에 따르면 특수의 지배는 "팽창적 중심"처럼 생각할 수 있다. 이 핵심 규정은 경제와 사회 영역에서 점점 더 멀리 확장된다. 점점 더 많은 영역들, 점점 더 많은 부문들을 그 논리에 종속시킨다. 즉 그곳에서는 특수가 가장 중요한 기준이 된다. 그러나 보편의 논리는 사라지지 않았다. 표준화된 상품과 서비스의 산업 논리는 계속해서 존재한다. 하지만 레크비츠가 말하듯 **그 옆에**, 배경에 존재한다.

　　우리는 두 가지 상반되는 사회 논리를 헬무트 두비엘에게서 먼저 접했다.[61] 그러나 전경과 배경에 관한 레크비츠의 설명은 두비엘의 개념과 다소 거리가 있다. 기억을 떠올려 보자. 두비엘의 경우에 두 상반된 논리의 관계에서 핵심은 바로 대립이 역설적 결합, 그러니까 모순들의 결합을 이룬다는 점이다. 이를테면 경제적 합리성과 가족적 유대가 대립한다. 그리하여 반대 논리는 자본주의 사회에서 역설적 버팀목이 된다.

　　반면 레크비츠는 이 관계를 완전히 다르게 파악한다. 그에

----

〔61〕· 3장 참조.

게 산업 논리는 배경에서 합리성을 이루며, 특수의 논리가 번성할 수 있게 하는 '전제 조건'이 된다. 산업 논리는 특수를 위한 **기반 구조**다. 하지만 그것은 동시에 **수세**에 있다. 이러한 모순은 이 개념이 얼마나 불분명한지 보여 준다. 지금까지 우리는 레크비츠의 설명을 따랐다. 그러나 이제는 이 설명에 의문을 제기하지 않을 수 없다. 무언가가 어떻게 수세적이면서 전제 조건일 수 있을까? 어떻게 배경인 동시에 기반 구조일 수 있을까? 그럼 전경의 경우는 어떨까? 전경은 단순히 실제 기반 구조를 숨기기만 하는 가상이나 연출이 아니다. 그렇지 않다면 아마 레크비츠는 새로운 질서에서 구조 변동을 보지 않을 것이다. 특수의 논리가 만들어 내는 혼란스러운 새 구조는 그 전제 조건이면서도 수세적인 토대인 반대 논리에 근거한다. 요컨대 이것은 사태를 명확히 밝히기보다는 흐릿하게 만드는 규정처럼 보인다. 이 규정은 레크비츠가 진단한 '단독성들의 사회'를 이상한 부유 상태로 내버려 둔다. 단독성이 우리의 현재 사회를 규정하는가, 아니면 그것은 단지 새로운 전경을 이룰 뿐이며 그동안 배경에서는 옛 산업 논리가 계속 작용하는 것인가? 우리의 어법으로 표현하면 이렇다. 현실적 관계들이 변화했는가, 아니면 현실적 관계들에 대한 상상적 관계가 변화했는가? 레크비츠의 경우 명백한 답은 이런 식이다. '어쩐지 둘 다인 것 같다.'

우리의 예에 적용하면 그 의미는 이렇게 된다. 단순한 의사들, 그러니까 의학자의 일반적, 형식적 자격을 갖춘 의사들을 생산하는 일은 계속 필요하다. 그러나 이 일은 배경에서 이루어진다. 그런데 아울러 훌륭한 의사들의 특수화가 있다. 이들이 마치 각광을 받는 것처럼 전경에만 있는지, 혹은 각광이라는 게 있다는 사실이 의학 기반 구조 전체를 변화시키는지는 불분명하다. 레크비츠에게는 둘 다인 것 같다. 왜냐하면 그는 단독성을 둘러싼 경쟁이 고유한 시장들에서 벌어진다고 전제하기 때문이다. 즉 '단독성의 시장들'에서. 이 시장은 특수한 시장이다. 이곳에서는 단독성이 거래된다. 단독적 재화, 단독적 노동력, 단독적 노동 성과가 거래된다. 이곳에서는 특수를 둘러싼 경쟁이 벌어진다. 특수의 자격을 획득하기 위한 경쟁이. 하지만 이곳에서는 고도의 경쟁, '초경쟁' 속에서 유일무이함을 인정받기 위한 싸움만 벌어지는 게 아니다. 이 시장은 더 나아가 시장의 구조 자체를 근본적으로 변화시켰다. 이새로운 단독성의 시장들은 기존의 표준 시장을 대체했다. 이로써 전체 경제가 변혁되었고 단독성의 고유한 경제가 확립되었다. 이 경제에서는 가격 대비 성능보다는 매력이 중요하다. 우리의 물음에 적용하면 이렇다. 단독성의 인정은 전경에 있으며 바로 그로 인해 경제와 사회의 전체 구조가 변화되었다. 사실 우리는 레크비츠에게서 많은 걸 배울 수 있지만 그럼에도 이것은 아주 불만족스러운 답이다.

따라서 우리의 예를 다르게 읽어 보자. 다른 저자의 도움을 받아서. 프랑스 문예학자 롤랑 바르트의 신화 이론의 도움을 받아 보자.[62] 바르트에게는 사실이 있다. 사실은 일차 체계를 이룬다. 다시 말해 단순한 의미를 가진 순수하게 사실적인 것의 첫 번째 질서를 이룬다. 우리의 예에서 이는 단순하고 객관적인 의미를 가진 의학적 자격이라는 사실이 될 것이다. 교육＝의사다.

그런데 신화는 사실의 체계에 덧붙는 두 번째 체계, 이차 체계를 이룬다. 신화는 부가물이며, 순수한 유용을 넘어서는 부가적이고 특수한 의미이다.

이에 대해 바르트는 직접 많은 예를 제시한다. 가장 유명한 예 가운데 하나는 아마 신형 시트로엥일 것이다. 바르트의 말장난에 따르면 시트로엥 DS의 DS라는 이름에서 프랑스어로 데에스(Déesse), 즉 '여신'이 도출되는 것은 자명하다. 이는 시트로엥 DS의 등장과도 부합한다. 1955년 파리 모터쇼에서 발표됐을 때 이 차는 돌을 얹은 새로운 종류의 유선형으로 신적인 아름다움의 형상처럼 사람들에게 다가왔다. 세속적인 대량 생산품은 이 순간 그처럼 마법적인 객체가 되었다. 이 차는 그 세속적 유용에 더해 한 시대, 한 세계 관계의 총체, 바로 신화가 되었다.[63]

[62] 이에 관해서는 다음을 참조하라. Roland Barthes, *Mythen des Alltags*(Frankfurt/M., 1964).

우리에게 중요한 점은 이차 체계가 일차 체계를 대체하지 않는다는 것이다. 오히려 이차 체계는 하나의 의미로 일차 체계에 덧붙는다. 신화화는 사실에 새로운 형태를 덧씌우고 사실을 상세화하고 사실에 함의를 부여한다. 우리의 예에서는 훌륭한 의사, 특수한 의사라는 의사의 상세화가 의학자라는 순수하게 사실적인 것에 덧붙고 이 사실에 의미를 실을 것이다. 이로써 사실적인 것은 신화로, 특수한 의사라는 신화로 변화한다.(비록 우리가 이 특수성이 어디에 근거하는지를 아직 모를지라도.)

이 특수화를 더 자세히 살펴보자. 특수화는 레크비츠는 물론이고 바르트에게서도 중요하다. 두 사람을 나누는 선을 긋기는 어렵다. 왜냐하면 처음에 이 선은 몇 가지 공통점 또는 보완점을 따라 이어지기 때문이다. 이 까다로운 줄타기를 한번 시도해 보자. 그러니까 나중에 차이점을 더 명확히 부각할 수 있게끔 공통점을 통과해 보자.

단독화나 신화화 두 경우 모두 특수화를 의미한다. 즉 주체도 객체도 특수해지는 것이다.

바르트에게서 신화화는 사실에 어떤 개념을 덧붙인다. 신화화된 개체 혹은 주체는 이로써 그 원리의 대표이자 체현이

---

〔63〕 레크비츠도 이러한 부가를 안다. 그래서 가령 음식은 "그 유용을 넘어서" 건강함, 독창성 또는 신성함 같은 "가치의 담지물"이 될 수 있다고 말한다.(Reckwitz, op. cit., p. 85)

자 표현이자 화신이 된다. DS로서 '데에스(여신)'가 된 시트로 엥처럼. 혹은 일반적인 의사 됨에 특수한 의미가 추가로 부여되는 '훌륭한' 의사처럼 말이다. 이 의사는 일반적인 능력 외에 부가적인 역량, 즉 신화적 역량도 표현하고 체현해야 한다. 이러한 역량은 초감각적인 의미에서 신화적인 게 아니라 순수하게 양적인 것, 측정 가능한 것, 사실적인 것을 넘어서는 무언가의 대표로서 신화적이다. 신화적 역량은 본질상 무언가의 화신이다. 의사의 경우에 이 부가물의 본질이 무엇인지를 우리는 더 알아볼 것이다.

이러한 질, 이러한 특수화는 수량화할 수 없다. 어느 정도의 능력을 갖춘 후부터 거기에 도달하는지 알 수가 없는 것이다. 또한 근거를 통해 뒷받침할 수도 없다. 바르트에 따르면 신화란 동어 반복에 그친다. 아니, 더 나아가 동어 반복이 신화의 핵심이다. 신화란 근거가 없는 것, 근거가 필요 없는 것이다. 신화는 오직 그 자체에만 근거한다.

슬라보예 지젝은 영화 「지젝의 기묘한 이데올로기 강의」에서 코카콜라 광고를 모방하여 재연한다. 여기에서 그에게 핵심은 광고 카피다. 'Coke is it.' 이 it, 이 무언가는 긍정적 속성이 아니다. 우리는 그게 뭔지 콕 집어 말할 수 없다. 그것은 근거를 댈 수 없는 어떤 무언가다. 그러나 그것은 임의의 음료를 'the real thing'으로 만든다.

예전에는 많은 의원에 부가적인 자격을 증명하는 자격증

이 벽에 걸려 있었다. 부가 교육을 이수했음을 보여 주는 증서
는 합리화되고 형식화된 절차를 통해 부가를 달성하려는 시도
였다. 그리고 그런 객관적 속성을 통해 부가를 인증하려는 시
도였다. 바르트식으로 말하면 그것은 기호이며 여기에서 우리
는 신화의 '현존'을 읽어 내야 했다. 그런데 결국 신화는 동어
반복이다. 즉 외적 근거에 의해 뒷받침될 수 없다. 누군가가
훌륭한 의사인 까닭은 그가 훌륭한 의사이기 때문이다. 달리
말해 객관적 기준 혹은 치료 효과 같은 측정 가능한 성과를 토
대로 이 지위에 도달하는 게 아니다. 그것만으로는 충분치 않
다. 훌륭한, 특수한 의사의 지위에 도달하려면 또 무언가가 덧
붙어야 한다.

  벽에 걸린 자격증은 옛 형식이자 옛 기호다. 그것은 옛 신
화에 속한다. 반면 오늘날에는 새로운 신화의 새로운 형식들
이 존재한다. 물론 예전에도 소문과 평판을 통해 훌륭함을 인
정받는 훌륭한 의사가 있었다. 하지만 그러한 평판을 유통하
는 역할은 시민 계층에만 한정되었다. 오늘날에 그것은 인터
넷 평가를 통해 보편화되었다. 이로써 종전에 시민 계층의 전
유물이던 주권적 평가는 제도화되었을 뿐 아니라 일반화되
었다.

  오늘날 그러한 특수성의 생산에 관하여 우리는 레크비츠
에게서 많은 걸 배울 수 있다. 그러한 생산은 두 가지를 함축
한다. 하나는 특수성이 생산**된다는** 주장이다. 그리고 다른 하

나는 이 생산이 **어떻게** 진행되는가의 문제이다. 무언가가 단독적이라고 인정을 받자면 차이를 드러내야 한다. 많은 차이들이 있지만 결국 중요한 것은 세속성과 성스러움의 차이다. 이것이 후기 근대의 '주도적 차이'라고 레크비츠는 말한다. 순수한 유용성에 국한된 채로 머무르는 것은 세속적이다. 즉 유용성은 후기 근대에서 세속성에만 닿는다. 반면 유용성을 넘어 무언가가 실리면 그것은 성스럽다. 여기에서 성스러움은 종교적 규정이 아니다. 성스럽다는 것은 오히려 가치와 정서가 실린다는 의미다. 유행이든 실내 장식이든 전자 오락기든 영화든 혹은 그 밖의 무엇이든 상관없다. 무언가가 실린 모든 것은 성스럽게, 그러니까 특수하게 보일 수 있다. 미용실이나 예술가나, 영화나 운동화나 마찬가지다. 이 점에서 두 가지 독법은 일치한다. 우리가 이미 보았듯이 바르트에게서도 핵심은 세속성과 성스러움의 대립이다. 바르트는 신화화를 일종의 사회적 성화(聖化)로 이해한다. 그리고 바르트 역시 신화의 재료가 될 수 없는 대상은 없으리라고 생각한다.

레크비츠는 어떤 기술과 실천으로 그러한 성화를 달성할 수 있는지를 상세히 보여 준다. 그는 특수성의 생산 과정 전체를 스케치한다. 그것은 질을 산출하는 절차일 뿐만 아니라 항상 이 질을 인정하는 절차이기도 하다. 그것은 관찰에서부터 평가를 거쳐 질의 산출에 이르기까지 단독화의 다양한 실천들을 모두 망라한다. 즉 특수성은 생산될 뿐 아니라 발견되고 인정되어야 한다.

그런데 여기에서 신화화와 단독화의 동행은 끝난다. 왜냐 하면 레크비츠에게 특수화의 기술들은 그가 단독성의 시장들 이라 칭하는 새로운 유형의 시장에 속하기 때문이다. 앞서 언 급했듯이 레크비츠가 그런 새로운 종류의 시장을 주장하면서 이끌어 내는 결론은 우리가 경제적이고 사회적인 구조 변동과 마주한다는 것이다. 옛 산업적 형식들은 흐릿한 '그 옆에서' 단지 그림자 같은 존재를 연명하게 된다는 것이다.

그리고 바로 이 점에 이의를 제기해야 한다. 신화 이론의 관점에서 특수화, 특수해지기, 무언가를 싣는 것은 그러니까 순수하게 사실적인 것을 취해 여기에 부가적 의미를 부여하는 것이다. 이 부가물, 부가적 질은 두 번째 질서, 두 번째 체계, 두 번째 순환을 이루며 사실적인 것, 첫 번째 질서를 덮는다. **그 위에서.**

즉 우리에게는 첫 번째 체계에 덧붙으며 새로운 형태를 덧 씌우는 두 번째 체계가 있다. 그것이 사실을 신화로 만든다. 이는 배경-전경 관계가 아니다. 달리 말하면 '그 위에'이지 '그 옆에'가 아니다. 이는 사소한 차이처럼 보인다. 그러나 착각이 다. 신화들이 자체적으로 순환하는 건 사실이다. 신화들은 순 환한다. 신화들은 서로 충돌한다. 신화들은 서로 맞선다. 신화 들은 경쟁한다. 신화들은 특수의 지위를 놓고 싸운다. 그렇다 면 고유한 시장들, 이 경우에는 단독성의 시장들을 말하면 안

되는 이유는 무엇일까? 왜냐하면 새로운 종류의 시장들을 말하는 것은 자본주의의 구조 변동을 전제하기 때문이다. 옛 자본주의에서 새로운 자본주의로, 이른바 문화 자본주의로의 구조 변동을 말이다. 반면 우리는 강화된 신화화가 경제의 구조 변동을 의미하지 않는다고 간주한다. 우리가 보는 것은 오히려 자본주의의 어마어마한 발전이다. 이 발전은 새로운 신화에 의해, 새로운 상상적인 것에 의해 장려되고 지지된다. 그러나 문화 자본주의라 불리는 것은 보편적 시장 안에서 하나의 고유한 부문만을 육성한다. 가령 보편적인 빵 거래에서 특별한 빵 부문이 있는 것이다. 건축가, 부동산 혹은 의사의 경우도 마찬가지다. 어디에나 특수성의 부문, 특수한 상품의 부문이 있다. 하지만 그러한 것이 고유한 시장 관계를 규정하지는 않는다. 그것은 각 시장의 한 부분만, 특정한 부문만 이룰 뿐이다.[64]

따라서 우리의 관점에서 이 변화는 레크비츠의 구조 변동과 성격이 다르다. 그 성격을 더 자세히 보여 주는 핵심 개념이 하나 있다. 가치 개념이다. 가치 개념에서 레크비츠와의 차이는 아주 분명해진다.

신화 이론의 시각에서 부가물, 즉 신화는 신화화 대상에 가치를 부여한다. 이 가치는 의미를 싣는 것, 유효성을 싣는

---

〔64〕 특수화는 물론 순수한 질 부문을 넘어서 효력을 발휘할 수 있다. 말하자면 묶어진 형태로 대량 생산에 스며드는 '가라앉은 문화재'로.

것이다. 누가 '특수한' 의사로 통하고 무엇이 '특수한' 빵으로 통하는 이유는 그것이 각각 어떤 원리의 화신이 되기 때문이다. 그래서 가령 어떤 특별한 빵은 진짜라는 원리의 화신이 된다.

만약 신화적 가치가 그런 특수한 의미에 있다면 이 가치는 '메시지'가 되는 경우에만 실현된다. 이해되고, 수신되고, 읽히는 경우에만 실현된다. 바르트가 말하듯 신화는 읽혀야 한다. 신화를 해독하기 위해서는 지식이 필요하다.

그러나 지식만으로는 아직 부족하다. 메시지는 나에게 닿기도 해야 한다. 그것은 **나를 위한** 메시지가 되어야 한다. 신화는 **나에게** 향한다. 신화는 나에게 의미를 가지는 것이다. **나에게** 유효한 것이다. 요컨대 신화는 호명이라고 바르트는 말한다. 신화는 구체적 실존에 처한 나를 호명한다.

우리의 예에서 그 의미는 다음과 같을 것이다. 훌륭한 의사는 나를 위한 메시지인 의사다. **나를** 보는 의사, **나를** 대상으로 삼는 의사다. 내가 대상이라고 느끼게 하는 의사. 개인적 관계를 상상할 수 있게 하는 의사. 그 특수화, 신화화의 비밀은 여기에 있다.

레크비츠는 호명을 모른다. 하지만 그에게도 관객 관계는 결정적인 역할을 한다. 관객은 가치를 부여하거나 박탈하는 존재다. 관객은 레크비츠의 표현처럼 '가치화'하거나 '탈가치화'한다. 그러나 이 역할 속에서 관객은 외적 심급에 그친다.

팬을 다룰 때만 레크비츠는 그 한계를 넘어선다. 팬에게 단독성이 되는 모든 것, 가령 어떤 영화나 밴드는 팬에게 '고유한 우주'를 펼친다. 이 우주는 팬에게 '고유한 세계'가 된다고 레크비츠는 이야기한다. 우리라면 팬이 스피노자주의자라고 말할 것이다. 팬의 고유한 우주는 그가 자신이 대상이라 느낄 때만 효력을 발휘한다. 팬의 열광은 이로부터 비롯한다.

하지만 레크비츠와의 결정적인 차이는 이 가치 부여의 목적에 관한 문제에서 비로소 첨예해진다. 레크비츠에게 이러한 가치화의 목적, 다시 말해 단독성의 시장들에서 벌어지는 경쟁의 목표는 유일무이함의 생산이다. 유일무이함이란 비교 불가능하고 교환 불가능하다는 뜻이다. 단독성의 시장에서 그 의미는 고유 가치를 가지는 것이다. 이것이 레크비츠의 개념이다. 중요하면서 어려운 개념이다.

이 개념을 자세히 살펴보자. 무언가가 고유 가치를 가진다는 것은 무슨 의미일까?

레크비츠에게 그것은 무언가가 내재적 가치, 어떤 가치를 내포하고 있다는 뜻이다. 이 가치는 비교에서 생기는 가치가 아니다. 따라서 비교에 의해 의문시될 만한 가치도 아니다.

레크비츠에 따르면 목표는 유일무이함을 인정받는 것, 즉 그 고유 가치를 확인받는 것이다. 레크비츠는 이것이 의미하는 모순을 아주 명확하게 안다. 유일무이함과 인정 사이의 모순, 고유 가치와 확인 사이에는 모순이 있다. 하지만 그는 이 모순을 말하는 데, 양쪽 항들을 말하자면 **나란히** 놓아두는 데 만족한다.

그러나 바로 그것이 우리에게는 중요한 점이다. 우선 인정을 받아야 하는 내재적 가치란, 인정이 필요한 고유 가치란 무엇이란 말인가? 그것은 따옴표 속 '고유 가치'일 뿐이다. 고유 가치를 가정하는 것이다. 따라서 고유 가치는 고유 가치 자체의 규정과 다르다. 유일무이함은 유일무이함 자체의 목표상과 다르다. 그렇다면 대체 무엇일까?

경쟁의 원리는 '더 나은'이다. 나는 경쟁자보다 '더 낫고', '더 낫고자' 하고, '더 나아야만' 한다. 그러나 유일무이함은 이와 모순된다. 왜냐하면 고유 가치는 그러한 비교급을 필요로 하면 안 되기 때문이다. 고유 가치에는 가차 없는 수평적 비교가 존재하지 않는다. 고유 가치에는 최상의 고유한 가치를 주장하는 수직적 정립만이 존재한다. 레크비츠는 단계적 구별이 '절대적 차이'로 변한다고 말한다. 즉 '더 나은'에서 '최고'로. 그런데 이게 무슨 의미일까?

여기에서 레크비츠와 달리 우리에게 중요한 사항이 있다. 즉 경쟁은 '고유 가치'(이제부터 따옴표가 붙는다.) 속에서 말하자면 자신을 위장한다. '더 나은'은 유일무이함 속에서 사라진다. 이때 경쟁은 비트겐슈타인의 사다리와 조금 비슷하다. 비트겐슈타인은 말한다. "나의 명제들은, 나를 이해하는 사람이 그 명제들을 통해, 그 명제들을 딛고, 그 명제들을 넘어 밖으로 나갔을 때 결국 그 명제들이 얼토당토않음을 깨닫는다는 것을 통해 설명한다.(그 사람은 말하자면 사다리를 오른 후에 사다리를 내팽개쳐야 한다.)"[65] 이런 식으로 경쟁은 일종의 사다리, 하나의 도구일 것이며 사람들은 그것을 사용하고 난 다음, 위에 도달하면 치워 버릴 수 있다. 달리 말하면 고유 가치는 경쟁의 정점으로 보인다. 이곳에서 경쟁은 더 이상 필요 없다. 이곳에서 경쟁은 그 반대로 전도된다.(혹은 전도되어야 한다.) 즉 비교의 저편으로. 더 이상 다른 이들과 견주어 상대화되지 않는 고유 가치로. 이 가치는 더 이상 우열을 다툴 필요가 없다. 그 자체로 유효한 양 군다. 즉 그것은 오늘날 성스러움을 의미한다. 경쟁에서 벗어난 듯 보이는 무엇, 경쟁을 넘어서는 무엇은 성스럽다. 자기 준거성은 성스럽다. 더 정확히 말하면 자기 준거성의 신화는 성스럽다.

그러므로 유일무이함은 독자적인 충만함의 전망을 제시하며, 개인에게 피난처를 약속한다. 그곳에서 주체는 무한 경쟁에서 보호되고 가차 없는 경쟁에서 구원된다. 요컨대 유일무이함은 하나의 신화다. 경쟁이 고유 가치 속에서 사라지는 신화. 경쟁을 지탱하는 역설적 신화. 경쟁의 저편이라는 신화, 우리를 경쟁의 고통으로부터 구해 줄 아주 현세적인 저편의

---

[65] Ludwig Wittgenstein, *Tractatus logico-philosophicus* (Frankfurt/M., 1963), 6.54.

신화. 이것은 다름 아닌 변증법적 술책이다. 완전 경쟁은 유일무이함의 원리 속에서 신화화된다. 경쟁에서 벗어나는 것, 고유 가치가 되는 것. 이것이 경쟁의 정점이다.

이와 달리 레크비츠는 유일무이함을 믿는다. 그는 가령 음악 팬처럼 그것을 믿지는 않는다. 혹은 시장물신주의자처럼. 혹은 카리스마 숭배자처럼. 물론 그는 유일무이함이 사회적으로 생산된다는 '현실적 역설'을 본다. 유일무이함의 생산을 위한 언급할 만한 실천들이 존재한다. 그러나 이것이 효력을 발휘하기에, 유일무이함이 실제로 사회적으로 작용하기에 그는 유일무이함의 원리를, 단독적인 것의 원리를 믿는다. 신화로서가 아니라 사회의 새로운 현실로 믿는다. 그리고 바로 이것이 우리의 차이점이다.

왜냐하면 우리는 고유 가치와 그 모든 역설에서 현실이 아니라 경쟁의 신화를 보기 때문이다. 경쟁의 이데올로기를. 그렇다고 이 이데올로기가 효력이 없다는 뜻은 아니다. 정반대다. 이데올로기란 순수한 가상이 아니라 오히려 상상적인 것이며 사회적으로 탁월하게 작용한다.

이 지점에서 우리의 원래 주제로 돌아갈 필요가 있다. 레크비츠가 유일무이함이라 이해하는 것은 나르시시즘의 핵심과 정확히 일치한다. 나르시시즘의 핵심은 교환 불가능함, 비교 불가능함이며 바로 유일무이함이다.

따라서 우리의 테제는 이렇다. 유일무이함, 고유 가치란 나르시시즘을 통해 경쟁 관계를 초월하는 것이다. 나르시시즘적 신화를 통해 경쟁에 새로운 형태를 덧씌우는 것이다. 마치 경쟁이 비교할 수 없는 지위에 도달할 가능성을 내포한 것처럼. 마치 경쟁이 충만함, 즉 이상에 대한 약속을 포함하는 것처럼. 바로 이런 점에서 우리는 단독성에서 새로운 현실이 아니라 경쟁의 새로운 신화를 본다. 유일무이함은 단순히 새로운 지배적 원리로 보편적 경쟁과 불분명한 관계에 있는 게 아니다. 유일무이함은 경쟁에 대한 상상적 관계이며, 이러한 유일무이함은 경쟁의 대항 원리다. 레크비츠에게 특수는 근대에 지배적 보편의 대항 논리였다. 우리에게 유일무이함은 예나 지금이나 대항 논리이고 대항 원리다. 유일무이함은 현실적 관계들 속에서 절대적 교환 가능성에 대한 상상적 대항 원리다. 유일무이함은 우리가 이 교환 가능성을 살아가는 방식이다.

그리고 두비엘의 대항 원리처럼 이 대항 원리 또한 역설적 기능을 가진다. 바로 대항 원리로서, 바로 상상적 대항력으로서 지지 작용을 한다. 경쟁을 추동하는 신화. 그리고 이는 경쟁의 저편이라는 신화가 바로 이 경쟁에서 최고의 동력이라는 뜻이다.

그 작동 방식을 가장 잘 보여 주는 예가 하나 있다. 인사 관리 분야에서 생겨나 점점 더 퍼지고 있는 360도 피드백[66]

이 그것이다.

360도 피드백은 상호 평가 시스템이다. 이 시스템은 기업은 물론이고 병원, 학교 등에서도 똑같이 사용될 수 있다. 설문지를 통해 모든 개인의 '성과'가 온 사방에서, 즉 360도 방향에서 평가된다. 직원, 동료는 물론이고 상사나 고객도 평가에 참여한다. 이걸 모르는 사람이 누가 있을까? 저를 평가해주세요. 자전거 배달부부터 콜센터까지 우리에게 하는 말이다. 360도 피드백에서는 모든 역량을, 전문적 역량이나 인간적 역량이나 마찬가지로 질문하고 파악한다. 이로써 평가는 순수 직업적인 영역을 넘어 모든 부가 역량으로 확장된다. 친교부터 외모까지. 사교 형식부터 협조성까지. 평가는 대개 익명으로 이루어지며 업무 자체, 취약점 개선, 자체 성과 향상을 위한 출발점이 된다. 360도 피드백은 자기를 넘어서기 위해 필요한 도구다. 우리의 어법으로 표현하면 나르시시즘적 향상을 위한 도구다.

여기에서 우리는 나르시시즘이 어떻게 경쟁에 수용되는지를 본다.

이 과정은 두 가지 주관적 동기의 제도화를 통해 이루어

---

〔66〕 울리히 브뢰클링은 360도 피드백을 상세하게 분석했다. 우리는 이를 참고한다. 브뢰클링은 360도 피드백을 임의의 도구가 아니라 오히려 모범적, 범례적 도구로 본다. 이에 관해서는 다음을 참조하라. Bröckling, op. cit., p. 236 ff.

진다. 한편으로는 주관적 능력, 즉 순수 직업적인 것에 덧붙는 부가 역량이 제도화된다. 그런데 다른 한편으로 주관적 평가도 제도화된다. 다름 아닌 평판, 소문, 입에서 입으로 전해지는 선전이다. 전에도 이미 이런 것을 제도화하고 그럼으로써 도구화하려는 가벼운 시도들이 있었다. 가령 '이달의 직원'을 선정하고 직원 사진으로 부각하는 형태로. 그러나 그것은 여전히 직업적이고 수량화 가능한 성과에 매여 있었다. 하지만 이제는 선호도 평가 같은 주관적 평가를 통해서 개인적 질이 포괄적이고 체계적으로 제도화된다. 360도 피드백 같은 도구든 모든 형태의 랭킹, 등급, 평가든 똑같이 그러한 작용을 한다. 서열과 위계 구조를 만든다. 레크비츠식으로 말하면 특수화의 가치 등급표를 만든다. 우리의 어법으로 표현하면 위가 열린 나르시시즘 등급표에서의 자리가 랭킹을 통해, 랭킹 속에서 규정되고 할당된다.

경쟁을 변화시키는 것은 이 체계, 이 서열, 이 가치 위계다. 이것들이 경쟁을 확장시킨다. 그것도 이중으로. 한편으로는 모든 사회 영역이 경쟁에 맞춰진다. 예전에 경쟁에 맞서던 영역도 마찬가지다. 그리고 경쟁의 논리는 추동과 향상과 능가이기에 보편화된 경쟁은 보편화된 성과 요구를 의미한다. 다른 한편으로 확장된 경쟁은 이제 전인을 포착한다. 바로 주관적 역량도 포함시킴으로써. 이 모든 것은 경쟁의 첨예화를 뜻한다. 그렇다면 경쟁의 변화란 확장만이 아니다. 경쟁이 변화하는 이유는 나르시시즘적 기준들이 그것에 새로운 형태를 덧씌우기 때문이기도 하다. 랭킹은 개인이 나르시시즘적 이상, 신화적 역량을 얼마만큼 충족하는지를, 유일무이함을 얼마만큼 충족하는지를 보여 주고 평가한다. 혹은 차라리 개인이 얼마만큼 인정을 받는지를 보여 주고 평가한다. 여기에는 '전통적인' 나르시시즘적 재능뿐 아니라(보통은 자의식, 박력, 자기 제시나 고집 같은 것으로 생각된다.) 다른 사람들이 개인에게 인정해 주는 재능도 영향을 미친다. 가령 매력적인 인격, 즉 다른 사람들과 가까워지는 능력. 혹은 인기, 즉 주변의 시점에서 본 고유한 특수성이 여기에 해당한다. 이로써 소문 랭킹에서 어떻게 분류되느냐가 중요하다는 게 다시 한번 분명해진다. 중요한 것은 주관적 평가이며 그것이 이제 객관적 판단으로 굳어진다. 이 모든 것은 신화적 역량들의 주관적 평가를 위한 객관적 질서를 이룬다. 이 모든 것은 **객관적 나르시시즘**이라는 역설적 현상을 이룬다.

이 나르시시즘은 지금까지 다루어 온 **주관적 나르시시즘**과 구별해야 한다.

객관적 나르시시즘은 외부에서 인정을 받는다. 서열, 피드백은 개인이 유일무이함을 얼마만큼 충족하는지를 인증해 준다. 개인이 신화 질서에서 어느 자리, 어느 지위를 차지하는지를 보여 준다. 반면 주관적 나르시시즘은 스스로의 동일시를 통해, 스스로의 자아이상 추구를 통해 작동한다.

　주관적 나르시시즘이 늘 만족되지 않은 채 이 이상을, 즉 이상의 충족을 항상 추구한다면 경쟁의 객관적 나르시시즘에게는 주체가 나르시시즘적 만족을 경험하는 것이 결코 중요하지 않다. 혹은 그것은 기껏해야 약속이고, 노력의 이용이고, 이상적 동력이다. 달리 말해 주관적 나르시시즘에게 나르시시즘적 이상은 목표이자 목적인 반면, 객관적 나르시시즘에게는 단지 수단으로 쓰일 뿐이다. 객관적 나르시시즘이 사용하는 하나의 수단. 늘 위협이고 무기이기도 한 수단. 여기에서 나르시시즘의 고통은 말하자면 객관적으로 제도화되어 있다. 추동과 통제를 위한 수단으로.

　이러한 나르시시즘적 역량 체계, 이러한 첨예화된 경쟁은 나르시시즘적 동력을 필요로 한다. 더 정확히 말하면 나르시시즘적 역량을 필요로 하고, 요구하고, 장려한다. 그러나 나르시시즘적 노력을 미진하게라도 충족시켜 주지는 않는다. 왜냐하면 첨예화된 경쟁에게 충족은 핵심이 아니기 때문이다. 하지만 이러한 경쟁은 나르시시즘적 역량이 사회적으로 용인될 수 있게 만든다. 아니, 더 나아가 사회적으로 성공적일 수 있게 만든다. 두 가지 동기는 교대로 강화된다. 더 성공적일수록 더 용인된다.

　그런데 이로써 경쟁은 변화한다. 나르시시즘은 경쟁에 수용되기만 하는 게 아니기 때문이다. 나르시시즘은 경쟁에 스스로를 기입하기도 한다. 나르시시즘은 경쟁을 변형한다. 그리하여 모든 종류의 랭킹에서 앞자리는 더 이상 성과와 노동을 통해서만 도달할 수가 없다. 옛 능력주의는 새로운 능력주의로 대체된다. 성과의 지배가 성공의 지배로 대체된다. 그러니까 성과는 신화적 역량만큼 존경받지 못한다. 열심히 노력해서 백만장자가 되는 접시 닦이의 서사가 대체된다. 새로운 서사는(여기에서 우리는 레크비츠를 따른다.) 벼락출세한 사람의 서사이다. 레크비츠가 말하길 이로써 성공은 노동, 수고, 노력과 분리된다. 이제는 의무 완수가 아니라 '퍼포먼스'가, 즉 사회적으로 보여 주는 게 중요하다.

이로써 성공은 모든 영역에서 관객의 평가에 매인다. 이 관객이 동료든(360도 피드백) 고객이든 아니면 엄밀한 의미의 관객이든 말이다. 이러한 평가는 객관적 기준에만 의거하는 게 아니라 주관적 기준에도 굉장히 많이 의거한다. 니체의 표현을 빌리자면 이로써 모두가 다른 사람의 심판관이 된다고 할 수 있을 것이다. 이것이 중대한 결과를 가져온다.

그에 따라 객관적 나르시시즘은 엄청난 불안정화를 의미한다. 왜냐하면 모두는 랭킹에서 앞자리를, 나르시시즘적으로 가치가 높은 자리를 순간적으로만 차지하기 때문이다. 자리에 대한 고정된 권리는 없다. 즉 항상 순간적으로만 유지할 수 있는 자리다. 뿐만 아니라 더 근본적으로는 일시적인 일치에 성공하는 경우에조차 우리는 결코 이상이 **아니다**. 최선의 경우에조차 우리는 승자가 아니며 단기적으로만 그 자리를 차지한다.

그리고 이로써 모든 관계자의 지위가 근본적으로 불안정해진다. 즉 근본적으로 위협을 받는다. 잠시만이 아니라 영원히. 학생들의 평가를 받아야 하는 교사의 지위가 불안정해진다. 환자들의 평가에 내맡겨지는 의사의 지위가 불안정해진다. 자전거 배달부나 택배 기사 같은 서비스 제공자는 말할 것도 없다. 모든 제도화된 전방위의 평가는 어떤 형태든 간에 예전에는 직무상으로 고정되어 있던 권위를 완전히 다른 관계를 위해 허문다. 그것은 모든 사람이 각 관객의 평가에 종속되는 관계다.

이 첫자리에 내재한 약속, 고유 가치의 약속은 따라서 몹시 기만적이다. 가차 없는 경쟁으로부터의 구원은 지속적인 다모클레스의 검[67]이라는 사실이 드러난다. 우리는 안식과 보호를 약속하는 특수의 피난처에서 언제든 쫓겨날 수 있다. 첫자리를 차지하기 위한 투쟁에서 객관적 나르시시즘은 이로써 주관적 나르시시즘의 고통을 조장한다. 이때 나르시시즘의 이데올로기적 특수성은 제도화된다. 단순히 상상적 위안을 주는 게 아니라 스스로 고통을 유발하는 특수성은 랭킹 구조의 핵심 동기가 된다.

이제 객관적 나르시시즘은 그렇게 어디서나 사회적 조건

〔67〕 권좌 위에 한 올의 말총으로 매달아 놓은 검. 권력자의 운명이 몹시 위태로움을 뜻하는 표현이다.

에 기입되는데, 그럼에도 불구하고 (크리스토퍼 래시가 말하는) '집단적 나르시시즘'이 되지는 않는다. 왜냐하면 우리 모두에게 공통되는 나르시시즘이 아니기 때문이다. 그것은 오히려 한 사람 한 사람에게 각각 강제성을 띠는 객관적 기준이다. 달리 말해서 우리를 서로 대치시키는 사회적 나르시시즘이다.

객관적 나르시시즘과 주관적 나르시시즘의 또 다른 차이점이 여기에 있다. 규정된 서열을 포함한 객관적 나르시시즘은 요청된다. 청구된다. 그것은 요구다. 반면 주관적 나르시시즘은 소망이 되고 동경이 되는 경우에만 효과를 발휘한다.

레크비츠에게서 우리는 요구와 소망의 이러한 병행도 찾아볼 수 있다. 그는 한편으로는 사회적 기대, 가령 순수한 의무 완수를 넘어선 탁월한 성과에 대한 경영적 기대를 본다. 그리고 다른 한편으로는 특수성을 향한 주체의 소망을 본다. 레크비츠는 이 소망이 새로운 노동 윤리를 낳는다고 한다. 이에 따르면 노동은 순수한 루틴 업무가 아니어야 하며 그냥 밥벌이에 그쳐서는 안 된다. 노동은 오히려 동일시의 가능성을 가져야 한다. 노동은 의미 깊어야 한다. 이때 의미 깊다는 것은 경험을 쌓고, 능력을 획득하고, 자신의 개성을 펼친다는 뜻이다. 의미란 따라서 자아실현을 뜻한다.

그러나 자아실현만으로는 부족하다고 레크비츠는 말한다. 자아실현은 자기 자신만을 위한 것이 아니다. 단독성을 향한 소망은 오히려 **인정받는** 자아실현을 향한 소망이다. 따라서 레크비츠에게 개인적 소망과 사회적 요구의 진정한 결합은 **성공적 자아실현**이다. 이것이 단독성들의 사회가 가지는 공식이다. 발현된 자아와 사회적 명망의 결합.

이 지점에서 우리는 레크비츠와 가장 결정적으로 갈라선다. 여러 가지 이유에서.

한편으로는 레크비츠의 설정에 압박이나 강제나 통제가 없기 때문이다. 다시 말해 레크비츠에게는 복종이 없기 때문이다. 그리고 다른 한편으로는 그렇게 이해하면 단독화, 특수화는 중산층의 행복과 같은 뜻을 가지기 때문이다. 중산층은 레크비츠의 '주도적 환경'이다. 중산층은 '성공적 자아실현'의 계급이다. '자율 획득'을 포함한 환경. 반면 우리에게 나르시시즘은 바로 객관적 나르시시즘과 주관적 나르시시즘, 요구와 소망이 교차하는 가운데 가차 없는 나르시시즘적 명령이 되어 모두를, 정말로 모두를 구속한다. 하나의 지배적 이데올로기는 모두를 구속하는 경향이 있다. 그게 아니라면 그 이데올로기는 지배적이지 않을 것이다. 슈퍼마켓 점원도 랭킹 질서에 들어가야 한다. 그리고 그 안에서 작은 만족과 큰 압박을 경험한다. 레크비츠의 행복한 창조 계급과 마찬가지로. 이데올로기는 모든 계급에게 압력이자 동력이다. 나르시시즘의 고통은 모두에게 적용된다. 비록 그 무게와 강도는 제각각일지라도.

그런데 우리가 레크비츠와 갈라서는 것은 특히 다음과 같은 이유 때문이기도 하다. 성공적 자아실현이라는 레크비츠의 공식은 성공을 전제로 하며 실패를 감안하지 않기 때문이다. 여기에서 실패란 운이 따르지 않아서 또는 관객이 호의적이지 않아서 겪는 우연한 실패를 말하는 게 아니다. 아니, 오히려 유일무이함의 추구에 기입되어 있는 필연적 실패를 뜻한다. 그것은 말하자면 구조적인 실패이며 객관적 나르시시즘과 주관적 나르시시즘의 결합에 내재한다.

이 결합은 다름 아닌 독특한 이용이다. 랭킹 질서의 객관적 나르시시즘은 개인의 주관적 나르시시즘을 이용한다. 주관적 나르시시즘이 없다면 객관적 나르시시즘의 체계는 억압적이기만 할 것이다. 순수한 위계일 것이다. 그저 통제일 것이다. 그저 요구일 것이다. 그저 외적 압력이자 외적 기준일 것이다. 물론 그렇기도 하다. 하지만 그렇지만은 않다. 이 한계를 넘어서려면 바로 주관적 동기가 필요하다. 내적 동력이 필요하다. 자발성이. 랭킹 질서의 객관적 나르시시즘만으로는 자발성을 얻을 수 없다. 이를 위해 객관적 나르시시즘은 기업에서, 학교에서, 매개적 공론장에서 다른 나르시시즘, 바로 주관적 나르시시즘을 필요로 한다. 왜냐하면 주관적 나르시시즘만이 주체를 움직이는 동력을, 소망을 만들기 때문이다. 주관적 나르시시즘만이 우리로 하여금 기능하게 하며 나아가 자신을 능가하게 만든다.

그런데 객관적 나르시시즘은 주관적 나르시시즘을 어떻게 이용할까?(여기에서 이용이란 오해의 소지가 있는 용어다. 그것은 기술적이고 외적인 뉘앙스를 풍긴다.) 성공적 자아실현이라는 결합을 통해서가 아니라 오히려 잘못된 방정식을 통해서다. 그 방정식은 말한다. 랭킹의 첫자리, 평가의 최고 등급은 실제로 나르시시즘적 이상자아와 일치한다고. 첫자리는 유일무이함의 지위와 실제로 같은 의미를 가진다고. 첫자리는 실제로 모두가 추구하는 경쟁의 저편을 뜻한다고. 이 잘못된 방정식에는 악의도 흉계도 필요 없다. 오로지 랭킹 구조만이 첫자리에 고유 가치를 부여하고 유일무이함을 싣는 이 신화를 조장한다.[68]

그러므로 객관적 나르시시즘은 순수한 위계일 뿐만 아니라 오직 유일무이함의 신화를 통해서만 작동하는 약속이기도 하다. 선두에 서면 서열에서 벗어난다는 이러한 서열의 약속, 이러한 첫자리의 신화화, 이러한 '제안'은 주관적인 나르시시즘적 소망을 일깨우고 북돋운다. 최고가 되려는, 그로써 유일무이해지려는 소망. 그리고 기준으로서, 통제로서 랭킹, 평가는 바로 이 소망을 필요로 한다.

따라서 객관적 나르시시즘은 여러 가정을 먹고 산다. 유일무이함의 가정. 그리고 일치의 가정. 마치 규정된 자리들이 실

〔68〕 경쟁자들의 단계적 구별과 대비되는 일등의 "절대적 차이"(레크비츠)는 '작은 장들', 하위 장들, 팀장들의 시스템에서 배가된다. 그렇게 유일무이함은 넘버원을 넘어 확장될 수 있다. 일종의 유일무이함의 분배로.

제로 나르시시즘의 사회적 충족인 것처럼. 객관적 나르시시즘은 이것을 그럴듯하게 만들 수 있는 경우에만 주관적 나르시시즘을 뽑아낼 수 있다. 경쟁 질서의 객관적 나르시시즘은 그렇게만 개인의 주관적 나르시시즘에 기생할 수 있다. 왜냐하면 그 경우에만 나르시시즘적 욕망은 랭킹의 규정된 자리를 차지하려는 소망이 되기 때문이다. 경제적 압력을 넘어서 말이다. 그 경우에만 객관적 나르시시즘은 압력과 동력의 결합체다. 혹은 달리 말하면 객관적 나르시시즘에서 부름이 나와서 주관적 나르시시즘과 만난다. 이 호명은 주관적 나르시시즘 안에서 반향을 얻는다.

이런 식으로 객관적 나르시시즘은 새로운 해굽성을 만든다. 이 나르시시즘적 해굽성은 모두가 나르시시즘의 태양을, 자아이상을, 유일무이함을 향하게 한다. 그러나 이 태양은 상상적이다. 그리고 이 목표는 하나의 신화, **곧** 경쟁의 신화이기에, 바로 그렇기 때문에 그것은 필연적 실패를, 구조적 실패를 불러온다. 레크비츠에게 존재하지 않는, 그의 가차 없는 필연성에는 아무튼 존재하지 않는 실패를.

그러나 이것은 주관적 나르시시즘에게만 필연적인 실패다. 객관적 나르시시즘에게는 아니다. 우리가 보았듯이 객관적 나르시시즘에게 나르시시즘은 수단으로만 사용된다. 그리고 나르시시즘은 매우 효율적인 수단이다. 객관적 나르시시즘의 목표는 약속의 성취가, 유일무이함의 실현이 아니다. 그 목표는 경쟁을 추동하는 것, 경쟁을 강화하는 것, 자본주의를 계속 발전시키는 것이다.

이러한 실패는 약속대로 객관적 나르시시즘과 주관적 나르시시즘이 성공에서 만나 겹치는 것, 즉 소망과 요구의 일치가 단지 부분적이고 점적일 뿐이라는 사실을 보여 준다. 그럼에도 바로 그것은 빠져나오기 힘든 연루를 낳는다.

왜냐하면 나르시시즘적 부름은 경쟁에서 벗어날 전망을 보여 줌으로써 경쟁 속에 있는 개인들을 추동하기 때문이다. 나르시시즘적 부름은 유일무이함을 약속함으로써 개인들을 추동한다. 마치 경쟁이 그 실제 의미, 다시 말해 모든 개인의 완전한 교환 가능성으로부터 우리를 보호해 줄 구원의 항구가 될 수 있는 것처럼. 경쟁에서 우리는 구원을 바란다. 마치 경쟁이 스스로가 의미하는 위험으로부터 우리를 구해 줄 수 있는 것처럼, 그리고 스스로가 막는 안전을 우리에게 제공할 수 있는 것처럼.

하지만 그런 전망을 제시하는 바로 이 경쟁은 실제로 두 가지 결과를 낳는다. 경쟁은 나르시시즘을 상승시킨다. 그리고 동시에 나르시시즘의 충족을 막는다.

요컨대 유일무이함의 신화, 나르시시즘적 호명의 신화는 오늘날 우리의 대항 원리다. 그것은 현실적 관계에서의 보편적 교환 가능성에 대한 상상적 대항 원리다. 유일무이함은 새로운 구조 원리가 아니라 우리가 보편적 교환 가능성을 살아가는 방식이다. 유일무이함은 우리를 추동하는 역설적 대항 원리다. 이것은 우리가 '스스로' 기능하게 만든다. 자발적으로. 우리는 이 대항 원리에 복종한다. 기대를 충족하고 요구를 만족시키려고 노력함으로써. 완전히 스스로. 자기 추동의 양태로. 객관적 나르시시즘이 장려하는 유일무이함의 신화는 우리가 자발적 복종이라 칭한 것을 낳는다.

자발적 복종이 여기 있다! 마침내 찾아냈다. 우리는 오늘날 자발적 복종의 모습을 발견했다. 현대인인 우리는 우리의 예속이 마치 구원인 것처럼 예속을 위해 싸운다!

이제 우리의 결론은 이렇다. 경쟁은 자본주의적 생산 양식이 지배하는 사회들에서 핵심 메커니즘이다. 경쟁은 경계를 벗어난 보편화된 메커니즘이 되어서 주변의 모든 사회 영역으로 퍼졌다. 하지만 그게 다가 아니다. 이 경쟁은 오늘날 변화된 메커니즘이다. 이것이 요점이다. 우리가 찾던 것은 바로 이 변화다. 변화한 것은 경쟁 자체다. 경쟁은 이제 객관적 나르시시즘과 주관적 나르시시즘을 통해 작동한다. 즉 우리가 현재 상태에 동의하는 이유가 변한 것이다. 이러한 동의, 이러한 수용이 이루어지는 방식도 마찬가지로 변했다. 달리 말하면 나르시시즘은 경쟁 조건의 일부가 되었다.

5장

나르키소스와 타자들

그러니까 이제 나르시시즘이 지배적이라면. 어디서나 나르시시즘적 조건들이 주어진다면. 사람들이 나르시시스트여도 되고, 나르시시스트이길 원하고, 나르시시스트가 되어야 마땅하고, 나르시시스트가 되어야만 한다면, 어떻게 여전히 사회라는 것을 생각할 수 있을까? 어떻게 사회적 관계들을 생각할 수 있을까? 모든 사람이 완전히 따로따로 살 수밖에는 없지 않을까? 순수한 자기 준거성 속에서 병존하는 상태로.

하지만 분명 그렇지 않다. 우리는 완전히 서로 고립된 채로 살지도 않고, '만인의 만인에 대한 투쟁'이라는 순전히 부정적인 관계 속에서 살지도 않는다. 우리는 오히려 매우 다양한 관계 속에서 살고 있다. 이것은 적잖은 수수께끼다. 나르시시즘은 **바로** 반사회적 원리 자체이지 않은가. 그럼에도 우리는 오늘날 사회 속에서 살고 있다. 나르시시즘으로, 나르시시즘을 통해 작동하는 사회 속에서. 예전에는 자기애에 제동을 걸기 위해 많은 수고를 들였다. 나르시시즘을 막기 위해 많은 예방책을 세웠다. 나르시시즘이 사회적 관계에 방해가 된다는 바로 그 이유로. 그러나 오늘날에는 상황이 정반대다. 오늘날에는 바로 사회가 나르시시즘을 장려한다. 요컨대 우리는 새로운 유형의 사회 속에서 살고 있다. 우리는 이 사회를 나르시시즘적 사회라고 부를 수밖에 없다. 이것이 모순임을 완전히 의식하면서.

이 모순을 생각할 수 있으려면, 그러니까 나르시시즘적 사회를 생각할 수 있으려면, 자기 준거성이라는 나르시시즘에 반사회적 원리를 넘어서는 무언가가 내재해야 한다.

이제 우리는 사회 현상으로서 나르시시즘을 탐색할 것이다. 앞서 3장과 4장에서 나르시시즘이 경제적인 것으로 어떻게 번역되는지를 파고들었다면, 이 장에서는 나르시시즘이 사회적인 것으로 어떻게 번역되는지를 탐구한다. 말하자면 나르키소스와 타자들을 말이다. 우리가 탐색할 현상은 우리 사회를 나르시시즘의 저편에 위치시키지 않고 오히려 나르시시즘을 통해 규정한다. 우리에게 탐색의 출발점이자 이정표는 프로이트의 생각이다. 1921년에 나온 '집단 심리학과 자아 분석' 연구의 첫 부분에서 프로이트는 "사회 현상"과 "나르시시즘적이라 일컬어지는 과정" 사이의 엄격한 구분은 유지될 수 없다고 말한다.[69] 나르시시즘적 과정은 사회적 차원을 가진다. 그리고 사회 현상은 나르시시즘적 요소를 보일 수 있다. 나르시

---

[69] Sigmund Freud, *Massenpsychologie und Ich-Analyse* (Frankfurt/M., 1974), p. 9.

시즘을 지배적 이데올로기로 간주하려 한다면 바로 이 연결이 중요하다.

우리의 탐색을 위해서는 2장에서 접한 개인적 나르시시즘의 이력을 다시 한번 돌아봐야 한다. 나르시시즘의 역사에서 개인의 영혼적 삶은 두 가지 단계를 가진다는 점이 지금 우리에게 중요해진다.

다시 정리해 보자. 첫 번째 단계는 아기와 그 주변 세계의 공생적 합일인데, 아기는 아직 자신을 주변 세계와 구별하지 못한다. 프로이트는 이를 일차적 나르시시즘이라 부른다. 이것은 제약 없는 전능함의 완벽한 행복이다. 이 경험에 대해 우리는 의식적 기억을 가지고 있지 않다. 이후 삶에서 이 잃어버린 낙원은 오직 예감으로, 느낌으로만 의식에 떠오른다. 세계와의, 세계 전체와의 결합이라는 '대양적 감정'으로. 이것은 뭐라 규정할 수 없는 동경의 감정이다. 규정할 수 없다 함은 우리에게 의식적 기억이 없어서 그것의 내용을 규정할 수 없기 때문이다. 그리고 동경이라 함은 그것이 상실된 행복을 추구하기 때문이다.

우리를 이러한 나르시시즘적 낙원에서 추방하는 것은 현실과의 만남이다. 현실은 방해로 출현한다. 행복한 자기 관계와 갈등을 일으키는 문화적, 윤리적 표상의 압력으로. 이러한 표상은 사회적 요구로 아이에게 다가온다. 처음에는 부모를 통해, 나중에는 다른 권위들을 통해. 이 요구가 나르시시즘을 변화시킨다. 나르시시즘은 이상이 된다. 이 자아이상은 프로이트의 멋진 표현을 한 번 더 인용하자면 "어린 시절 상실된 나르시시즘의 대체물"이 된다.

이와 함께, 이러한 전위와 더불어 두 번째 단계인 이차적 나르시시즘이 시작된다. 이전에 나를 향하던 자기애는 이제부터 이 이상을 향한다. 달리 말하면 이차적 나르시시즘은 이상에 대한 복종을 의미한다.

이상은 외부에서 자아에게 주어진다는 점을 여기에서 다시 명심해야 한다. 프로이트에 따르면 이상은 자아에게 "외부에서 강요"된다. 그런데 이로써 자아이상은 특수한 지위를 가진다. 개인적 측면과 사회적 측면을 동시에 가지는 것이다. 자아 형성과 함께 사회적 표상들은 심리적 장치의 내부로 들어간다. "한 가족, 한 계층, 한 민족"의 공통된 이상이 그것이다.[70] 나르시시즘은 이상을 통해 말하자면 사회화된다. 자아이상은 주체 안에 자리한 사회의 대리자다.

사회성의 문제는 따라서 이차적 형태의 나르시시즘에 근본적으로 기입되어 있다. 사회는 심리 구조의 가장 내밀한 곳에 박혀 있다.

이런 점에서 이차적 나르시시즘은 몹시 모순적인 형성물이다. 그것은 두 가지 반대되는 경향으로 이루어진다. 이 두

[70] Freud, *Narzissmus*, p. 67.

가지 동기에 우리는 주목하려 한다. 왜냐하면 우리의 문제에 중요하기 때문이다. 한편에는 대양적 감정이 있다. 이것은 아직 내부와 외부의 차이가 없던 상태에 대한 동경이다. 내가 세계와 하나였던 행복한 상태를 되찾으려는 열망이다. 그리고 다른 한편에는 요구하는 이상이 있다. 이것은 우리에게 촉구되는 완전함의 상이다. 완전한 자아, 이상적 자아의 까다로운 기준이다. 요컨대 대양적인 것과 이상이 있다.

이로써 변화된, 성장한, 이차적 나르시시즘은 노스탤지어의 특징과 함께 이상의 특징도 가진다. 이차적 나르시시즘은 극히 모순되게도 대양적인 것 안에서의 자아 소멸에 대한 동경을 이상을 향한 자아 향상의 추구와 결합한다. 우리에게는 이차적 나르시시즘의 두 가지 동기가 다 중요하다.

'나르시시즘적 만족'일 수 있는 것, 그러니까 이차적 나르시시즘에서 얻을 수 있는 만족은 이 두 가지 동기로 소급할 수 있다. 이때 나르시시즘적 만족은 모순적 개념이다. 나르시시즘은 원칙적으로 충족시킬 수 없으니까. 일차적 나르시시즘의 대양적 존재는 실제로 회복할 수 없다. 이상과 그 완전함의 기준 역시 충족시킬 수 없다. 나르시시즘적 충족은 이중적이라는 점, 그리고 이중으로 불가능하다는 점을 명심하자. 이런 의미에서 나르시시즘은 지속적이면서 실현할 수 없는 열망이다. 나르시시즘은 달랠 수 없다. 즉 실제로 만족시킬 수 없다.

그러나 수단과 방법이 있다. 이를 통해 실제적 충족은 아

니지만 부분적 충족이 가능하다. 우리는 이 수단과 방법을 '나르시시즘의 목발'이라 칭하려 한다.[71]

이러한 나르시시즘의 목발에 의지하여 우리는 세계와의 합일이라는 대양적 감정뿐 아니라 이상의 엄격한 기준에도 접근할 수 있다. 나르시시즘의 목발은 이 두 가지 불가능을 번역해 준다. 성인의 이차적 나르시시즘이 영영 상실된 일차적 나르시시즘의 번역인 것처럼, 그리고 이차적 나르시시즘이 대체물이자 그 모순된 추구들 사이의 타협인 것처럼 나르시시즘의 목발 역시 대체물이다. 그것은 나르시시즘적 추구의 불가능한 만족을 대체한다. 충족시킬 수 없는 것의 '충족'을 제공한다. 대양적 감정의 대체 만족이자 이상의 요구에 대한 대체 충족이다.

우리는 이러한 나르시시즘의 목발을 두 종류로 구분하고자 한다. 서로 정확히 반대되는 두 목발은 바로 성공과 공동체다. 이 두 목발 모두는 대양적인 것과 이상 두 요소를 각각 나름의 방식으로 번역한다. 따라서 우리에게는 각각 두 가지 동기를 가진 두 개의 목발이 있다. 두 목발을 따로 살펴보기 전

[71] Narzisstische Krücke. 실은 '나르시시즘의 목발(Krücken des Narzissmus)'이라 해야 옳을 것이다. 목발 자체는 나르시시즘적이지 않으니까. 그러나 가독성을 높이기 위해 여기에서는 narzisstische Krücke이라는 명칭을 유지하고 약간의 왜곡을 감수한다.(한국어에서는 이 문제가 적용되지 않으므로, 이해하기 쉽게 '나르시시즘의 목발'로 번역했다.—옮긴이 주)

에 이 둘에 덧붙는 것을 먼저 확인해 보자.

두 나르시시즘의 목발은 몹시 사회적인 원리인 인정에 의거한다. 그런데 이것은 아주 특수한 인정이다. 이것은 독일 철학자 악셀 호네트의 핵심 개념인 인정과 뚜렷한 대조를 이룬다.

호네트에게 사회는 상호 인정의 경험에 의거한다. 상호 인정이란 "타인을 위한, 자기중심적 자기 욕망의 상호 제한"[72]을 의미한다. 다시 말해 우리는 우리의 자기애와 이기심을 그때그때 제한함으로써 서로를 승인하고, 긍정하고, 인정한다. 그러므로 이때 인정은 근본적으로 호혜적이고 반(反)나르시시즘적이다.

여기에서 호네트는 두 종류의 인정을 구별한다. 일단 긍정적 버전이 있다. 긍정적 인정은 주체에게 권능을 부여하고 주체의 개인적 자율성을 북돋운다. 그리고 부정적 버전이 있다. 호네트는 그 작용을 오늘날 도처에서 보는데 그것은 인정의 '대용물'에 불과하다. 부정적 인정은 호네트가 말하듯 인정을, 찬사를 가장하여 사람들을 복종시킨다. 사람들이 순응적 행동을 자발적으로 받아들이는 데 익숙해지게 만든다.

우리는 호네트와 의견이 다르다. 한편으로는 권능 부여와

---

[72] Axel Honneth, *Das Ich im Wir. Studien zur Anerkennungstheorie*(Berlin, 2010), p. 32.

복종이 우리에게는 서로 다른 두 가지 버전, 좋은 버전과 나쁜 버전이 아니기 때문이다. 오히려 우리는 자발적 복종을 바로 권능 부여와 복종의 일치이자 동시성으로 이해한다. 현재 상태에 대한 동의라는 깊은 연루는 바로 여기에 있는 것이다. 그리고 다른 한편으로 오늘날 사회를 규정하는 인정은 모든 점에서 호네트의 개념과 반대되는 것으로 입증된다.

따라서 오늘날 지배적인 인정은 결코 자기애를 제한하기 위한 것이 아니다. 그것은 오히려 자기애를 '체현하는' 형식이다. 즉 나르시시즘적 인정이다. 이는 호혜적이고 상호적이며 대칭적인 인정이 아니다. 정반대다. 그것은 오히려 한 사람을 다른 사람들이 인정해 주는 비대칭적 인정이다. 이 경우에 인정은 다른 사람들과 맺는 특수한 나르시시즘적 관계, 다시 말해 나르시시즘적 사회관계를 뜻한다.

지금까지 내용을 정리해 보자. 우리에게는 나르시시즘의 목발이 있다. 이것은 특수한 인정 관계를 통해 '나르시시즘적 만족'을 약속한다. 혹은 적어도 부분적인 만족, 대체 만족을 약속한다. 이 나르시시즘의 목발은 이미 말했듯이 두 개로, 성공과 공동체다. 두 목발은 각각 이상과 대양적인 것의 두 가지 번역을 제공해야만 목발 역할을 할 수 있다. 이제 이 두 목발과 그 각각의 동기를 파고들어 보자.

나르시시즘의 목발 1: 성공

성공과 자아이상

성공이 우리의 사회적 존재에서 핵심이라는 것은 누구나 아는 사실이다. 그런데 성공이란 무엇이며, 왜 사람들은 엄청난 노력을 경주하며 성공을 좇는 것일까? 달리 말하면 성공에는 어떤 약속이 들어 있는가?

성공은 긍정, 승인이라는 의미에서 인정을 뜻한다. 순간의 칭찬부터 우레 같은 박수갈채까지 모든 형태의 인정을 뜻한다. 성공이란 이른바 사회 지도층을 위한 것만이 아니다. 갈망과 추구와 마찬가지로, 성공이라 자칭하는 기대와 요구도 전체 사회를 관통하고 작동시킨다. '작은 장들'의 체계, 곧 기업 내 위계 단계부터 스타와 저명인사까지 말이다. 성공은 작은 보너스에서 떠들썩한 승리까지 이른다.

도시 계획가이자 이론가인 게오르크 프랑크에 따르면 오늘날 성공의 화폐는 관심이다.[73] 즉 눈에 띄는 것, 인지되는 것이다. 프랑크는 인지되는 것이 우리의 "기본적 생활 감각"이라고 말한다. 이때 다른 사람들에게 발휘하는 매력은 평판만큼이나 중요하다. 즉 개인이 인정받는 것은 성과를 인정받는 것만큼이나 중요하다.

---

[73] 이에 관해서는 다음을 참조하라. Georg Franck, *Ökonomie der Aufmerksamkeit. Ein Entwurf*(München, 2007).

그런데 이때 정확히 무슨 일이 일어나는 걸까? 프랑크의 말처럼 우리는 정말로 "다른 의식의 거울 속에서" 우리 자신을 알게 되는 걸까? 리처드 세넷의 말처럼 우리는 성공 속에서 개인으로 인지되는 걸까?

우리의 관점에서는 그게 아니라고 명확히 말할 수 있다. 성공이란 개인으로 인지되는 것이 아니다. 만일 그렇다면 성공은 나르시시즘적 만족을 가져다줄 수 없을 테니까. 그러한 만족, 즉 '성장한' 나르시시즘, 이차적 나르시시즘의 만족이 있으려면 그것은 자아이상에서 나올 수밖에 없다. 따라서 우리는 성공 속에서, 관심 속에서, 칭찬 속에서, 박수갈채 속에서 개인으로, 우리의 자아로 인지되는 게 아니다. 정반대다. 성공 속에서 우리는 말하자면 이중화된다.

이는 만원 관중 앞에서나, 일상 업무 중 한마디 인정해 주는 말을 들을 때나 마찬가지다. 짧은 칭찬의 순간이든, 보다 오래가는 박수갈채의 순간이든 혹은 심지어 영광의 순간이든 구조는 변함이 없다. 비록 양과 강도 그리고 무엇보다 사회적이고 경제적인 결과는 엄청나게 달라질지라도, 그 구조는 모든 사회 영역에서 변함이 없다. 이런 의미에서 이 과정은 저명인사에 한정되지 않고 전체 사회를 관통한다.

성공 속에서 우리는 이중화된다. 성공 속에서 우리는 이상의 체현자로, 이상적 자아의 체현자로 인지되기 때문이다. 성공, 관심은 따라서 우리가 이상에 '부합'한다는 외적 승인이다. 우리가 이상을 '충족'한다는 외적 승인이다. 우리가 이상의 완전함과 어느 정도, 한순간 '일치'한다는 외적 승인이다. 성공의 양이 얼마든 상관없이.

중세의 '왕의 두 신체' 표상에 따르면, 성공 속에서 우리는 세속적인 형상과 숭고한 형상으로 이중화된다고 말할 수 있을 것이다. 이 가설에 따르면 왕은 두 신체를 자기 안에서 하나로 합친다. 자신의 자연적인 가시적 신체와 인민의 숭고한 비가시적 신체를 합치는 것이다. 여기에서 이 가설은 우리가 성공 속에서 경험하는 것, 말하자면 자아의 두 신체에 대한 비유로만 쓰인다. 이 이중화에서 세속적 신체, 세속적 형상은 우리 자아의 형상이다. 그리고 '숭고한' 버전은 우리 이상자아의 형상이다. 성공 속에서, 모든 성공 속에서 우리는 (단기적으로 혹은 지속적으로) 자기 이상의 체현자가 된다. 좋은 경우에는 화신이, 나쁜 경우에는 니체식으로 말해서 '자기 이상의 연기자'가 된다. 성공 속에서, 관심 속에서, 칭찬 속에서, 박수갈채 속에서 우리는 이상의 체현자로 인지된다. 이로부터 승리감도 나온다. 승리감은 그런 순간에 생겨난다. 그것은 한순간 반짝에 불과하든 지속적이든 상관없이 자기의 이상자아에 부합한다는 승리의 환희다. 이 승리감은 '나르시시즘적 만족'이다. 우리는 자아이상을 달성했다고 승인을 받으면 그러한 만족을 얻는다.

우리의 문제인 사회적 전위는 바로 이 승리감에서 뚜렷해진다. 왜냐하면 여기에서 자아이상의 지배와 초자아의 지배 사이의 차이[74]가 드러나기 때문이다. 엄격한 초자아의 체제에서는 엄격한 기준을 위반하는 경우, 그러니까 처벌하는 심급이 잠시 무력화되는 경우에만 승리감이 생긴다.[75] 반면 자아이상의 심급에서는 기준을 가상적 혹은 부분적으로 달성하는 데서 승리감이 생긴다. 그리고 성공은 우리에게 이 달성을 승인해 주는 듯 보이는 경험이다.

그런데 우리가 달성해야 할 이 자아이상이란 무엇일까? 그 본질은 무엇일까? 그것을 어떻게 상상해야 할까? **자아이상**은 본보기로서 자아를 다그치고, 관찰하고, 이상과 비교하는 심리적 심급이다. 그리고 **이상자아**는 여기에 부합하는 상, 즉 완전함의 상, 완전한 자아의 상을 제공하는 부분이다. 이 상은 모든 이상과 마찬가지로 그때그때 다르다. 왜냐하면 그것은 아주 개인적인 부분뿐 아니라 프로이트에게서 보았듯이 한 가족, 한 계층, 한 민족의 집단적 이상도 포괄하기 때문이다. 그것은 따라서 한 시대, 한 환경, 한 계급의 개인화된 이상이다. 이런 점에서 이상은 가변적이다.

이로부터 초자아와의 또 다른 차이가 도출된다. 초자아의 기준들은 지켜야만 하는 법의 구조를 가지고 있다. 반면 자아

---

〔74〕 이 차이를 우리는 2장 끝부분에서 이미 잠깐 살펴보았다.

〔75〕 이에 관해서는 다음을 참조하라. Freud, *Massenpsychologie*, p. 70.

이상은 곧 본보기이고 완전한 자아다. 상으로서 자아이상은 우리에게 완전함을 제시한다. 이 완전함은 자아보다 더 크고 더 낫다. 이런 점에서 라캉의 말처럼 초자아는 강제적인 반면 자아이상은 고무적이다. 즉 나르시시즘은 향상을 의미한다. 따라서 나르시시즘의 공식은 자아의 향상, 자기를-넘어-성장하기다. 그것은 이상을 향한 접근이다.

여기에서 또한 분명해지는 사실은 나르시시즘이 자아실현을 의미하지 않는다는 점이다. 나르시시즘에서 핵심은 어떤 종류의 자아실현도 아니며 자기를-넘어-가기다. 나르시시즘은 이상을 향한 추구를 뜻한다. 이 추구는 이상을 향한 상승인 동시에 이상에 대한 복종이다.

이런 의미에서 이차적 나르시시즘은 도처에서 자기의 자아를 보지 않는다. 이차적 나르시시즘은 거울 관계이지만 여기에 비치는 것은 초라하고 부족한 자아가 아니라 자아의 완전한 버전, 즉 이상이다. 이차적 나르시시즘이 도처에서 찾는 게 바로 이것이다. 짐작과 달리 자기의 자아가 아니라 자기의 이상자아를 찾는 것이다.

독일 철학자 루트비히 포이어바흐는 1849년에 이미 그러한 관계를 스케치한 적이 있다. 종교 비판에서 그는 신의 표상이 그러한 특수한 거울 관계와 정확히 부합함을 보여 준다. 인간은 신에서 자기 자신의 거울을 들여다본다. 왜냐하면 "신은 인간의 거울"[76]이기 때문이다. 그러나 신 안에 비치는 것은 부족한 인간이 아니라 바로 이상화된 완전한 인간이다. 거울 상으로서 신은 "모든 인간적 완전함의 총체"다.

정리해 보자. 우리는 자신의 완전함의 형상으로부터, 즉 자신의 자아이상(우리가 보았듯이 이것은 성장한 자기애의 대상이다.)으로부터 나르시시즘적 만족을 이끌어 낸다. 하지만 그러기 위해서는, 그런 만족을 얻기 위해서는 타자들이 필요하다. 그리고 이 타자들은 여기에서 특수한 역할을 한다. 즉 판단하는 관객이다.

여기 그들, 타자들이 있다. 4장에서 타자들이 주로 경쟁자로 나타났다면, 이제부터 우리는 관객으로서의 타자들을 만난다. 그리고 미리 밝히건대 관객에게서 우리는 또한 두 번째 나르시시즘의 목발, 즉 공동체라는 목발을 발견할 것이다. 하지만 일단은 관객을 성공과 관련해서 고찰해야 한다.

내가 나의 이상에 부합하는가가 문제가 될 때, 관객은 그것을 시험하고 측정하고 판정하고 경우에 따라 승인하는 역할을 부여받는다. 이상의 충족 여부를 판단하기 위한 정말로 객관적인 기준을 관객은 가지고 있지 않다. 관객은 이상과의 일치라는 환상을 승인할 수 있을 뿐이다. 적어도 일시적으로는. 이것은 취약하고 불안정한 승인이며 언제든 다시 철회될 수 있다. 상사 관객이든(칭찬의 순간에는 상사조차도 잠시 그런 관객

[76] Ludwig Feuerbach, *Das Wesen des Christentums*(Köln, 2014), p. 146.

이 된다.) 의뢰인 관객이든 동료 관객이든 아니면 그 밖의 다른 관객이든 각 관객은 관찰자이자 검열관 역할을 맡는다. 관객은 이상의 파수꾼이 된다. 그런데 이것은 우리의 심리적 심급에 부여되는 바로 그 역할이다. 자아이상은 자아가 이상에 부합하는지 혹은 그렇지 않은지를 관찰하고, 시험하고, 측정하고, 판정한다. 각 관객은 나의 자아이상의 역할을 맡는다. 잠시 동안. 정확히 말하자면 우리는 역할을 서로 나눈다. 나는 이상의 연기자가 되고, 이상자아의 체현자가 된다. 반면에 관객은 관찰자이자 검열관으로서 심급 역을 맡는다. 우리는 이 심리적 관계 전체를 함께 상연하는 것이다.

그런데 이때 묘한 일이 일어난다.

기억을 떠올려 보자. 이상은 문화적, 윤리적 기준들이 내면화된 것이었다. 이상은 사회적 요구들이 내면화된 것이었으며, 사회적 요구들은 이상으로 고양되었다. 자아가 관객과 상연하는 우리의 무대에서 이 내적 심급은 잠시 다시 외부로 옮겨진다. 이 순간에 관객은 내 자아이상의 대리자로서 외부로 나온 내부, 외면화된 내부인 것이다.

다시 말해 관객은 실제 외부가 아니다. 관객은 실제 타자가 아니다.

이 장의 서두에 제시한 모순, 다시 말해 사회와 나르시시스트의 관계에 대한 문제가 바로 여기에서 해결된다. 이차적 나르시시즘은 그 본래적 사회성에 따라 타자에게 의존한다.

이차적 나르시시즘은 타자를 통해서만 체현될 수 있다. 나르시시즘적 자기 준거성은 사회를 필요로 한다. 그러나 이 사회, 이 타자는 관객으로서 **나의** 타자가, **나의** 외부가 된다.

따라서 나르시시즘은 관객을 통한 자기 관계이면서, 자신을 사회화하는 형식으로서의 자기 준거성이다. 성공이라는 나르시시즘의 목발은 이렇게 놀라운 사회적 관계임이 입증되었다. 그것은 대칭적, 상호적이지도 않고 반나르시시즘적이지도 않은 인정이다.

이 사회적 관계는 계속해서 바뀐다. 왜냐하면 나르시시즘적 인정의 무대는 완전히 유동적이기 때문이다. 오늘날 모든 사람은 두 역할 사이, 바로 관객의 역할과 관심을 받는 역할 사이를 계속해서 오간다. 우리는 영구히 다른 사람들의 관객이다. 그리고 때로는 (운이 좋으면) 우리가 염두에 둔 사람들의 관객이다.

이 끊임없는 전환에는 나르시시즘적 동력을 요구로 만드는 사회에서 기하급수적으로 증가한 원형 경기장도 포함된다. 그곳에서 우리는 향상된 자아, 숭고한 자아, 상승된 자아로 자신을 현시할 수 있다. 혹은 현시해야 마땅하다. 혹은 현시해야만 한다. 혹은 자신을 적어도 '자기 이상의 연기자'로, 숭고한 자아의 대용물로 현시할 수 있다.

셀카를 예로 들어 보자. 진부하고 널리 퍼진 현상으로서 셀카는 구조적으로 앞서 언급한 모든 요소를 극히 단순한 형태로 보여 준다. 셀카는 기술적으로 구축되는 관객 관계다.(이때 기술이란 연장된 팔에 해당하는 셀카 봉뿐만 아니라 촬영과 업로드까지 의미한다.) 즉 누구나 구축할 수 있으며 현실의 관객을 더 이상 전혀 필요로 하지 않는 관객 관계는 가상의(가령 소셜 네트워크상의) 관객으로 옮겨진다. 여기에서 적나라한 구조가 드러난다. 목판 인쇄와 비슷한 자아의 이중화도 그 일부다. 자아는 카메라 앞의 자아와 카메라 속의 자아로 이중화된다. 이때 후자는 이미지이고 이상의 대용물이며, 그것이 '보다' 존엄하고 숭고한 까닭은 오직 내보여진다는 사실 덕택이다. 즉 이는 기술적 복제물로의 환원이다. 그런데 또한 그 결과 과거에 중요했던 사회적 범주가 오늘날 침식된다. 부끄러움이 그것이다. 우리는 전인으로서 요구되기에 자신을 전인으로 내보여도 되고, 내보일 수 있고, 내보여야 마땅하고, 내보여야만 한다. 따라서 부끄러움 없음은 나르시시즘적 사회관계의 본질적 동기를 이룬다.

성공과 대양적 감정

그런데 성공이 실제로 나르시시즘의 목발 역할을 하려면, 다시 말해 성공이 실제로 '나르시시즘적 만족'을 가져다줄 수 있으려면 아직 더 필요한 게 있다. 우리는 이차적 나르시시즘이 두 가지 모순된 요소로 이루어진다는 것을 보았다. 하나는 자아이상, 다른 하나는 어린 시절 전능감의 잔여물이다. 이 잔여물은 대양적 감정으로, 그러니까 융합에 대한, 합일에 대한, 자아와 세계의 구별 불가능함에 대한 동경으로 우리에게 밀려온다.

첫 번째 동기, 즉 성공과 자아이상의 관계를 우리는 살펴보았다. 따라서 남은 것은 두 번째 동기다. 그것은 대양적 존재의 번역, 성공이 제공해야 할 대양적 동경의 충족이다.

여기에서 물음이 제기된다. 우리는 관심과 인정과 승인을 어떻게 체험할까? 이 물음에서 우리는 외적 승인이 우리에게 하나의 체험이라는 사실을 확인한다. 그런데 어떤 종류의 체험일까?

우리는 성공을 우리가 이상에 부합한다는 승인으로 체험한다. 달리 표현하면 이렇다. 우리는 성공 속에서 자신을 완전한 정체성으로 체험한다.[77] 그러니까 완전한 정체성이란 이상에, 이상적 자아에 부합한다는 의미다. 이것은 순환 논법이다. 왜냐하면 이 점을 잊지 말아야 하니, 이상은 결코 충족할 수도 도달할 수도 없기 때문이다. 따라서 완전한 정체성이

---

[77] 나는 전작인 『나와 타자들』에서 완전한 정체성과 불완전한 정체성의 대립을 설명하려 시도한 바 있는데 여기에서 그 문제를 다시 다루며 더욱 발전시키려 한다. 『나와 타자들』에서 완전한 정체성은 동질적 사회와의 의심 없는 합일에서 나오는 자명한 정체성의 환상이었다. 반면 불완전한 정체성은 고정된 정체성을 더 이상 '보장'할 수 없는 다원화되고 다채로운 새로운 사회에서 늘 불안정하고, 늘 불확실한 정체성이었다. 이제 여기에서 우리는 나르시시즘적 사회에 부합하는 새로운 개념의 완전한 정체성을 다룬다.

란 이상적 자아와의 불가능한, 순전히 공상적인 '일치'다.(대체 누가 자신의 이상에 부합하겠는가?) 그리고 이 일치는 외적 승인, 즉 성공에 의해 지탱된다. 그런데 이상과의 일치가 불가능하다면, 이 일치에 대한 승인도 마찬가지다. 불가능하다. 누가 그런 것을 실제로 승인할 수 있겠는가? 따라서 성공은 두 가지 불가능한 요소를 서로 결합하는 방정식 전체다. 즉 성공은 관객에 의해 승인된 완전한 정체성이다.[78] 이 승인된 합일, 자기 이상과의 하나 됨, 자기 분열의 극복은 철저하게 상상적인 체험이다. 그럼에도 이것은 우리 모두가 평생 동안 추구하는 중요한 체험이다.

그것은 아무리 상상적일지라도 모든 것이 자신과 관련된다는 체험이다. 내가 모든 것을 나와 관련시킬 수 있다는 체험이다. 나는 초점이 내게 맞춰져 있다고 체험한다. 이로써 나는 중심이 된다.(이 체험이 얼마나 오래 지속되든 상관없이) 바로 이 체험이 중요하다. 중심이 되는 체험. 관심의 중심. 나에게 그것은 내가 세상의 중심이라는 의미이다.

그리고 바로 이것이 일차적 나르시시즘 상태의 아기가 체험하는 대양적 상태를 이차적 나르시시즘의 사회적 형식으로 번역한 것이다. 과거의 대양적 체험은 세계와의 하나 됨이었

---

[78] 스피노자는 명성이 "오직 대중의 견해만을 먹고사는 자기만족"이라고 말한다. Baruch de Spinoza, *Ethik*(Leipzig, 1919), 4부 예속에 대하여. 정리 58, 주석.

다. 이제 인정을 통해 그것이 다시 생긴다. 그런데 이 하나 됨은 번역을 통해 변화되어 나타난다. 즉 나는 이제 세상의 중심을 나에게 두는 것으로 하나 됨을 체험한다. 성공은 나를 중심에 놓는다. 이것을 나는 아주 개인적인 내 우주의 완결로, '완성'으로 체험한다. 따라서 나르시시즘적 하나 됨은 나와 세계의 합일인데 나는 이 세계의 중심에 서 있으므로 그것을 나의 세계로 체험한다. 칭찬으로 인정을 받는 단 한순간이라도 말이다. 그래서 다시 한번 이 예로 돌아오자면 가령 역사적인 장소, 인상적인 건물 앞에서 찍은 인기 있는 셀카는 그러한 중심화를 보여 주는 실로 진부한 이미지다.

여기에 부연해야 할 사항이 있다. 성공은 세계를 '나의 세계'로 만드는, 나의 세계로 체험하는 수동적 형식이다. 하지만 피터 틸 같은 실리콘밸리의 과두 지배자들은 이러한 체험을 능동적으로 만들어 내려 한다. 칭찬을 받는 게 아니라 실제로 세상을 개조하는 것으로. 그런데 여기에서 우리는 자기 충만의 체험이 무엇을 불러오는지 알 수 있다. 그것은 전능 환상과 동시에 존재하는 근본적 수동성이다. 그야말로 대양적 체험이다.

중심에 서는 체험은 바로 일차적 나르시시즘의 낙원에서 추방당한 성인에게 대양적인 것의 체험이다. 이로써 그 낙원을 어느 정도는 '되찾을' 수 있다. 비록 이 대양적인 것이 몇 가지 점에서 많이 변했을지라도.

이렇게 자아의 위치는 반대로 전도되었다. 아기가 겪는 본래의 대양적 체험에서 자아는 아직 결코 외부 세계가 아닌 것과 융합된다. 이제 그것은 자기중심화가 되었다. 새로운 대양적 체험이 '성숙한' 형태라고 말할 수 있을까? 어떤 경우든 이 대양적인 것은 성인에게 자아의 소멸을 가져오지 않는다. 정반대다. 그것은 오히려 자아의 강화를, 자아의 향상을 가져온다. 이때 자아는 세계와 특수한 새로운 합일을 이룬다. 세계의 중심에 있는 것이다.

바로 여기에서 우리는 서두에 언급한 모순에 맞닥뜨린다. 평생 동안 우리와 함께하는 자아 소멸에 대한 동경은 자아 향상의 추구로 전도된다.

그런데 무엇이 변했든 간에 이것은 원이다. 2장에서 보았듯이 카라바조가 나르키소스의 자기 준거성을 묘사하기 위해 원의 형태를 택한 것은 우연이 아니었다. 나르시시즘적 세계 관계에서 개인은 세계와 하나의 원을 이룬다.

하지만 사회적 나르시시즘은 카라바조의 이 고독한 원을 벗어났다. 사회적 나르시시즘은 관객을 함께 포함시킨다. 그것은 실존적으로 관객을 필요로 한다. 왜냐하면 관객이 이상과의 일치를 승인해야 하기 때문이다. 이차적인 대양적 감정, 중심이 되는 체험을 우선 낳는 일치를 말이다. 즉 이 나르시시즘은 관객을 필요로 하며, 그 자기 준거성은 사회를 필요로 한다. 하지만 매우 특수한 의미에서 그러하다. 이차적 나르시시즘이 필요로 하는 이 타자들은 실제 타자가 아니기 때문이다. 그들은 타자의 기능을 하지 않는다. 그들은 관객이다. 박수갈채 속에서 그들은 나의 관객이, 나의 거울이 된다. 나르시시즘적 인정 관계는 거울 관계다. 즉 불가능한 나르시시즘적 만족은 외부를 통해서만 달성할 수 있다. 바로 그 순간 더 이상 실제 외부가 아니라 나의 외부가 되는 외부 세계를 통해서만. 외부 세계는 나의 세계의 '내부'로 녹아든다. 바로 그 순간에.

이것은 결정적인 체험이다. 왜냐하면 중심이 되는 이 체험 속에서, 근본적으로는 내 뜻대로 할 수 없는 세계가 내 것인 (혹은 더 정확히 말해서 내 것처럼 보이는) 세계로 바뀌기 때문이다. 나르시시즘적 인정은 낯선 세계를 말하자면 제집과 같은 세계로, 제집과 같다고 착각하는 세계로 바꾼다. 이 체험이 아무리 짧고 상상적이든 그렇다. 이로써 갈망이 생긴다는 것은 명확하다. 그야말로 중독적이다. 더 많은 인정을 받을수록 더 중독적이다. 바로 거기에 나르시시즘적 만족이 있기에 중독적이다. 인정이 이상의 대체 충족인 것처럼, 중심화는 대양적인 것의 대체 충족이다. 따라서 이차적 나르시시즘의 두 가지 동기는 충족된다. 이로써 성공이 나르시시즘의 (첫 번째) 완전한 목발임이 입증된다. 완전하다 함은 바로 '나르시시즘적 만족'을 제공할 수 있기 때문이다. 비록 따옴표가 붙을지라도 말이다.

여기에서 여러 가지 사항을 언급해야겠다.

그러한 자기중심화는 (아무리 순간적일지라도) 프로이트가 애니미즘에서 분석한, 세계와의 허구적이고 상상적인 합일과 상응한다. 자연에 혼이 깃들어 있다는 신앙과 정신적 본질에 대한 학설인 애니미즘은 프로이트에 따르면 "세계 전체를 하나의 유일한 연관 관계로, 하나의 관점에서"[79] 파악하는 사고 체계다. 그리고 이 하나의 관점은 세상의 중심에 올라선 자아이며, 이 자아는 세계를 자기 자신의 "거울상"으로 만든다.

우리가 칭찬을 통해, 성공을 통해, 박수갈채의 순간에 체험하는 것은 따라서 프로이트의 용어로 일종의 퇴행이고 퇴화일 것이다. 프로이트의 진보 개념[80]을 꼭 공유하지 않더라도 우리는 나르시시즘을 주술적 세계 관계로의 퇴행으로 이해할 수 있다. 중심에 있는 자아는 우리 모두가 추구하는 주술적 세계 관계다. 오늘날 사회는 독특한 방식으로 이 세계 관계를 후원하고 있다. 비록 그것이 순간의 주술일지라도.

이 과정은 나르시시즘이 호명이 됨으로써 촉진된다. 우리의 심리적 기질을 이루는 부분인 것이 오늘날에는 사회 쪽에서 외적 요구로 우리에게 다가온다. 보다 정확히 말하자면 요구인 동시에 약속으로. '나르시시즘적 만족'을 약속하는 자아

[79]　Sigmund Freud, *Totem und Tabu. Einige Übereinstimmungen im Seelenleben der Wilden und der Neurotiker*(Frankfurt/M. und Hamburg, 1956), p. 88.

[80]　프로이트는 개인뿐 아니라 인류사에서 세계관의 성숙 단계로 애니미즘, 종교, 과학을 구분한다.

의 향상으로. 하지만 스스로 수행하는 그런 자아 향상은 탁월한 자원이다. 달리 말하면 이 고무적 힘들의 방출은 사회적으로 몹시 유용하다. 그런 까닭에 이러한 추구는 오늘날 더 이상 억제되지 않고, 더 이상 도덕적으로 제동되지 않으며, 더 이상 제한되지 않는다.

여기에서 흥미로운 점은 이 자아 향상적 이상이 우리 모두에게 각각 엄청난 영향을 미치지만, 그럼에도 곧장 집단적, 대중적 과대망상을 일으키지는 않는다는 것이다. 허락되고 요구되고 유발되는 나르시시즘이 왜 집단적, 대중적 과대망상을 일으키지 않을까? 물론 이 나르시시즘은 그러한 탈선의 가능성을 늘 내포하고 있다. 그럼에도 이 자기 노력의 고무는, 이 힘들의 향상은 왜 고삐가 풀린 동시에 한계가 지어진 것일까? 왜 고취되지만, 완전히 과열되지는 않을까? 말하자면 제한된 휘브리스[81]처럼.

그것은 상상적 전능일 뿐이라고, 거울에 비친 우리 자아의 무장일 뿐이라고 지적하는 걸로는 불충분하다. 이때 상상적인 것은 과대망상을 결코 막지 않을 테니까.

실제로 그러한 제한된 나르시시즘적 호명이 가능한 이유는 그것이 향상일 뿐만 아니라 동시에 복종이기 때문이다. 그것이 자아 본능의 해방일 뿐만 아니라 자아 본능의 사회적 편

[81] 그리스 신화에서 자신의 능력을 과신하고 신의 영역을 침범하는 인간의 오만을 뜻하는 표현.—옮긴이 주

입이기 때문이다. 그것이 오늘날 바로 자발적 복종의 형식이기 때문이다. 실제 권능 부여가 아니라, 크고 작은 '나르시시즘적 만족'의 체계를 통해 동의를 만들어 내는 자아 향상. 그리고 바로 이와 관련하여 관계들에 대한 '열정적 애착'이 장려된다.

그런데 자아의 힘들을 해방시키는 동시에 제지하기 위해 또 덧붙는 것이 있다. 성공이라는 나르시시즘의 목발은 약속일 뿐 아니라 위협이기도 하다. 그리고 이 위협은 약속 못지않게 강력하다. 위협이란 성공의 부재다. 다시 말해 실패다. 그리고 인정의 부재에서부터 비판을 거쳐 댓글 테러에 이르기까지 전체 범위가 여기에도 적용된다. 나르시시즘적 인정과 경쟁이 서로 교차한다는 사실을 잊지 말자. 모든 성공, 모든 인정, 모든 관심의 늘 불안정한 상태는 이러한 실패의 위협을 조장한다.

하지만 성공이 불안정한 것은 관객의 호의가 늘 변덕스럽기 때문만은 아니다.[82] 성공이 불안정한 것은 성공에 고유한 불가능성이 내재해 있기 때문이기도 하다. 이 불가능성은 성공이 단지 한쪽 목발일 뿐이라는 사실에서 기인한다. 단지 하나의 나르시시즘적 대체 충족만 마련해 주는 대체물. 여기에

[82] 스피노자에 따르면 "오직 대중의 견해만을 먹고사는" 명성은 언제든 끝날 수 있다. 왜냐하면 대중은 "변덕스럽고 한결같지 않기" 때문이다.(Spinoza, Ibid.)

서 우리는 몹시 익숙한 모티프와 다시 마주친다. 즉 성공이란 늘 나르시시즘적 고통이기도 하다. 성공이 없는 곳에서는 그 부재가 우리를 고통스럽게 한다. 그러나 성공이 있는 곳에서도 성공은 우리를 고통스럽게 한다. 왜냐하면 성공에는 항상 부족함이 들러붙어 있기 때문이다. 요컨대 성공은 늘 불충분한 만족에 그친다.

보론

자기 현시를 위한 원형 경기장의 기하급수적 증가, 요구와 부름의 기하급수적 증가, 요컨대 전체 사회가 성공에 초점을 맞추는 현상은 성공의 부재를 그만큼 더 무겁게 만든다.

　그러나 끊임없는 요구들과 부담들만 해도 몹시 견디기가 어렵다. 이러한 지속적인 과도한 요구는 피해를 가져온다. 그것은 엄청난 피로를 낳는다. 사회학자 슈테파니 그래페는 피로가 우리 시대에 딱 맞는 질병이라고 말한다.[83]

　우리는 그래페에 의거해서 피로란 나르시시즘이 드리우는 그림자라고 말할 것이다. 이상에서 나오는 지속적인 요구들은 (그리고 충족의 부재는 더더욱) 모든 경제적, 사회적 결과 외에

〔83〕 Stefanie Graefe, *Resilienz im Krisenkapitalismus. Wider das Lob der Anpassungsfähigkeit*(Bielefeld, 2019).

지속적인 나르시시즘적 모욕이기도 하다. 과도한 요구를 받는, 지쳐 버린 주체의 위기에 대한 답은 그래페에 따르면 회복 탄력성이다.

회복 탄력성이란 위기에, 스트레스에 대처하는 능력이다. 예상치 못한 사건들에 대해서도 마찬가지다. 회복 탄력성은 무리한 부담을 무사히 극복하는 심리적 저항력을 뜻한다. 불리한 상황에서도 자기를 조절하는 능력. 늘 과도한 요구를 하는 사회에서 필요한 능력이다. 그리고 소위 훈련이 가능한 능력이다.

그런데 그래페에 따르면 회복 탄력성은 철저히 양가적인 개념이다. 트라우마 치료에 성공적으로 적용된 회복 탄력성은 보편적인 인생 코칭 수단이자 자조 수단으로 커리어를 쌓는다. 양가성은 회복 탄력성의 작용에 있다고 그래페는 말한다. 왜냐하면 회복 탄력성은 침착함을 가르치기 때문이다. 달리 어쩔 수 없는 일을 침착하게 받아들이는 것. 그렇다면 회복 탄력성은 비판과 반항과 불만을 동의와 효율적 순응으로 변화시키고 바꿀 것이다.

그래페는 회복 탄력성이 수동적 적응에 그치지 않고 훨씬 더 많은 것을 약속한다고 말한다. 회복 탄력성은 위기를 무사히 넘기는 것뿐 아니라 위기로부터 더욱 강해지는 것도 약속한다. 그래페에 따르면 회복 탄력성의 핵심은 그러한 '외상 후 성장', 위기를 통한 성장이다. 부정적 체험, 힘든 상황, 위기는 재해석된다. 가장 강한 정신력을 동원하는 의미 자원으로.

바로 장애물의 극복이 찬란한 승리자를 낳는다는 오래된 꿈이 다시 쓰인다고 할 수 있다. 회복 탄력성을 갖춘 '영웅'은 위기로부터 강해져서 더 이상 승리를 꼭 필요로 하지 않기 때문이다. 따라서 회복 탄력성이란 결국 성공이 의미하는 바의 다시 쓰기이며 재코드화다. 박수갈채를 행복한 자족으로. 박수 받는 독단을 자기 배려로. 이로써 과도한 요구의 조건들 아래에서 성공이란 바로 의미를 발견하는 것이다.

여기에서 우리에게 드는 의문은 이렇다. 이것은 새로운 사회적 이상일까? 이것이 나르시시즘을, 나르시시즘적 호명을 변화시킬까? 회복 탄력성과 더불어 다른 주체, 다른 주체상이 호명을 받는다. '취약한' 주체가. 회복 탄력성은 자기 강화의 기술일 뿐 아니라 다치기 쉬운 주체를 전능해야 할 주체, '남성적 승자 유형'과 대치시킨다고 그래페는 말한다.

그러나 취약한 주체, 자기를 돌보는 주체, 회복 탄력성을 갖춘 주체는 비록 승자 유형과는 다른 버전이지만 마찬가지로 나르시시즘적이다. 여기에서 우리가 보는 것은 나르시시즘의 저편이 아니라 오히려 나르시시즘의 다양한 변종들이다.

바로 거기에서 우리는 중요한 점을 발견한다. 하나의 지배적 이데올로기는 다양한 방식으로 체현될 수 있다. 나르시시즘은 견고한 개인성의 나르시시즘뿐 아니라 취약한 주체의 나르시시즘도 될 수 있는 것이다.

　이 책은 다음의 물음으로 시작했다. 왜 우리는 현재 상태에 동의하는가? 처음에 우리는 코로나 팬데믹을 예로 들었다. 긴 숙고 끝에 이제 이 예로 되돌아가자.

　비록 우리는 그 예를 벌써 거의 잊어버렸지만, 접종 찬성자와 접종 반대자, 마스크를 착용하는 사람들과 마스크를 거부하는 사람들의 대립에서 한 가지가 분명해졌기 때문이다. 이 사례에서는 두 가지 나르시시즘 유형이 육화되어 나타났다. 나르시시즘을 체현하는 두 가지 형태로. 자기 확신을 가진 고양된 자아의 나르시시즘과 다치기 쉬운 취약한 자아의 나르시시즘이 그것이다. 이로써 자발성에 대한 물음은 두 가지 답을 얻는다.

　취약한 주체들, 즉 자신을 취약한 존재로 체험하는 주체들의 자발성은 자기 배려에 의거한다. 그러니까 다치기 쉬운 주체의 나르시시즘에 의거한다. 이 나르시시즘은 그들로 하여금 마스크부터 접종까지 여러 조치를 따르게 한다. 그들에게 회복 탄력성은 새로운 나르시시즘 공식이다.

　하지만 다른 나르시시즘 도식에 아직 사로잡혀 있던 이들, 예나 지금이나 자신을 향상된 존재로 체험하던 이들은 그러한 새로운 자발성을 거부한다. 이 역시 나르시시즘 때문이지만 그것은 나르시시즘의 '옛' 변종이다. 그들의 자발성, 그들의 자발적 복종은 아직도 강화된, 견고한 자아의 나르시시즘에 적용된다. 이 자아의 가장 단순한 버전은 승자 유형이다.

앞서 언급한 명칭들은 오해를 불러일으키는 듯 보이는데 잘못 이해해서는 안 된다. 취약함이란 약하다는 의미가 아니며, 승자 유형은 강하다는 뜻이 아니다. 취약한 자들이 수동적으로 순응하는 반면, '강한 자들'이 폭도처럼 반항하는 것도 아니다. 이 둘은 오히려 자발적 복종의 두 가지 형태다. 이때 한쪽은 나르시시즘적 호명의 옛 버전을 따르고, 다른 쪽은 새 버전을 따른다. 그리고 팬데믹은 이 두 형태가 서로 충돌한 계기였다. 접종자들과 비접종자들은 서로 다른 각자의 나르시시즘을 가지고 도저히 화해가 불가능한 상태로 맞섰다. 그러나 각자 나름의 자기 관계를 지키는 것이 중요했다.

그런데 코로나 부정론자들과 접종 반대자들의 옛 나르시시즘은 더욱 관심을 요한다.[84] 이른바 '생각이 다른 사람들'[85]은 기이할 만큼 이질적이었다. 하류층으로 전락한 자들과 비교(祕敎)를 믿는 자들은 모든 사회적, 정치적 명증에 대항하는 가운데 한 가지 점에서 일치했다. 국가와 사회에 대한 거부가 그것이다. 달리 말해 그들은 개인의 자유에 대한 설명과 해석에서 일치점을 가졌다.

옛 나르시시즘적 호명은 개인의 자유에 대한 믿음으로 지

---

〔84〕 여기에서 극우주의자는 논외로 한다. 그들은 나름대로 명백한 의제를 가지고 있다.

〔85〕 Querdenker. 코로나 시대에 국가의 규제 조치와 백신 접종 등에 반대하는 사람들을 뜻한다.ㅡ옮긴이 주

탱된다. 개인의 자유는 세계에 대한 정당한 권리, 자기 소망을 충족할 권리, 사익을 추구할 무제한적 권리로 이해된다. 이는 사람들이 오랜 기간 지향하던 것이다. 그리고 오늘날에도 여전히 유효하다.

그러나 팬데믹 시대에 사회는 예외 상태로 전환되었고, 정치가 명령권을 넘겨받았다. 명백히 개입하고 제어하는 국가의 '부당한 요구'에 맞서 반대자들은 개인의 자유를 거론하며 들고일어났다. 몹시 역설적이게도 이른바 코로나 부정론자들은 이로써 새로운 관계에 대항하여 그들의 옛 호명을 내세웠다. 그들의 옛 복종을 거론하며 들고일어났다. 이러한 옛 연루가 얼마나 깊은 곳까지 이르는지, 그들이 이러한 관계에 얼마나 열정적으로 사로잡혀 있는지를 특히 분명하게 보여 주는 사실이 있다. 그들은 개인의 자유가 마치 자신들의 구원인 것처럼 그것을 갈망했다. 그 대가가 자신들의 건강이든 목숨이든 상관없이. 이것은 새로운 요구와 옛 대답을 서로 어긋나게 만드는 시차와 같다.

실제로 새로운 호명은 아니지만 변화된 호명이 등장하는 그런 순간에, 옛 호명에 대한 고집은 오늘날에도 다시금 강조되어 소생되는 형식들 속에서 겨울을 나곤 한다. 직접적인 나르시시즘적 체험을 약속하는 형식들 속에서.

세계에 대한 자신의 접근이 숨겨진 연관 관계들의 '통찰'이라 주장하는 음모론 속에서.

자신의 직감, 자신의 감각, 자신의 육체성을 중심으로 세계에 접근하는 비교 속에서.

그리고 미신 속에서. 미신 또한 나르시시즘적 세계 관계다.

어떤 종류든 위기의 시대에 사람들은 "뭐든 믿는" 경향이 있다고 스피노자는 말한다. 따라서 사람들은 불행 속에서 그리고 불확실한 시대에 유독 미신에 빠지기 쉽다. 위기는 불안을 낳고, 스피노자에 따르면 불안은 "미신을 만들고 기르고 유지하는 것"이기 때문이다.[86] 가령 오래 지속되는 팬데믹 시기가 그런 믿음을 풍부하게 낳는 모태로 밝혀지는 것은 놀라운 일이 아니다. 이런 때에 사람들은 환상으로 도피한다.

미신에서 이러한 환상은 세계를 바라보고 판단하는 출발점이 된다. 그러면 이 환상은 세계로 접근하는 통로가 된다. 왜냐하면 미신을 믿는 자들은 스피노자에 따르면 "완전히 마치 그들 자신의 망상을 공유하는 것처럼" 세계를 해석하기 때문이다. 따라서 미신은 이런 믿음의 의미에서 세계에 대한 고유한 해석학이자 설명이자 독법이다. 미신을 믿는 자들은 세상 모든 곳에서 자신의 망상을 찾는다. 그리고 이런 탐색이 그렇듯 자신의 망상을 발견한다. 그러면 세계는 자신의 환상과 자신의 자아의 자취로, 신호로, 확증으로 가득하다. 세계는 답한다. 이것은 특유한 나르시시즘적 공명이다.

나르시시즘의 목발 2: 공동체

성공이라는 나르시시즘의 목발은 그토록 효과적이더라도 나르시시즘에 경도된 사회를 이루기에는 충분하지 않다. 한편으로는 성공이 지속적으로 실패의 위협을 받기 때문이다. 그리고 다른 한편으로는 성공이 내적 한계를 가지고 있기 때문이다. 성공은 무제한으로 확장할 수 없다. 여기에는 시간적 제한이 있을 것이다. 아무도 지속적으로 성공할 수는 없다. 그러나 나르시시스트는 계속해서 승인을 받아야 한다. 하지만 계속해서 꺼내 쓸 수 있는 나르시시즘의 저장고란 없다. '만족'은 일시적이며 영구히 보존할 수 없다. 만일 그렇다 치더라도 양적 제한이 있을 것이다. 박수를 받는 사람보다 박수를 쳐 주는 사람이 더 많이 필요하다는 이유만으로도. 사람들이 알아주는 햇볕을 받는 자리는 알아봐 주는 자들의 관객석 자리보다 더 드물다.

이런 모든 이유로 성공은 나르시시즘의 목발로 충분하지 않다. 사회 전반적 나르시시즘에는 보완이 필요한 것이다. 바로 이 결핍을 메꾸는 두 번째 나르시시즘의 목발이 필요하다. 실패의 위협을 받는 사람들에게도 '나르시시즘적 만족'을 약속하는 목발이. 이 목발은 마찬가지로 관객석에 있는 사람들에게도 약속을 제시해야 한다. 다시 말해 사회적인 나르시시즘의 목발이 하나 더 필요하다.

이 목발은 성공과 대조를 이룬다. 그리고 다시금 이차적 나르시시즘의 두 가지 동기에 목발로 봉사해야 한다. 따라서 자아이상뿐 아니라 대양적인 것에 관해서도 무언가를 제공해야만 할 것이다. 이것은 두 가지에 대한 번역을, 대체 충족을 제공해야만 목발 역할을 할 수 있다. 그래야만이 '나르시시즘적 만족'이라는 실은 불가능한 것을 우리에게 줄 수 있다.

공동체와 자아이상

두 번째 나르시시즘의 목발의 근본적 동기는 이상을 위임할 가능성이다. 이상 충족을 말하자면 아웃소싱하는 것이다. 프로이트 자신은 앞서 언급한 '집단 심리학과 자아 분석'에 대한 텍스트에서 이 가능성을 스케치했다. 이 텍스트가 발표된 1921년에 집단 형성의 문제는 긴급한 사안이었다. 여기에서 우리는 프로이트의 텍스트를 얼마간 따라가 보려 한다.

출발점은 처음부터 우리와 동반하는 자아의 분열이다. 이 분열은 우리를 자아와 자아이상으로 나눈다. 프로이트에 따르면 자아이상은 주변에서 어린아이의 자아에게 제시하는 요구로부터 비롯한다. 우리가 보았듯이 이 요구의 성격은 도덕적일 수도 문화적일 수도 있다. 그런데 여기에 더해 자아가 이러한 요구에 늘 부응할 수는 없다고 프로이트는 말한다. 자아가 기대를 늘 충족할 수는 없다. 다른 사람들의 기대도 그렇고 스스로의 기대도 그렇다. 따라서 인간이 자신의 자아에 불만을 가지는 순간이 온다. 자아가 이상에 부합하지 않는 까닭에.

우리가 구상한 나르시시즘의 목발 개념에 적용하면 이렇다. 이 두 번째 목발이 필요한 것은 우리가 방금 주장한 것처럼 성공이 제한적이기 때문만은 아니다. 심리 구조 자체에서 생겨나고, 분명 못지않게 절박하며 고통스러운 필요성 또한 존재한다.

이제 프로이트가 이끌어 내는 귀결은 우리에게 매우 중요하다. 자신의 이상에 부합하지 않는 사람, 자신의 불충분함에 강한 타격을 입을 수 있는 사람, 그러니까 심한 나르시시즘적 모욕에 노출될 수 있을 이 사람에게는 그럼에도 만족을 찾아낼 가능성이 있다. 게다가 자신이 찾는 바로 그 만족, 즉 이상에서 얻는 만족을 말이다.

여기에 필요한 구조는 사랑에 빠짐에서 확인할 수 있다. 프로이트는 사랑에 빠짐에서 과대평가 현상이 눈에 띈다고 말한다. 사랑의 대상[87]은 과대평가되고 지나치게 높여진다. 즉 이상화된다. 그리고 우리는 바로 여기에서 우리에게 중요한 지점에 이른다. 프로이트는 사랑의 선택에서 많은 경우 사랑의 대상은 "도달할 수 없는 자신의 이상을 대체"하는 역할을 한다고 말한다. 즉 여기에서 말하는 것은 모든 사랑에 빠짐이 아니라 강한 이상화에 이르는 사랑에 빠짐이다.

---

〔87〕 정신분석 용어에서 대상(Objekt)이란 상대방의 위치를 차지하는 것을 뜻한다. 그것은 일상어에서처럼 차별의 의미를 가지지 않는다.

정리해 보자. 어떤 대상은 우리의 자아이상을 대체할 수 있다. 다시 말해 어떤 타인이 우리 이상의 역할을 맡을 수 있다! 대리로. 즉 자아이상은 외면화될 수 있고, 누군가에게 전이될 수 있고, 말하자면 아웃소싱될 수 있다. 이것은 우리에게 중요한 메커니즘이다.

하지만 이러한 전이가 잘 이루어지려면 대리자에게로 향하는 외면화와 함께 역으로 이 사람이 우리 자신에게 내면화되는 과정이 반드시 필요하다. 다른 누군가가 이상의 역할을 맡으려면 이 사람과 특수한 관계를 맺어야만 하는 것이다. 우리가 자기 이상과 맺는 것과 같은 관계를 말이다. 즉 우리에게는 이 타인과의 나르시시즘적 관계가 필요하다. 이상화를 동반한 사랑에 빠짐에서 사랑받는 사람이 우리의 자기애를 어느 정도 나눠 받는 것처럼.[88]

우리가 사랑을 통해 이 타인을 내면화하는 경우에만 그는 우리의 자아이상을 대체할 수 있다. 그런데 왜 우리는 그를 사랑할까? 프로이트에 따르면 우리가 그를 사랑하는 것은 **완전함 때문**이다. 우리 자신이 추구하지만 아직 도달하지 못한 완전함. 프로이트는 우리가 이 완전함을 "우회로를 통해 얻고 싶어 한다."라고 이야기한다. 자신의 나르시시즘을 만족시키기 위해서. 이 경우에 우리는 타인을 우리 자신처럼 사랑하는 게

---

〔88〕 여기에서 우리는 첫 번째 지팡이의 경우처럼 내부와 외부의 얽힘, 맞물림을 다시 한번 본다. 하지만 그 형태는 달라졌다.

아니다. 우리는 타인을 오히려 우리의 더 나은 자아, 우리의 이상적 자아처럼 사랑한다. 이것이 요점이다. 우리는 우리의 충족되지 않은 완전함을 다른 누군가에게 전이하며, 그 사람을 지나치게 높이고 과대평가한다. 그래야만 그가 우리의 이상을 대리 충족할 수 있다.

프로이트가 말하는 그러한 '우회로'는 이 나르시시즘의 목발에서 밑바탕이다. 비록 딱 들어맞지는 않을지 몰라도. 이 목발은 이상 충족의 아웃소싱을 통해 역할을 수행한다. 위임을 통해 나르시시즘을 체현하는 것이다. 여하튼 일부를. 이상에서 얻는 만족을 말이다.

그러나 사랑에 빠짐은 자기애가 취할 수 있는 그런 우회로 중 하나의 가능성일 뿐이다. 또 다른 우회로는 최면이다. 최면은 1920년대에 매우 만연했다. 최면에서는 최면술사가 자아이상의 자리를 차지한다. 프로이트의 텍스트에서 최면은 사랑에 빠짐을 넘어서 그러한 대리적 자아 충족의 첫 번째 사회적 형식이다. 최면은 자아이상의 또 다른 전이로 향하는 논증의 길을 프로이트에게 열어 준다. 집단으로의 전이가 그것이다. 여기에서 이 전이 메커니즘은 처음으로 중요한 사회적 관련성을 얻는다. 이때 프로이트가 주목하는 것은 가령 길거리 등에서 생겨나는 집단처럼 즉흥적, 일시적으로 형성되는 집단이 아니다. 그는 고도로 조직화되고 오래 지속되는 집단인 교회와 군대를 분석한다. 교회와 군대는 당시 주요한 '인위적 집단'이었다. 여기에서 프로이트에게 핵심은 "지도자에 대한 집단 내 개인"의 관계다.[89] 즉 프로이트에게서 사랑에 빠짐-최면-집단은 이 나르시시즘적 만족이 취할 수 있는 세 가지 형식이자 세 가지 우회로다. 그중 맨 마지막 것이 중심에 있다.

그럼 지도자(우두머리란 의미에서)란 무엇일까? 프로이트에 따르면 지도자란 집단 내 모든 개인의 자아이상을 체현하는 자다. 한 집단의 모든 구성원에게 이상의 대리자가 되는 자. 그런데 어떻게 한 개인이 그런 지도자가 되는 것일까? 어떻게 한 개인이 그런 체현자, 화신의 위치에 놓이는 것일까?[90]

얼핏 보기에 지도자를 선택하는 기준은 자아이상의 핵심 동기를 이루는 바로 그것, 즉 향상인 것 같다. 프로이트에 따르면 지도자는 개인들이 가진 특성을 향상되고 더 순수하고 더 선명한 형태로 지니고 있어야 한다. 이런 의미에서 지도자는 우리의 이상을 체현한다. 따라서 예외적 인물이 된다. 집단 밖에 서 있는 자, 우월한 자가 된다. 하지만 지도자가 이상을

〔89〕 1921년에 프로이트는 '지도자(Führer)'란 용어를 아직 순수하게 '우두머리'의 의미로 사용할 수 있었다. 몹시 심기가 불편하긴 하지만 우리는 이 프로이트식 용어를 그대로 두려 한다.(지도자, 영도자를 뜻하는 독일어 Führer는 히틀러의 호칭이기도 했다.— 옮긴이 주)

〔90〕 프로이트는 가령 어떤 이념이나 소망 같은 추상적인 것도 지도자의 역할을 대신할 수 있다는 점을 명시적으로 지적한다. 이에 관해서는 뒤에서 다시 살펴볼 것이다.

체현하는 까닭에 예외적 인물인지, 혹은 역으로 지도자가 예외적 인물의 위치에 있는 까닭에 이상을 체현하는 듯 보이는지는 사실 불분명하게 남는다. 다시 말해 지도자가 그가 지녔다고 인정받는 특성을 실제로 지녀야만 하는지는 불분명하다. 우리는 사랑에 빠짐에서 출발점이 과대평가였음을 기억한다. 그러니까 대상은 그것이 지녔다고 인정받는 장점들을 실제로 꼭 지닐 필요가 없다. 더 큰 힘, 더 큰 독립성을 가졌다는 인상을 풍기는 걸로 충분할 것이다. 즉 지도자의 위치를 차지하는 걸로 충분할 것이다. 그런데 이러한 인상은 집단에 어떻게 작용할까?

프로이트는 앞선 시기의 집단 이론가들과 달리 지도자가 암시를 통해 집단에 영향을 미친다고 전제하지 않는다. 이전의 집단 이론가들은 암시를 모방과 전염을 통한 영향력의 행사로 이해한다. 하지만 이를 위해서는 개인들이 자신을 지도자와 동일시해야 할 것이다. 그러나 프로이트의 요점은 지도자라는 예외적 인물이 이상을 체현한다는 것이다. 사람들은 자신을 이상과 동일시하지 않는다. 사람들은 이상을 모방하지 않는다. 이상에 대한 관계는 다른 성격을 띤다. 프로이트에 따르면 그것은 리비도적 성질을 가진다. 그것은 애정 관계다. 사람들은 예외적 인물 속에서 자기 자신의 자아이상의 충족을 사랑한다. 따라서 지도자에 대한 관계는 나르시시즘적 애정 관계다. 이것은 자기애의 우회로다. 교회와 군대라는 고정된 집단에서는 그러한 기관의 순수 위계적 관계에 우두머리에 대한 리비도적 관계가 덧붙는다. 즉 지도자에 대한 사랑은 일차적 관계인 권력관계를 보완하는 이차적 관계다.

강조된 의미에서 프로이트의 본보기, 말하자면 지도자의 원상(原象)은 신비한 원시적 아버지이다. 다시 말해 원시적 무리의 수장이다. 여기에서 우리의 흥미를 끄는 것은 그런 원시적 지도자에 대한 '과학적 신화'가 아니라 원시적 지도자에 대한 관계다. 원시적 아버지는 "두려움의 대상인 동시에 경애의 대상"이었다고 프로이트는 말한다.

우리에게 중요한 것은 바로 이 이중적 관계, 이 이중적 구속이다. 여기에서 루트비히 포이어바흐의 종교 비판을 다시 한번 떠올리자. 포이어바흐의 경우에도 이상적 상, 즉 신은 이중화를 동반한다. 신적 존재의 이중화가 그것이다.

한편으로 신은 인격화된 도덕적 완전함, 즉 이상적인 도덕적 존재로 표상된다. 이런 존재로서 신은 법이자 올바른 행동의 지침이다. 법으로서 신은 이상의 표상이다. 포이어바흐가 아주 멋지게 표현한 것처럼 나에게 "무엇이 되어야 할지 **외치는**"[91] 이상. 우리는 무엇이 되어야 할지와 함께, 우리가 무엇이 **아닌지**도 알게 된다. 완전한 존재와 비교한 이 지속적인 결핍은 "허무감의 고통"을 유발한다. 그런데 신의 완전함은 심지

---

[91] Feuerbach, op. cit., p. 120.(강조 표시는 저자)

어 그러한 열등함에서 우리를 구원해 주기까지 한다. 신이 우리에게 가지는 사랑을 통해서. 왜냐하면 이것이 신적 존재의 또 다른 면이기 때문이다. 신적 존재는 법으로뿐 아니라 사랑으로, 사랑하는 존재로도 표상된다.

이러한 이중화는 우리에게 흥미롭다. 이중의 권위, 그러니까 법과 사랑, 처벌과 배려에 대해 우리는 이중의 관계를 맺는데 복종과 경애가 그것이다. 포이어바흐에게도 신은 두려움의 대상인 동시에 경애의 대상인 것이다.

법과 사랑이라는 이중화는 두 가지 심리적 심급, 즉 엄격한 초자아와 이상자아에서 다시 발견된다. 초자아는 심판관, 검열관에 해당하는 심급이다. 초자아의 과제는 비판적 자기관찰이다. 초자아는 법을 규정하고, 이로써 법을 위반하는 행위를 금지하는 심급이다. 만일 기준을 충족하지 않으면 양심의 가책, 죄책감으로 벌을 받는다.

반면 자아이상은 본보기로서 "두려움의 대상이라기보다는 사랑의 대상"[92]이다. 따라서 이상을 충족하지 못하면 죄책감이 아니라 열등감이 생긴다.

그러나 프로이트가 1923년에 와서야 이처럼 초자아와 자아이상을 구별했다는 점을 유념해야 한다. 집단 심리학에 대한 1921년의 텍스트에서는 이런 엄정한 구별이 아직 없었던

[92] 다음을 참조하라. Jean Laplanche, Jean-Bertrand Pontalis, *Das Vokabular der Psychoanalyse*(Frankfurt/M., 1972), p. 204.

것이다. 나중에 초자아에 할당된 비판, 검열, 양심 같은 기능들은 그 텍스트에서 아직 자아이상에 부여된다.

따라서 이전 프로이트의 텍스트를 이후 프로이트의 눈으로, 혹은 개념들로 읽으면 아직 이루어지지 않은 구별이 보인다. 그럼 집단의 지도자가 텍스트에 명시적으로 나오듯 자아이상의 기능들뿐만 아니라, 본질적으로 초자아 기능들도 맡고 체현하는 것이 보인다. 혹은 더 정확히 말하자면, 프로이트의 지도자는 두 가지 부분을 가지며 그중 초자아 부분이 우세한 것 같다. 자아이상뿐 아니라 초자아 역시 전이되고 아웃소싱되는 것이다.

우리에게 이 구분은 중요하다. 이로써 우리는 (이상 부분을 가진) 초월적 지도자에서 순수한 또는 우세한 자아이상 체현으로의 이동이라는 오늘날의 문제를 볼 수 있으니까. 그것은 지도자에서 스타로의 이동이다.

다시 정리해 보자. 이상은 도달할 수 없다. 이제 주어진 가능성은 그럼에도 불구하고 우회로를 통해 나르시시즘을 체현하는 것이다. 이상을 대리자에게 전이하고 외면화함으로써. 프로이트의 집단에서 이 대리자는 지도자다. 하지만 이제 옛 권위들은 해체되었다.(우리는 이 점을 4장에서 이미 짧게 언급했다.) 이러한 해체는 새로운 이상화 형태, 새로운 전이, 새로운 '우회로', 새로운 대리자를 위한 공간을 열어 준다.

그러한 관계는 다양한 형태로 존재한다. 지도자와 집단은 다양한 변종으로 존재한다. 파시즘적 지도자부터 프로이트가 스케치하는 지도자까지. 카리스마적인 지도자와 그 신봉자들이 있고, 바로 스타와 그 팬들이 있다. 후자는 오늘날 가장 중요한 관계다. 스타는 오늘날 자기애가 취하는 주요한 우회로다. 스타는 나르시시즘의 중요한 목발이다.

이러한 스타는 순수한 자아이상 위임이다. 초자아 지도자와 달리 스타는 아무것도 규정하지 않는다. 법도 명령도 제시하지 않는다. 스타는 호소하지 않으며, 결코 우리를 호명하지 않는다. 스타는 실제로 우리를 향하지 않는다. 스타는 말하자면 자기 안에서 '쉬고 있다.' 바로 이것이 스타의 유혹이다. 그리고 스타는 유혹을 통해 영향을 미친다. 그러므로 스타는 두려움의 대상이 아니라 경애의 대상이다. 스타는 그야말로 나르시시즘적 유형의 사회적 체현자다.[93] 라캉에 따르면 이 유형이 우리에게 매력적이고 만족스러운 것은 "완결되고 완성되고 충족되고 완전한 세계의 특징들을 보이는 존재를 인지"[94] 하기 때문이다. 이 특징들이 나르시시즘적 유형을 이룬다. 여기에서 우리는 앞서 접한 많은 것을 다시 발견한다. 완결되고 완전한 정체성, 성공한 중심화의 표현 또는 체현.

[93] 스타의 이면은 슬라보예 지젝이 계속 반복해서 분석하는 나쁜 천재다.

[94] Jacques Lacan, Das Ich in der Theorie Freuds und in der Technik der Psychoanalyse. *Das Seminar*, Buch II(1954/55) (Olten und Freiburg im Breisgau, 1987), p. 171.

가정이든 아니든, 어떤 경우든 간에 그러한 순환성, 그러한 자기 완결, 그러한 자기 준거성 그리고 접근 불가능성은 큰 매력을 발휘한다. 무엇보다도 그런 것에 도달하지 않는 사람들에게.

다른 사람들이 필요 없다는 인상 혹은 환상을 불러일으키는 사람들이 사회적으로 영향력을 발휘하고 사회적으로 성공한다는 것은 적잖은 역설이다. 그러니까 스타는 이상 충족의 대리자이지만, 권위는 아니다. 정치 분야에서조차 (원칙으로서의 권위가 아니라) 인물로서의 권위는 스타에게 자리를 내줬다. 포퓰리스트의 모습을 한 스타에게 말이다. 얼마나 권위적으로 행동하든 간에 포퓰리스트는 지도자가 아닌 스타로서 영향을 미치는 것이다. 따라서 그는 강력한 힘이나 인상적인 의지를 지닐 필요도 없다. 왜냐하면 스타는 자체로 그런 예외적 인물이 아니니까. 스타는 자신의 우월함을 의지가 아니라 자기 준거성의 체현, 즉 닫힌 원이라는 환상에서 길어 온다. 이 겉보기의 자기 준거성은 신적 자기 관계의 완전히 세속화된 잔향이다. 신적 자기 근거의 아득한 메아리. 즉 나는 나다.

요약해 보자. 스타가 팬들에게 발휘하는 매력은 일종의 사랑에 빠짐에서 생긴다. 사랑에 빠진 팬은 이미지 속에서, 자기 자신의 도달하지 못한 이상의 대리적 체현자 속에서 자신의 나르시시즘을 체현할 수 있다. 이러한 우회로에서 생기는 '나르시시즘적 만족'은 그러나 반쪽짜리 목발일 뿐이다. 여기에는 아직 두 번째 동기가 빠져 있다. 대양적인 것의 번역이 그것이다. 성공의 경우와 구조는 동일하다. 나르시시즘의 목발은 두 가지 요소에 모두 봉사할 때만 완성된다.

공동체와 대양적 감정

이상의 위임은 반쪽짜리 목발일 뿐 아니라 프로이트 개념의 반쪽에 불과하다. 이제 예의 텍스트를 다시 한번 살펴보자.

프로이트가 연구한 집단인 교회와 군대는 아무리 서로 다를지라도 한 가지 공통점을 가진다. 두 집단 모두 프로이트가 명시적으로 환상이라 일컫는 똑같은 가상에 의거한다. 우두머리가 모든 개인을 똑같이 사랑한다는 가상. 이것은 집단의 근본적 환상이다. 이 환상에 모든 게 달려 있다고 프로이트는 말한다. 왜냐하면 이 환상 없이는 집단이 와해될 것이기 때문이다. 우리는 탁월한 개인이 자아이상의 위치를 차지한다는 것을 지금까지 보아 왔다. 이제 이것은 보완된다. 이 탁월한 개인은 수많은 개인들 각자에 대해 관계를 맺어야 한다. 정서적인 관계, 개인적인 관계를 말이다. 한 집단을 생각하면 이는 간단한 일이 아니다. 그리고 더 나아가 이 개인적 관계는 또한 집단의 모든 개인에게 똑같이 적용되어야 한다. 모든 구성원, 모든 관계자는 우두머리의 사랑에서 똑같은 몫을 받아야 한다.

따라서 이 환상은 모두에게 똑같이 부여되는 개인적 관계라는 환상이다. 이 동질성, 이 동일한 지분은 프로이트에 따르면 집단 내 개인들의 상호 관계를 이루는 원천이다. 개개인이 우두머리와 맺는 결속은 "개인들 상호 간 결속의 원인"[95]이다. 그러므로 집단 내 리비도적 관계는 지금까지 살펴본 것보다 더 복잡하다. 한 집단은 말하자면 이중의 애정 관계다. 집단은 탁월한 개인에 대한 감정적 결속이면서 개인들 상호 간의 감정적 결속이다. 이 이중적 결속이 비로소 다수의 사람을 하나의 집단, 하나의 그룹으로 만든다.

이 두 가지 감정적 결속이 서로 다른 성격을 가진다는 점이 중요하다고 프로이트는 말한다. 일종의 나르시시즘적 사랑에 빠진 우리는 우리의 자아이상을 체현하는 큰 대문자 주체에 묶여 있다. 이것은 타자를 통한 자기애다. 이러한 자기애를 우리는 이미 살펴보았다. 하지만 우리는 다른 주체들과는 다른 식으로 결합되어 있다. 즉 **동일시**를 통해서 결합되어 있다. 그럼 동일시란 무엇일까?

여기에서 프로이트는 특수한 종류의 동일시를 주장한다. 우리는 자신을 다른 사람들과 꼭 완전히, 모든 점에서 동일시할 필요가 없다. 부분에만 한정되는 아주 효율적인 형태의 동일시도 있다. 프로이트는 이를 한 가지 점의 동일시라 부른다. 즉 다른 사람에게서 단 한 가지 점만 빌려 오는 일치. 다른 사람과 자신을 완전히 동일시하는 게 아니라 한 가지 점에서만

[95] Freud, *Massenpsychologie*, p. 33.

동일시하는 것이다. 이 공통점이 반드시 특수한 속성일 필요는 없다. 다른 사람들과의 일치는 다른 것에서도 생겨날 수 있다. 가령 동일한 관계. 우리의 경우에 이것은 집단의 지도자에 대한 동일한 관계일 것이다. 혹은 스타에 대한 동일한 관계. 모두가 지도자에 대해 동일한 관계를 가지면 개개인들은 동일한 집단의 부분으로서 서로 소속감을 느낀다. 이에 따라 지도자는 중심을 이루고 모두가 이 중심과 똑같이 관련을 맺는다. 우리는 이 구도를 그림으로 떠올릴 수 있다.

그리고 이 관계는 상호 간의 정서적 유대를 만든다. 따라서 프로이트의 공식은 이렇다. 집단은 **"동일한 대상으로 자아이상을 대체하고 그 결과 자아 속에서 서로를 동일시하게 된 개인들의 무리"**[96]다.

공통된 환상에 근거한 이러한 일치의 체험은 따라서 집단의 개인들이 (지도자에 대한 이상 관계와 달리) 자아 속에서 서로를 동일시하는 데서 비롯한다. 그래서 프로이트는 자아 공통성이라는 말을 쓴다. 이는 의식적 자아들의 결합이며, 집단에 녹아드는 환상에까지 이를 수 있다. 그런데 이러한 녹아듦은 비록 강도는 덜할지라도 여전히 일종의 타자들과의 "융합 체험"[97]이기도 하다. 즉 타자와의 거리를 어느 정도 지양하

[96] Ibid., p. 55.(강조 표시는 원문을 따름.)

[97] Honneth: op. cit., p. 274.

는 체험이다. 지금껏 우리가 경쟁자로, 관객으로 만났던 타자는 여기에서 역할을 바꾼다. 타자는 하나의 우리를 이루는 부분이 된다. 악셀 호네트는 이를 "부유 상태"라 칭한다. 이 상태에서 타자들과의 경계는 일시적으로 포기된다. 이 결합 체험은 나만의 세계, 나만의 지평을 적어도 느낄 수 있게 만들며, 이때 그룹의 내부 세계는 그 구성원들의 외부 세계가 된다. 단기적으로 또는 지속적으로도. 그러나 여기에서 분명히 해 두지만, 그런 것을 우애와 혼동하면 안 된다. 공통적으로 한 사람을 향한다는 한 가지 점에서의 가까움을 연대와 혼동해서는 안 된다. 여기에서 형성되는 것은 연대 공동체가 아니라, 감정적 결합이라는 대양적 체험이다. 본질적으로 그것은 무엇보다도 나만의 나르시시즘적 체험이다.

프로이트는 우리가 근원적, 일차적 나르시시즘을 억압하라는 요구를 계속 감내하지는 않으며 이 상태를 "주기적으로 되돌릴" 수밖에 없다고 지적한다. 자아에게 부과된 모든 포기와 제약은 프로이트에 따르면 때때로 퇴행할 수밖에 없다. 달리 말하면 나르시시즘은 자꾸 체현될 수밖에 없다. 타자들과의 결합, 그룹 속에 빠져들기는 바로 그 역할을 수행한다. 이것은 사람을 주관적으로 홀가분하게 만든다. 따라서 그토록 매력적이다. 그것은 우리가 무겁게 짊어진 이 자아에서 우리를 잠시 해방시킨다. 일시적 퇴행의 가능성을 통해서. 즉 그것은 탈억제를 의미할 수도 있는 자아의 축소를 통한 해방이다.

하지만 그러한 공생 체험의 강도와 상관없이 그리고 그 빈도와 상관없이 어쨌든 그러한 동질성의 체험은 우리가 찾던 것이다. 즉 대양적 체험의 번역이다. 그것은 한 집단의 구성원들 사이에 펼쳐지는 공통성의 대양이다.

이제 우리는 모든 요소를 모았다. 자아이상의 번역은 중심적인, 큰 대문자 주체가 되는 다른 주체에게로의 위임이다. 그리고 대양적인 것의 번역은 집단 내 다른 개인들과의 공통성이다. 이제 나르시시즘의 두 번째 목발이 완성되었다. 이제 우리는 이것이 실제로 어떻게 목발 역할을 하는지를 안다. 이것은 이차적 나르시시즘에게 집단적 체현의 가능성, 그룹 속에서 나르시시즘적 만족을 얻을 가능성을 열어 준다.

그럼에도 불구하고 우리의 고찰은 아직 끝나지 않았다. 아직 보완이 필요하다. 바로 어느 정도의 업데이트가, 현재 상황과의 대조가 필요하다.

프로이트는 자신의 텍스트에서 집단을 이야기한다. 이것은 군대나 교회같이 인위적이고 고도로 조직화된 기관에서조차 구성원들을 집단으로 인식하는 흥미로운 개념화다.[98] 늘

---

[98] 이 책에서는 한국어판 『프로이트 전집』(열린책들)의 번역을 따라 독일어 Masse를 '집단'으로 번역했지만, Masse는 주로 '군중', '대중'으로 번역된다. 여기에서 저자가 논하는 비인위적이고 비조직적인 Masse는 이 의미에 가깝다. ─옮긴이 주

제도적인 것의 하부에 있는 집단. 프로이트가 이 개념을 사용한 데에는 아마 1920년대의 긴급한 상황도 한몫했을 것이다. 하지만 백 년이 지난 오늘날에는 더 이상 집단이 아니라 공동체를 이야기한다. 프로이트가 예로 든 교회와 군대는 아직 존재하지만 그 중요성은 대폭 감소했다. 비록 이 주장은 우크라이나 전쟁이 보여 주었듯이 금방 시대에 뒤처질 수 있지만 말이다. 그러나 오늘날 지배적인 사회화 형식은 다양한 공동체다. 사회화 형식으로서의 공동체라는 이 표현 자체에서 우리는 그것이 더 이상 전통적 공동체가 아님을 알 수 있다. 전통적 공통체는 사회에 대한 대항 모델로 여겨지지 않았던가. 그러나 오늘날 우리는 새로운 유형의 공동체와 마주하고 있다.[99] 이 새로운 유형은 프로이트가 말하는 집단과의 차이를 통해 가장 잘 규정할 수 있다. 차이점은 이상을 서로 다른 유

〔99〕 페르디난트 퇴니스(Ferdinand Tönnies)는 고전이 된 저서인 『공동체와 사회(*Gemenschaft und Gesellschaft*)』(한국어판 제목은 '공동사회와 이익사회'—옮긴이 주)에서 인간의 두 가지 대립적인 공동생활 유형으로 공동체와 사회를 구별했다. 마을이나 교회처럼 전통적인 공동체와 서로 분리된 개인들의 현대 사회. 오늘날 담론에서 공동체 개념은 계속해서 나타난다. '새로운 부족주의'를 말하는 미셸 마페졸리(Michel Maffesoli)는 포스트모던 사회에서 공동체의 복귀를 취향과 라이프스타일과 성향을 통해 만들어지는 도시적인 형성물로 본다. 그리고 안드레아스 레크비츠도 '신공동체'의 복귀를 말한다. 하지만 우리는 이 개념을 사용하지 않을 것이다. 왜냐하면 우리는 오늘날의 형성물이 새로운 종류의 공동체라는 생각을 레크비츠와 공유하지만, 이러한 새로움이 어떻게 규정되는지에 대해서는 견해가 다르기 때문이다. '부족주의' 개념 역시 우리의 구상과 딱 맞아떨어지지는 않는다.

형에게 위임한다는 것이다. 앞서 언급했다시피 그것은 지도자
와 스타의 차이다. 이 두 가지 유형은 전체 범위를 규정한다.
그리고 서로 다른 종류의 그룹을 만든다.

　　지도자 유형, 즉 초자아 부분이 우세한 유형은 기준과 법
과 규정에 굴복하는 초자아 그룹을 만든다.[100] 초자아 그룹은
프로이트가 서술한 바로 그 집단(비록 그는 이런 명칭으로 부르
지 않았지만)이며 원시 군집에서 군대까지 아우른다.

　　그러나 오늘날 우리가 관찰할 수 있는 것은 자아이상 공동
체의 우세다. 이것은 스타를 중심으로 형성되는 공동체인데,
이 스타는 지배보다는 체현이고, 법보다는 화신이다. 이것이
나르시시즘적 공동체의 유형이다. 그리고 여기에는 온갖 모순
성이 내재한다.

　　그러한 공동체의 예로 1960년대를 참고해 보자. 당시에 스
타 원리를 통한 그런 공동체는 아직 지배적 초자아 형식에 대
한 항의로 형성되었기 때문이다. 그리고 이로써 초자아 형식
과의 대비가 더욱 뚜렷해진다.

　　디드리히 디더리히젠은 당시만 해도 대항문화였던 청년
문화의 이런 항의 방식을 세 가지 행동 양식으로 설명했다. 공

---

[100]　여기에서 이 기준이 꼭 전체 사회의 기준일 필요는 없다. 초자아
집단은 전체 사회 대신에 혹은 전체 사회에 반대하여 다른 새로운 권위의
담지물이 될 수도 있다.

동체화의 세 가지 기술이라고도 부를 수 있는 이것은 도망-방황-약속이다.[101]

도망은 항의의 첫 단계였다. 집에서, 부모 집에서, 기관에서 바깥으로 나가기. 디더리히젠에 따르면 비틀즈의 노래「그녀는 집을 떠나(She's leaving home)」는 젊은이들의 그런 탈주와 출발을 잘 표현했다.

청년 문화의 시나리오에서 그 뒤를 잇는 것은 방황이다. 낯선 곳에서 방황하는 가운데 이제 만남이 이루어졌다고 디더리히젠은 말한다. 만남이란 "자신과 자기의 동류를 규정하는 것, 동일시하는 것"이다. 우리 식으로 말하면, 서로를 동일시하는 그 한 가지 점을 명명하는 것이다. 모두가 똑같이 지향하는 중심을, 이상을 명명하는 것이다. 그게 스타든 음악 장르든 경향이든 이념이든 말이다. 그리고 이 만남은 술집, 교통수단, 주유소, 길모퉁이같이 선호되는 방황의 장소들에서 이루어졌다. 낡은 초자아 질서의 구석과 틈새에서. 여기에서 청년들은 자기의 동류를 만나고 알아볼 수 있었다.

이로부터 세 번째 기술인 약속이 나왔다. 디더리히젠은 약

[101] Diedrich Diederichsen, Stray Cats, Streunen, Verabreden, Abhauen. Jugend. Gegenkultur und Diaspora, in: Gertraud Auer, Isolde Charim(Hg.), *Lebensmodell Diaspora. Über moderne Nomaden*, Bielefeld, 2012.

속을 "자신의 대항 공동체"를 만드는 것이라 일컫는다. 여기에 이렇게 덧붙일 수 있을 것이다. 이 대항 공동체는 하나의 이념 속에서, 하나의 소망 속에서, 하나의 동경 속에서 서로를 "동류"로 체험하고 뭉침으로써 "동시에 똑같은 것을 할 수 있다"고. 즉 이것은 대양적 그룹 체험이다.

여기에서 분명히 해 두건대 초자아 그룹과 나르시즘적 공동체의 차이는 다양하다.

첫 번째 차이는 이상의 역할을 하는 중심이 점유되는 방식에 있다. 초자아 집단에서는 원초적 아버지부터 군대 지휘관까지 '큰 사람'이 중심에 서 있다. 프로이트는 이것을 한 개인으로만 이해하지 않고 힘, 강함, 우월함이라는 하나의 원리로도 이해한다. 따라서 추상 개념도 역할을 충족한다면 이 자리를 차지할 수 있다. 이념, 공통된 경향, 공유된 소망이 그러한 집단 형태를 만들 수 있는 것이다. 보이지 않은 우두머리를 가진 종교에서 이미 이 점을 볼 수 있다. 이때 우두머리는 '이차적 지도자'에 의해 보완되며 이차적 지도자는 추상 개념, 즉 신을 체현해야 한다. 가톨릭 종교의 경우 교황에서부터 일반 성직자에까지 이르는 이차적 지도자들의 계층 체계가 전반적으로 존재한다.

이와 달리 나르시즘적 공동체에서는 구성원들뿐 아니라 중심에 서 있는 것, 다시 말해 스타도 나르시즘적으로 규정된다. 초자아 그룹의 지도자나 그 대체자와 달리 스타는 우월함의 화신이 아니다. 스타는 오히려 완벽한 자기 준거성이라는 환상을 통해 영향력을 행사한다. 이러한 자족성의 환상에는 무언가 사물적인 구석이 있다. 따라서 개인, 밴드, 텔레비전 시리즈, 특수한 대상 등 가능한 모든 것이 스타의 역할을 맡을 수 있다. 모든 것이 이상의 대리자가 될 수 있고, 모든 것이 스타의 지위를 얻을 수 있다. 따라서 스타가 아니라 스타 원리를 말하는 편이 더 정확하다.[102] 그것은 우월함의 원리가 아니라 자기 준거성의 원리다.

하지만 이로써 공동체의 근본적 환상이 변화한다. 그것은 더 이상 '지도자가 **나를** 사랑한다'가 아니라 '스타가 **나를** 대상으로 삼는다'다. 나를 완전히 개인적으로 말이다. 스타가 사람이든 사물이든. 물건도 나에게 말을 걸고 나에게 무언가를 약속할 수 있다. 이를테면 충만함을.[103] 이것은 지도자의 호소와는 다르다. 그럼에도 나는 특별한 방식으로 부름을 받고, 마음이 움직이고, 끌린다고 느낀다. 이 또한 개인적 관계의 상상

〔102〕 안드레아스 레크비츠는 "사물이든 서비스든 매체 형식이든 사건이든 상관없이" 어떤 문화적 재화가 스타가 될 때를 '스타화'라 말한다. 레크비츠에게 이는 비상한 관심을 끈다는 뜻이다. 그러나 우리는 리비도적 집단 형태를 만들 수 있는 스타 원리를 말한다.

〔103〕 그래서 가령 슬라보예 지젝은 소비를 나를 '완전하게' 만드는 물건을 찾는 지속적이고 늘 만족되지 않는 과정으로 본다. 그 원동력은 그런 특별한 물건이 존재한다는 약속이다.

에 날개를 달 수 있다.

그런데 이 스타 원리는 특수한 형식으로 우리를 편입시킨다. 그 형식은 예속에까지 이르는 헌신이라기보다는(지도자의 경우가 그렇다.) 오히려 황홀함에까지 이르는 매혹이다.

1960년대의 나르시시즘적 공동체가 대항문화를 이루었고 오직 위반으로만 가능했다면, 오늘날에는 나르시시즘적 공동체가 지배적이다.

이러한 변화는 스타 자체의 변화에서도 읽어 낼 수 있다. 예를 들어 과거의 롤링 스톤스와 현재의 해리 스타일스의 차이에서. 1960년대 스타들은 아직 자기 준거성과 우월함이 혼합된 형태였으며 가령 강렬한 남자다움을 가지고 있었다. 하지만 오늘날 그런 초자아 잔여물은 제거되었다. 오늘날 스타는 우월함의 흔적을 더 이상 보이지 않는다. 그 스타성은 오직 완벽한 자기 준거성에 기인한다. 오늘날 스타는 순수하게 나르시시즘적인 인물이다. 그를 중심으로 나르시시즘적 공동체가 형성된다.

초자아 그룹과의 또 다른 차이는 조직이다. 나르시시즘적 공동체는 고정된 조직 형태, 고정된 제도화를 보이지 않는다. 초자아 그룹과 달리 나르시시즘적 공동체는 온갖 형태로 존재한다. 다소간 규제되는 공동체부터 완전히 비공식적인 공동체까지. 지속적인 공동체부터 산발적인 공동체까지. 나르시시즘적 공동체는 전체 계급 분파를 모으거나, 필터 버블부터 팬 커뮤니티까지 개별 하위문화를 모을 수 있다. 나르시시즘적 공동체는 무아경과 광란의 형태로만 나타나지도 않는다. 오히려 모든 강도로 존재한다. 전파력뿐 아니라 대양적인 것, 공동체 체험의 강도도 마찬가지다. 요컨대 다양한 형태는 나르시시즘적 공동체의 특수성 중 하나이다. 프로이트가 예로 든 군대와 교회 같은 큰 단위들 대신에, 수많은 온갖 나르시시즘적 공동체들의 다형성이 그 특징이다. 우리는 가령 비교(祕敎)적인 것의 모든 영역에서 그런 공동체를 발견한다. 여기에서 나만의 정체성과 나만의 경험은 세계에 접근하는 통로로, 지평으로 체험된다. 그런데 정치에서도 그러한 변화가 있었다. 한가지 정체성 특징을 중심으로 모이는 그룹들은 지난 몇 년 동안 점점 더 나르시시즘적 공동체가 되었다. (우리는 이러한 공동체를 또 만날 것이다.) 정당들조차 부분적으로 그러한 변화를 겪었다. 왜냐하면 나르시시즘적 공동체는 기존 그룹과 제도의 기능 방식의 변화로도 실현될 수 있기 때문이다. 심지어 종교 공동체에서도 이 현상을 관찰할 수 있다. 종교 공동체가 라이프스타일 공동체로 체험되는 것이다. 혹은 우수함을 지향하는 교육 시설에서도. 요컨대 이상 부분이 우세한 나르시시즘적 공동체가 오늘날 도처에 존재한다. 나르시시즘적 공동체는 지배적인 사회화 형식이다. 이때 나르시시즘은 사교성이다.

하지만 지배적이라는 표현을 썼다고 해서 초자아가 우세한 그룹들이 더 이상 존재하지 않는다는 뜻은 절대 아니다.

그런 그룹들은 물론 예나 지금이나 계속 존재한다. 윤리 공동체 또는 종교 공동체[104]는 아직 그러한 성격을 띠는 경우가 많다. 또한 공동체는 순수하게 나타나는 경우가 거의 없고 두 가지 경향이 병존하므로 전적으로 전도될 수도 있다. 가령 자아이상 공동체였다가 도착된 초자아 그룹으로 바뀐 뮐 코뮌[105]을 생각해 보라.

그러나 이 모든 제약과 차이에도 불구하고 나르시시즘적 공동체가 오늘날 지배적이라는 사실에는 변함이 없다. 그리고 다시 한번 밝혀 두건대, 나르시시즘적 공동체는 비록 자칭 공동체이지만 그럼에도 연대 공동체는 아니다. 정반대다. 나르시시즘적 공동체는 오히려 나르시시즘의 사회적 체현을 가능케 하는 그룹이다.

그런데 이것이 사회에 어떤 의미일까?

한 가지 중요한 결과는 이렇다. 집단 조직의 축소, 법과 기준의 저편에서 형성되는 그룹은 자유로이 부유하는 다양한 정서를 고양한다. 사랑부터 증오까지 감정의 움직임을 촉진한다. 모든 공동체는 감정들의 결합이자 연쇄다. 그러나 나르시시즘적 공동체는 발리바르의 표현처럼 주로 "정서적인 소통"을

[104] 즉 종교 공동체는 두 가지 형태인 것이다.

[105] 오스트리아의 행동주의 화가 오토 뮐이 만들어 운영한 대안적 공동체. 뮐이 전횡을 일삼으며 어린이와 청소년을 성적으로 학대하고 폭행한 사실이 나중에 밝혀졌다.— 옮긴이 주

동반하는 순수하게 감정적인 사회화에 특히 의거한다. 이 소통 형식이 바로 오늘날 지배적이다. 이러한 정서적 소통은 잠재적인 폭발성을 가졌다. 언제든 폭발할 태세를 갖추고 있다.

하지만 감정적 사회화는 몹시 양가적이다. 왜냐하면 정서는 사람들을 결합하는 것과 마찬가지로 분리하기도 하기 때문이다. 정서는 내부를 향한 사랑과 애착인 만큼이나 외부를 향한 불관용과 구획 짓기이며 공격적 적개심에까지 이를 수 있다. 둘 다 나르시시즘을 체현하는 형식이다. 그리고 둘 다 분화구처럼 폭발하는 경향이 있다.

그런데 그룹 내 다른 구성원들과 맺는 감정적 결속이 놀라운 효과를 발휘한다고 프로이트는 말한다. 다른 사람들과의 가까움, 동류로 인정되기보다는 체험되는, 이제는 실제로 타자가 아닌 것처럼 보이는 사람들과의 대양적 결합이 나르시시즘을 제한할 것이라고. 그러나 여기에 이렇게 덧붙여야만 한다. 대양적 결합이 각 개인의 나르시시즘을 제한할지는 몰라도 동시에 개인의 나르시시즘이 그룹으로 전이된다고. 즉 그룹은 나르시시즘의 담지물이 되며 이때 나르시시즘은 실제로 집단적 나르시시즘이 된다. 이 경우 그룹 내 정서적 결합은 같은 곳을 향한 나르시시즘의 공동 체현을 뜻한다. 이때 나르시시즘은 그룹 체험이다.

그러나 동시에 집단적 나르시시즘은 다른 식으로도 만족될 수 있다. 타자에 대한 혐오라는 방식으로. 그러면 타자는 실제 타자로 체험된다. 그룹의 외부인으로. 공동의 증오가 믿기지 않을 만큼 단단한 결합 작용을 하는 것은 분명하다. 증오는 개인이든 제도든 이념이든 증오의 대상을 부정적 이상으로, 부정적 이상 표현으로 변화시킨다.

우리에게 중요한 것은 그런 "노골적인 반감"이 프로이트에 따르면 "자기애, 나르시시즘의 표현"이라는 점이다.[106] 낯선 사람 또는 낯선 것이 가까울수록 더욱 그렇다. 이것이 프로이트의 유명한 "사소한 차이의 나르시시즘"이다. 즉 서로 가까운 공동체들이 서로 반목하는 현상이다.[107] 왜냐하면 바로 일치 없이 가까운 상태에서는 아무리 미미한 차이도 근본적 비판과 의심으로 체험되기 때문이다. 증오 속에서 사람들은 자신의 나르시시즘을 부정적으로 체현한다. 차이에 대한 거부로, 단 한 점의 의혹일 수도 있을 모든 것에 반대하는 주장으로. 이러한 사소한 차이의 나르시시즘은 주지하다시피 근본적으로 그룹 현상이다. 이로부터 본격적인 나르시시즘적 투쟁이 전적으로 비롯할 수 있다. 그리고 이런 나르시시즘적 투쟁은 오늘날 우리 사회를 대량으로 관통하고 있다.

따라서 이 나르시시즘의 목발 덕분에 우리는 나르시시즘을 이중으로 체현할 수 있다. 공동체에서의 '긍정적' 만족을

---

〔106〕 Freud, *Massenpsychologie*, p. 41.

〔107〕 Freud, *Unbehagen in der Kultur*, p. 64.

통해, 그리고 경합 관계에서의 '부정적' 만족을 통해. 이는 모든 집단 형태, 모든 공동체 형태에 해당한다. 초자아가 우세하든 자아이상이 우세하든 상관없이. 하지만 오늘날 지배적인 형태에서 특수한 점은 그것이 주로 정서적 사회화를 의미한다는 것이다. 초자아 인물과 달리 자아이상으로서의 스타는 법도 도덕도 명령도 체현하지 않는다. 오직 완전함만(어떤 종류든 간에) 체현한다. 오직 자기 준거성만(어떤 형태를 취하든 간에) 체현한다. 바로 이 점이 순수하게 정서적인 사회화를 장려한다. '긍정적'인 형태든 '부정적'인 형태든.[108]

이번 장의 첫머리에서 나르시시즘과 사회가 어떻게 함께 가는지 물음을 제기했다면, 이제 우리는 심지어 나르시시즘의 이중적 사회화에 이르렀다. 여기에서 우리는 나르시시즘이 지배적 이데올로기로서 합일과 합의를 만들 뿐 아니라 전적으로 부정적 사회화를 조장하기도 한다는 사실을 봐야 한다. 이러한 '나르시시즘적 만족'에서 생겨나는 연루는 따라서 역시 이중적이다. 즉 긍정적 연루이면서 마찬가지로 부정적 연루다. 이런 사정은 현재 상태에 대한 '열정적 애착'을 그만큼 더욱 심화시킬 뿐이다.

---

〔108〕 여기에서 '긍정적'과 '부정적'이란 표현은 사회화가 옳고 그르다는 게 아니라 단지 정서의 종류를 뜻한다.

6장

나르시시즘적 '도덕'

나르시시즘적 윤리

우리는 지난 장에서 마지막으로 초자아와 만났다. 거기에서
우리는 초자아의 지배가 무엇을 의미하는지 보았다. 그것은
금지와 명령을 부과하는 법의 지배. 초자아가 엄격한 심판
관이자 검열관이자 꼼꼼한 관찰자의 역할을 동시에 수행하는
지배. 이때 초자아는 우리의 모든 행동을, 심지어 우리의 모든
의도까지를 인식하고 함께하고 평가한다. 프로이트가 명시적
으로 언급한 것처럼 이는 개인뿐 아니라 전체 그룹에도 적용
된다. 공동체와 사회와 문화적 시대도 바로 그 엄격한 요구와
규정의 기능과 함께 초자아를 길러 낸다. 이 경우 초자아는 도
덕을 뜻한다.

  그러나 이 지배는 주지하다시피 오래전부터 쇠퇴하고 있
다. 이러한 초자아의 약화는 어떤 결과를 가져오며, 개인에게
그리고 사회에 어떤 의미를 가질까? 이로써 우리는 엄격한 주
인에게서 해방되어 이제 거침없이 자유롭게 즐길 수 있는 것

일까? 우리의 삶이 그런 모습일까?

사실 이 초자아 체제는 다른 심급으로 교체되었고 그 심급이 오늘날 우리를 지배한다. 우리가 앞선 논의에서 이미 여러 차례 마주친 그것은 바로 자아이상의 지배다. 그것은 완전히 다른 종류의 지배다. 초자아 체제와 자아이상 체제의 차이는 도덕과 윤리의 차이로 규정할 수 있다.

이 차이가 의미하는 바를 미셸 푸코는 정확히 일컬었다.[109] 여기에서 우리는 그의 설명을 따라간다.

푸코에 따르면 도덕이란 한 사회(혹은 한 그룹)에서 법의 성격을 띠는 규칙과 가치의 총체다. 이 '도덕 코드'는 행동의 틀을 결정한다. 무엇이 허락되며 무엇이 금지되는지 규정한다. 이러한 계율을 준수하는지가 엄격히 감시되며 위반 시에는 처벌을 받는다. 따라서 도덕은 항상 권위의 심급에 매여 있다. 권위의 심급은 법의 학습뿐 아니라 준수도 관철시키고 통제한다. 이런 의미에서 그러니까 도덕은 우리가 사회적 초자아라 칭하는 것과 상응한다.

우리에게 중요한 것은 푸코가 그의 윤리 개념을 여기에 어떻게 대치시키는가다. 윤리란 윤리 원칙에 따라 행동하는 윤리적 주체의 생산을 뜻한다. 즉 원칙뿐 아니라 주체도 윤리적이다.

[109] 이에 관해서는 다음을 참조하라. Michel Foucault, *Der Gebrauch der Lüste. Sexualität und Wahrheit 2*(Frankfurt/M., 1991).

원칙에 관해서 한 가지 중요한 점은 그것이 법이 아니라 규칙이라는 것이다. 법과 규칙의 대립이 우리에게 핵심이다. 이 대립은 서로 다른 종류의 의무와 준수를 함의한다. 그럼으로써 초자아 지배와 자아이상 체제의 본질적 차이를 적확하게 일컫는다. 순종을 요구하는 법과 달리 규칙은 구체적인 생활 태도를 안내한다. 규칙의 목표는 "자기 자신의 완성"인 윤리적 주체다. 그리고 자신을 완성한다는 **이 목적을 위해** 개인은 스스로에게 영향을 미친다.[110] 즉 목적은 이상 추구다. 이는 명백하다. 그런데 개인은 어떻게 스스로에게 영향을 미칠까?

푸코 이후로 통상적으로 '자기의 테크놀로지', 자기 배려라 알려진 것을 통해서이다. 우리는 이를 3장에서 접한 적 있다. 이것은 자기를 겨냥한 실천이다. 자기 관계의 기술이다. 자기에게 신경 쓰는 것, 자기를 돌보는 것만이 아니라 자기를 변화시키고 갈고닦고 탈바꿈하기 위한 모든 절차가 여기에 해당한다.

자기에 대한 배려, 즉 자기 배려를 동력으로 삼는 생활 태도의 규칙인 이 윤리 개념에서 우리는 스스로의 모습을 즉시 발견한다. 우리는 식사에서 건강을 거쳐 미에 이르기까지 다양한 형태의 생활 태도, 규칙을 가지고 있다. 뿐만 아니라 오늘날 우리는 올바른 생활 태도에 대한 물음에, 자기에 대한 배

<hr />

〔110〕 Michel Foucault, *Dits et Ecrits. Schriften*. Vierter Band (Frankfurt/M., 2005), p. 683.(강조는 저자)

려에 그야말로 사로잡혀 있다. 이러한 집착은 모든 층위에 존재한다. 우리가 던지는 물음은 항상 다음과 같다. 어떻게 내가 나의 이상에 도달할까? 어떤 식의 삶을 통해서? 어떤 자기 테크놀로지가, 어떤 나르시시즘적 기술이 여기에 도움이 될까?

다시 말해 우리는 이러한 윤리 개념에서 스스로의 모습을 즉시 발견한다. 왜냐하면 우리는 자기 배려를 허락할 뿐 아니라 심지어 요구하기까지 하는 사회에서 살고 있기 때문이다. 자기 배려는 제한되지 않을뿐더러 요구된다.

한 번 더 정리해 보자. 오늘날 우리는 도덕의 초자아 지배와 달리 윤리의 자아이상 체제에서 살고 있다. 자기 배려에 대한 그 무제한적 요구가 우리에게는 자명해 보일지 모르지만 실은 결코 그렇지가 않다. 왜냐하면 우리는 **자기 배려**에 연루되어 있을 뿐 아니라 동시에 "기독교적 도덕 전통의 상속자"이기도 하기 때문이다. 그리고 이 전통은 푸코가 말하듯 **자기 포기**를 구원의 전제 조건으로 본다.[111] 그러니까 자기에 대한 모든 배려를 의심스럽게 보는 오랫동안 품어 온, 오랫동안 체득한 불신이 존재하는 것이다. 모든 형태의 자기애를 비도덕적이라 보는 불신이.

자기 배려와 자기 포기의 대립은 오랜 역사를 가지고 있

[111] Ibid., p. 972.

다. 이제 우리는 그것을 살펴보려 한다. 그러나 역사적인 시간 순서를 따르지 않고 두 저자를 비교할 것이다. 이 대립의 두 가지 본질적 형태를, 자기 테크놀로지를 다루는 두 가지 본질적 방식을 스케치하는 두 저자는 바로 막스 베버와 미셸 푸코다.

두 사람 모두에게 기독교 수도원은 네거티브 필름이다.

한편으로는 세심한 실천들을 포함한 수도사 규칙 속에서 자기에 대한 작업에 완전히 몰두한 것이 바로 수도원이었다. 하지만 다른 한편으로 이러한 실천들은 자기 배려의 특징을 전혀 가지지 않았다. 오히려 반대되는 특징을 띠었다. 자기 자신의 포기가 그것이었다. 명상, 순종, 자기 성찰 같은 수도원의 기술은 모두 이러한 자아의 포기를 위한 것이었다. 일상생활의 엄격하기 그지없는 모든 규제, 수면 리듬부터 끊임없는 죄악 성찰까지 자기에 대한 모든 관심. 이 모든 수고의 목표는 오직 하나, 자아의 소멸이었다.

수도사의 세심한 자기 기술에서 떨어져 나와 수도원 담장 밖에서 살아남은 것은 자기 포기를 핵심 요구로 삼은 세속적 도덕뿐이었다.

이러한 세속적 자기 관계를 뒤흔든 것은 하필 프로테스탄티즘이었다. 이러한 식의 자기 포기를 근본적으로 변형한 것은 하필 프로테스탄티즘이었다. 따라서 우리는 이제 독일 사회학자 막스 베버에게로 눈길을 돌린다. 그는 "프로테스탄티즘 윤리"[112]에 대한 유명한 연구에서 이러한 변화를 설명했다.

베버에 따르면 초기 자본주의가 발전하는 과정에서 그가 프로테스탄티즘 윤리라 칭하는 것이 엄청난 촉진제 역할을 했다. 프로테스탄티즘 윤리는 자본주의가 필요로 하는 바로 그 경제 주체를 길러 냈다. 즉 프로테스탄티즘 윤리는 자본주의가 필요로 하는 자격을 만들었다. 당시의 전(前)자본주의 전통 세계와 경제 양식이라는 장애물에 대항해서.

프로테스탄티즘 윤리란 베버에 따르면 일단은 생활 태도 전반에 대한 성가시고 진지한 규제를 뜻하며 모든 곳에 침투한다. 그래서 베버는 무능력하고 한번 습득한 작업 방식을 포기하려 들지 않는 전통주의적 여성 노동자의 상을 사례로 스케치한다. 이와 달리 "경건주의적 출신 배경을 가진" 처녀들은 집중력과 계산 능력, 냉철한 자제력, 냉정한 겸손과 절제를 겸비했다. 이런 모든 특징은 "작업 능력을 굉장히" 높인다. 지속적인 자기 통제, 죄에 관한 신앙 일기, 자신의 발전에 대한 기장, 엄격한 시간 제어가 그 수단이며 수면 시간마저도 제한되었다.

여기에서 우리는 생활 태도의 '합리화'를 본다. 이것은 두 가지 측면에서 합리적이다. 한편으로는 정서, 격정, 충동, '자

[112] Max Weber, *Die protestantische Ethik und der Geist des Kapitalismus*(Hamburg, 2020).

연적 인간'에 반대한다는 점에서 합리적이다. 그런데 다른 한
편으로 이것은 개별적 형성이 아니라 오히려 삶 전반의 체계
적 형성이다. 즉 지속적인 자기 통제를 통해 전인을 조직적으
로 포착한다는 의미에서 합리적이다. 생활 태도 전반은 규제
되고 체계화된다. 모든 무계획성과 무체계성에 반대하여.[113]

베버에 따르면 이제 요점은 자기의 생활 태도를 합리화하
는 그 모든 기술이다. 그 모든 엄격하고 규제적이고 규율적인
자기 관계는 외부에서 강요된 규정이 아니었다. 프로테스탄티
즘 윤리란 바로 생활 태도의 외면화된 규정을 대신하는 내면
화된 규정을 의미한다. 그리하여 강제는 주관적 동력이 된다.
우리라면 자발적 복종이라 말할 것이다.

그런데 어떻게 이런 자기 규제가 생겨났을까? 왜 프로테
스탄트들은 엄격한 규칙을 자발적으로 따를까? 핵심 개념이
자 프로테스탄티즘의 핵심 도그마인 직업이 여기에 결정적인
역할을 했다고 베버는 말한다. 직업은 프로테스탄티즘에서 소
명, 베버의 표현에 따르면 calling으로 이해된다. 우리 같으면
호명이라 말할 것이다. 프로테스탄트에게 직업은 이 구체적인

---

〔113〕 수도원에서도 훌륭한 자기 학대뿐 아니라 합리적인 생활 태도가
발견된다고 베버는 말한다. 그러나 수도사들의 영토에서 이루어지는 '속
세 밖의' 고행과 달리 프로테스탄티즘은 수도원 담장을 벗어나 '속세 안
의 고행'으로 향하는 발걸음이다. 즉 일상생활에 침투하는 것이다. 종교
적 시각에서 이는 일상생활의 가치 상승과 비슷하다. 세속적 일상 노동
전반에 이제 종교적 의미가 부여되는 것이다.

직분을 다하라는 신의 명령이다. 직업은 "신이 부여한 임무라는 종교적 표상"이다. 이로써 세속적인 직업은 종교적이고 윤리적인 차원을 얻는다.

이렇게 이해하면 종교는 의무가 된다. 우리가 의무감을 느끼는 대상이 된다. 오늘날에도 '프로테스탄티즘 노동 윤리'라 일컫는 직업에 대한 헌신 또한 여기에서 비롯한다. 그것은 신에 대한 순종이다.

그러니까 모든 자기 기술은 이러한 의무로 귀결된다. 신에 대한 의무가 삶의 실천들을 묶어 하나의 '윤리'로 만든다. 비종교적인 사람들의 귀에는 역설적으로 들릴지 모르지만, 합리적인 자기 기술을 규정하는 것은 신에 대한 이런 순종이다. 합리적인 자기 기술에서 자기 향상의 수단과 복종의 매체는 하나가 된다. 이런 의미에서 자기 권능 부여는 장려되는 동시에 제한된다. 이것이 프로테스탄티즘의 가르침이다. 무척 까다로운 균형이 아닐 수 없다.

미셸 푸코는 자기 배려의 다른 모델, 반대 모델을 스케치했다. 1980년대에 푸코는 완전히 다른 종류의 자기 관계를 떠올렸다. 고대 그리스의 '자기의 테크놀로지'가 그것이다. 프로테스탄티즘적 실천과 고대의 자기 기술은 서로 다르면서도 비슷하다. 먼저 놀라운 유사성을 살펴보자.

아주 다른 성격을 가진 고대 세계에서도 푸코의 설명에 따르면 자기 관찰, 자기 통제, 자제가 중요하다. 그곳에서도 이는 생활 태도 전반의 규제를 통해 이루어진다. 그리고 그곳에서도 자기 삶을 기장하는 기술인 일기 쓰기와 편지와 저녁의 자기 성찰이 수단으로 쓰인다. 이때 핵심은 모든 종류의 수양이다. 신체 단련뿐 아니라 나쁜 습관을 버리는 연습도 여기에 속한다. 가령 엄격한 시간 관리처럼 이와 동반하는 모든 수량화도 발견된다. 다른 모든 종류의 절제, 규제, 정량화도 마찬가지다.

더 나아가 푸코의 고대에도 이러한 기술들은 외적 형식일 뿐 아니라 내적인 것을 겨냥한다. 숙련된 기능과 더불어 '태도'가 중요하다.

프로테스탄티즘적 실천과의 유사성은 여기까지다. 하지만 차이점은 우리에게, 그리고 오늘날 우리가 테크놀로지를 다루는 데에 못지않게 유익하다.

일단 실천들에 대한 평가가 다르다. 시간 규제가 그 예다. 프로테스탄티즘 윤리에서는 시간 낭비를 피하는 것이 중요하다. 따라서 앞서 보았듯이 수면 시간조차 규제된다. 반면 고대에 대해 푸코는 반대의 상황을 스케치한다. 고대에는 오히려 '능동적 여가'가 중요하다. 가령 자기 탐구와 명상의 시간을 가지기 위해 시골로 가는 것이다. 시간 다루기는 두 경우 모두 규제의 대상일 것이다. 그러나 한 경우에는 노동 윤리의 명령에 종속되고, 다른 경우에는 관조의 특징을 띤다.

자기 삶의 기장은 베버에게서 개인의 죄악성을 통제하는 기능을 가진다. 겸허함을 유지해 줄 매일매일의 참회. 자기의 은총 상태에 대한 지속적인 감독. 죄의 기장이자 은총의 진보로서 신앙 일기. 반면 고대에 대해 푸코는 자기의 삶을 향한 '행정적 시선'을 말한다. 이것은 처벌하는 심판관이 아니라 자기 자신의 회계원으로 이해할 수 있다. 은밀한 죄를 밝히는 게 아니라 마땅히 해야 할 일을 상기시키기, 말하자면 할 일 목록이 중요한 것이다.

격정과 충동의 제어에서도 비슷한 기술들이 사용된다. 그럼에도 목표는 상반된다.

프로테스탄티즘에서는 모든 향락을 피하는 것이 관건이다. 여기에서 핵심은 베버에 따르면 소비를 엄격히 피하는 가운데 허락되는 돈벌이다. 향락 없는 돈벌이. 이것은 격정의 엄청난 승화이자 우회이고 전환이다. 이런 점에서 그것은 부정적 고행이며, 포기를 명하는 고행이다.

반면 푸코의 고대에서 격정의 규제는 역시 자제와 절제의 기술에 정통하지만, 이러한 기술의 목표는 자신을 탈바꿈하고 갈고닦는 것이다. 따라서 자기 몸에도 상당한 배려를 기울여야 한다. 건강 규칙, 몸 관리, 식단, 운동을 통해서. 그런데 이러한 기술은 포기를 위한 것이 아니라 자기 향상을 위한 것이다. 이 점에서 그것은 신체와 건강의 '강화'를 목표로 한 긍정적 고행이다.

　이것은 체념과 승화가 아니라 절도 있는 절제된 향락이다. 목표는 충동을 차단하는 것이 아니라 격정의 독재에서 자신을 해방하는 것, 그러니까 격정을 통제하는 것이다. 이것이 완전함으로, 행복으로, 충족된 삶으로 가는 길이다. 그러니까 푸코는 초자아 규제와 구별되는 이상 추구를 스케치한다고 덧붙일 수 있을 것이다.[114]

　즉 동질적이거나 비슷한 기술들은 그것이 어떤 지평에 서 있는가에 따라서 반대 작용을 할 수 있다. 여기에서 우리에게 중요한 점이 드러난다. 완전히 비슷한 자기 기술들에서 결정적 차이는 권능 부여와 복종의 각 관계에 있다. 자기 기술은 항상 자기의 힘을 향상하고, 자기를 개선하고, 오늘날식으로 말하면 자기를 최적화하는 데 사용된다. 하지만 중요한 것은 이러한 권능 부여가 각각 어떻게 제한되고 한정되는가다. 이로써 권능 부여는 제약을 받는 것이다. 그 제약이 무엇이든 말이다. 결정적인 것은 따라서 두 가지 동기의 균형이다.

　이 균형은 명백한 차이를 보일 수 있다. 권능 부여와 복종에 어떻게 무게를 두느냐에 따라 결과가 달라지는 것은 물론이고 완전히 반대되는 결과가 나오기도 한다. 우리가 스케치

---

　〔114〕 여기에서 우리는 윤리들이 각각의 요소, 즉 한쪽에는 권위와 처벌, 다른 쪽에는 자기 기술을 서로 다르게 조합한다는 것을 알 수 있다. 그래서 윤리도 때로는 초자아 형태를, 때로는 이상 형태를 강조할 수 있다.

한 두 가지 콘셉트는 이를 명료하게 보여 준다.

권능 부여와 복종의 관계가 막스 베버에서는 어떨까? 그의 프로테스탄티즘 윤리에서는 생활 태도의 규칙과 엄격한 신앙의 동시성이 발견된다. 두 가지 동기의 균형은 하나의 핵심 동기에 의해 보장된다. 그것은 앞서 언급한 포기의 이동이다. 기독교에서는 포기가 필수다. 그러나 그것은 더 이상 (수도사의 실천들처럼) 완전한 자기 포기가 아니라 단지 부분적 포기다. 다시 말해 향락의 포기다.

자기는 강화되고 장려되어야 마땅하다. 개인은 자기를 향상하고 자기의 힘을 동원하기 위해 자기에 대한 작업을 수행한다. 하지만 향락의 포기 때문에 그것은 개인의 권능 부여로 귀결되지 않는다. 이것이 요점이다. 개인의 힘은 향상될지 모르지만 개인 자신은 권능을 부여받지 않는다. 그 반대다. 프로테스탄티즘 윤리의 균형은 힘의 향상을 가능하게 하지만 이 향상은 향락의 금지를 통해 엄청난 제한을 동반한다. 그것은 자율성 없는 향상이다. 자주성 없는 합리화다. 개인의 제한되고 한정되고 제어된 강화다. 강화된 자로 개인을 복종시키는 윤리다.

이것은 강한 초자아 특징을 가진 놀라운 윤리다. 여기에는 다음과 같은 점도 포함된다. 이 윤리는 부름, 그러니까 소명이 나오는 권위를 안다. 그리고 이 권위를 규정하는 법에 근거한다. 그 본질적 목표는 신의 사랑이다. 앞서 우리는 초자아의 지배가 도덕과 상응함을 보았다. 이 모든 걸 고려하면 물음이 제기된다. 도대체 왜 막스 베버는 프로테스탄티즘 **도덕**이 아니라 프로테스탄티즘 **윤리**를 말했을까?

한편으로는 아마 권위가 내면화되어 있기 때문일 테고, 다른 한편으로는 그것이 보편적 명령이 아니라 생활 태도의 특정한 규제, 개인적 자기 향상과 강화이기 때문일 것이다. 즉 그것은 '초자아 윤리'라 칭할 만하다. 지금껏 살펴본 전부에 따르면, 이는 명백한 모순이다.

반면 푸코의 관점은 정반대다. 푸코의 고대 주체 역시 외적 심급을 필요로 하지만 그것은 법을 정하는 권위가 아니라 실천적 지침을 제공하는 스승이다. 행복한 삶으로 인도하는 누군가. 가르치고 지도하는 사람. 이상으로 이끄는 누군가. 이때 순종은 방법의 부분이며 도구일 뿐, 목표는 아니다. 이런 의미에서 기준은 우리가 따르는 규칙이지, 우리가 복종하는 법이 아니다.

중요한 것은 이 모든 생활 태도의 실천과 기술이 하나의 이상에서 나오고, 하나의 이상을 목표로 삼으며, 이 이상으로 개인을 이끈다는 점이다. 이것은 금지들의 도덕 체계가 아니라 정확한 표상에 의해 인도되는 '윤리적 배려'다. 이 표상은 다음과 같다. 무엇이 좋은 아버지인가, 무엇이 좋은 가장인가, 무엇이 좋은 시민인가.(전부 남자에게만 해당한다.) 그러니까 이것은 사회적 이상의 표상이다. 바로 그래서 자기에 대한 배려는 이기적이지 않고 윤리적이다. 폴리스에서 자신의 자리를 채우는 것을 늘 목표로 하는 까닭이다. 한 공동체의 동등한 시민으로 인정을 받는 것이 그 목적이다. 자기에게 신경 쓰는 것은 도시에 신경 쓰는 것을 뜻한다고 푸코는 말한다. 윤리적 공동체 내에서의 자기 배려란 따라서 노예가 되지 않는 것이다. 자기 격정의 노예도, 폴리스 안의 노예도 되지 않는 것이다. 이런 의미에서 푸코에게 이 자기 배려는 '자유의 실천'이다.

다시 말해 우리는 푸코의 고대에서 자기 기술을 통한 권능 부여가 강조되는 것을 본다. 그럼에도 이 권능 부여는 순수한 자기 향상이 아니며, 항상 사회적 토양에 둘러싸여 있다. 하지만 여기에 이상 요소의 과잉이 존재한다는 점은 분명하다. 베버에 대비해서 우리는 '자아이상 윤리'를 말할 수 있을 것이다. 만약 의미상 중복된 표현이 아니라면 말이다. 우리에게 윤리란 바로 이상을 지향하는 무언가가 아닌가.

이처럼 서로 차이가 있을지 몰라도 베버와 푸코에게는 한 가지 공통점이 있다. 자기 배려, 자기 관심은 권능 부여와 복종 사이, 힘의 향상과 제약 사이의 균형이라는 것. 하지만 각각의 제한은 서로 완전히 다르다. 베버에게서 제한은 더 부정적 성격을 가진다. 신을 섬기면서 향락을 포기하는 것이니까. 푸코의 고대에서 힘의 제한은 더 긍정적 성질을 띤다. 제시된 이상을 통해서. 그러나 우리에게 중요한 것은 둘 다 오늘날 우리의 상황과는 맞지 **않는다**는 점이다. 오늘날 우리의 상황은 어떠한가? 자기 관심은 더 이상 금기시되는 게 아니라 요구된다. 우리는 자기 테크놀로지에 대한 의혹에서 성공적으로 벗어났을 뿐 아니라 자기 테크놀로지의 강박 속에서 살고 있다. 그런데 허락된 자기 배려가 폴리스에 의해서도, 신에 대한 경건함에 의해서도 제한되지 않는다는 것은 무엇을 의미할까?

물론 푸코가 고대를 떠올린 것은 우연이 아니었다. 1980년대 중반에 이미 그는 우리가 나르시시즘이라 칭하는 변화가 싹트는 것을 본다. 그 순간 푸코는 자기 관심에 대해 긍정적으로 접근하는 길을 열었다. 자기 배려를 사회 윤리로 파악함으로써. 그럼에도 푸코의 유쾌한 고대는 오늘날 우리의 상황과는 맞지 않는다.

약 30년 뒤에 독일 철학자 페터 슬로터다이크는 동시대의 자기 관계를 새로이 측량하려 시도한다. 슬로터다이크의 관점은 "너는 너의 삶을 바꿔야 한다."라는 강령으로 표현된다. 이것은 분석일 뿐 아니라 호소이기도 하다.[115] 이 관점은 마지막에 가면 우리의 관점이 아님이 드러날 것이다.

슬로터다이크는 자기 배려의 역사적 행로를 부정적 고행에서 긍정적 고행으로 가는 길로 스케치한다. 그것은 복종시

〔115〕 Peter Sloterdijk, *Du musst Dein Leben ändern. Über Anthropotechnik*(Frankfurt/M., 2019).

키는 도덕에서 권능 부여의 윤리로 가는 길이다. 삶을 거부하는 부정적 고행은 슬로터다이크에게 기독교의 고행이며 여기에는 '탈자기화 훈련'과 '참회 고행'이 동반한다. 처음으로 이 맥락에서 떨어져 나와 근대적 모습을 갖춘 고행은 권능 부여와 자기 강화의 긍정적 고행이 된다.

슬로터다이크가 볼 때 이 길에서 결정적인 전환점은 자기 관계의 '탈영성화', 다시 말해 자기 기술의 세속화다. 수도원 담장 너머에서 비로소 자기 관계는 서서히 긍정적 함축을, 재코드화를 경험할 수 있었다.(그리고 확장을. 이제 자기 관계는 더 이상 대가나 전문가의 전유물이 아니었고 점차 사회 전체를 장악했다.) 이제 슬로터다이크는 그런 세속화된 자기 관계를 그에 상응하는 세속적 언어로 번역하려 시도한다.

자기 배려는 슬로터다이크에게 수양 체계다. 개인들은 부단한 수양을 통해 자기를 형성하고 도야하고 변화시킨다. 이러한 수양은 '주도적 차이'를 지향한다. 이 구별이 방향을 규정한다. 수양하는 금욕적인 문화에서 그것은 불완전함과 반대되는 완전함이다. 완전함이 수양의 목표다. 완전함은 '유인자'처럼 작용한다. 즉 끌고, 끌어당기고, 부른다.

베버의 프로테스탄트에게는 아직 신의 부름, 즉 소명이었던 부름이 소용돌이처럼 흡인력을 발휘하는 유인자의 건조함으로 번역된다. 실제로 슬로터다이크의 경우에도 수양하는 자를 사로잡는 소용돌이는 추상적이고 건조하며 상징적인 차이를 통해서만 생기지 않는다. 이 소용돌이는 상상적 표상, 본보기, '아득한 완전함'의 이미지도 필요로 한다. 이것이 우리를 부르는 것, 우리를 추동하는 것이다. 그런데 어디로? 위로. 이 방향으로 부름은 우리를 끌어당긴다. 소용돌이는 위를 향한다. 높은 곳을. 그래서 슬로터다이크는 그의 건조한 격정에서 이것을 '수직적 긴장'이라 칭한다. 완전함, 아득한 이상은 우리를 호명하고 촉구한다. "너의 삶을 바꿔라." 수양을 통해 향상하고, 단련하고, 강화하라고.

우리는 모든 차이에도 불구하고 슬로터다이크와 우리의 공통점에 주목하려 한다. 권위가 아니라 이상에서 나오는 호명이 바로 그것이다.

수양이자 향상이자 강화로서, 요컨대 트레이닝으로서 자기에 대한 배려는 슬로터다이크에게서 여러 가지 동기를 가진다.

한편으로는 '탈수동화,' 다시 말해 능동적인 태도가 중요하다. 자기-자신을-형성하기. 즉 자기 추동이 중요하다.

다른 한편으로 세속화된 호명은 향상을 목표로 하는데 그것은 단지 자기 강도의 향상, 자기 '활력'의 향상일 뿐이다. 여기에는 아무것도 부가되지 않는다. 자기에 대한 배려를 은폐할 아무것도 덧붙지 않는다. 슬로터다이크에 따르면 19세기 말 이래로 순수하고 은폐되지 않은 자기 배려가 존재한다. 이것은 '신 없는 수직성'이다. 이제 허락된 자기 관계, 긍정적인

자기 관계, 적나라한 자기 관계가 존재하는 것이다. 슬로터다
이크에게 그 범례는 스포츠다. 스포츠는 "자기 준거적 움직임,
쓸모없는 놀이, 불필요한 지출, 모의 싸움"[116]이다.

여기에서 적나라하게 드러나는 것은 유인자만이 아니다.
슬로터다이크의 화두, 즉 '경쟁적인 현존재 강화의 정신'에 바
탕을 둔 자기 향상도 적나라하게 드러난다. 자기 준거적 수
양은 누구를 위한 것도 무엇을 위한 것도 아니다. 순수한 자
기 목적으로 힘을 향상하는 것이다. 그러나 이러한 향상을 슬
로터다이크는 더 강화된 삶으로만 여기지 않는다. 그것은 '바
깥으로 가는 발걸음'이다. 자유로 가는 발걸음, 향상된 자들의
우수함으로 가는 발걸음이다.[117]

그리고 바로 이 지점에서 길이 갈린다.

슬로터다이크에게 자기 향상은 자유의 실천이다. 이것은
개인에게 바깥으로 가는 발걸음을 가능하게 한다. 현재 상태
를 넘어서. 여기에 필요한 규율화, 필요한 규제화는 그에게 강
화된 자기의 자유라는 목적을 위한 수단이다. 이로써 슬로터

〔116〕 스포츠는 대규모로 확장되고 직업화된 이래로 더 이상 그런 것
이 아니라고 이의를 제기할 수 있다. 슬로터다이크는 그것을 미리 반박
하면서 프로의 "결과 물신주의"에 맞서 이 정신을 유지할 "아마추어들"을
소환한다. 그러나 그의 반박은 설득력이 없다.(Ibid., p. 332.)

〔117〕 슬로터다이크는 돈으로 사는 향상 형식(성형 수술부터 모든 종
류의 도핑 수단까지)을 말할 때 노골적인 혐오를 드러낸다. 그것은 "반값
메타노이아(Metanoia)", 다시 말해 정직하게 일구어 낸 자기 강화와 대
조되는 값싼 전환이다.

다이크는 푸코를 선택적으로 독해한다. 그는 이 점을 터놓고 인정한다. 그것은 모든 규율화에서 복종을 '감지'하는 '키치'로 부터 푸코를 해방하려는 독해다. 그러나 복종 없는 권능 부여를 꿈꾸는 이러한 선택적 독해는 푸코 텍스트의 핵심을 놓친다. 왜냐하면 푸코에게는 한쪽에 권능 부여가, 다른 한쪽에 복종이 있는 게 아니기 때문이다. 푸코가 주는 교훈이 있다면 그것은 복종과 권능 부여의 동시성이 존재한다는 것이다. 둘은 진공이 아니라 사회적 관계들 속에서, 권력관계들 속에서 일어나기에 서로 분리할 수 없다. 이런 관계들 속에서 바로 힘의 향상은 복종의 심화를 의미한다.

슬로터다이크의 견해와 달리 소용돌이는 두 가지 점에서 우리를 끌어당긴다. 우리를 부르고 추동하는 이상의 표상은 우리를 끌어당기고, 우리에게 강요한다. 그것은 우리에게 방향을 정해 주고, 우리를 끼워 맞춘다. 이런 의미에서 부름을 따르는 것은 권능 부여와 복종을 동시에 의미한다. 이런 의미에서 바로 권능 부여 속에 자발적 복종이 있다.

그럼 이런 이의를 제기할 수 있을 것이다. 슬로터다이크가 우리에게 구미가 당기는 대상으로 만들고 싶어 하는 향상된 자아란 실제로 자기 권능 부여가 아니냐고. 우리는 자신의 강화되고 개선된 버전을 스스로 즐기지 않느냐고. 그렇다면 이것이 순수한 자기 권능 부여로서 자기 관심이 아니냐고. 이에 대해서는 이렇게 답할 수밖에 없다. 그러한 체험은 항상 현실적인 동시에 상상적이라고. 슬로터다이크는 이를 구별하지 않는다.

개인은 수양을 통해 현실적으로 자기를 향상시킬지 모른다. 자신의 업적과 성과를 개선할지 모른다. 그러나 향상된 자아의 체험은 늘 환상의 차원에 머무른다. 그것은 상상적 충만감, 자아와 이상의 환상적 일치의 체험에 머무른다. 요컨대 고원을 정상과 혼동하는 것이며, 향상을 이상과 혼동하는 것이다.

그런데 더 나아가 그것은 순수하게 내적인 체험이 아니다. 자기 준거적이면서 자족적인 체험이 아니다. 그것은 사적인 생기 유심론이 아니다. 왜냐하면 슬로터다이크에게도 자기 향상은 사회적 차원을 가지기 때문이다. 비록 성격은 다르지만 말이다. '바깥으로 가는 발걸음'으로서 자기 향상은 그에게 정상성을, 평균을, 대중을 넘어서는 발걸음이다. 우수함의 방식으로 탁월한 개인의 자유로 가는 발걸음이다. 살짝 먼지에 덮이고 오래전에 시대에 뒤처진 창조자상의 신화가 여기에서 소생된다. 이 인간상은 슬로터다이크에 따르면 자기 기술의 보편화가 가져온 바로 그 차이를 표시한다. '무언가를 혹은 큰일을 해내는' 사람들과 '아무것도 혹은 별다른 일을 해내지 못하는 사람들'의 차이가 그것이다. 슬로터다이크는 사람들이 동등하지 않은 원인이 그들의 고행에, 즉 수양 행위에 있다고 말한다.

이상의 부름, 이상이 일으키는 소용돌이, 수직적 긴장, 향상. 슬로터다이크에게 이 모든 것은 부름을 따르는 개인이 자신을 밖으로 쏘아 올리기 위한 수단일 뿐이다. 평균 밖으로, 평범함 밖으로. 그것은 현 상태를 극복하기 위한 수단이며, 현 상태를 넘어서기 위한 수단이다. 왜냐하면 수직성은 우리를 높은 곳으로 인도하기 때문이다. 대중 위의 높은 곳으로. 그러나 이 게스투스와 그 모든 건조한 격정은 바로 향상을 규범으로 삼는 사회에서 묘하게 부적절하다. 다시 말해 평균에 대한 적응과 순응을 요구하기보다 향상을 규범으로 요구하는 자아 이상 사회에서 묘하게 부적절하다. 그런 사회에서 개인의 향상은 슬로터다이크의 '뛰어넘기', 기존 상태를 '넘어서기'가 아니라 오히려 정반대다. 즉 자기 향상은 사회에서 우리의 존재를 완수하는 것이다. 자기 향상은 오래전부터 더는 현 상태에 대한 항의가 아니라 현 상태, 즉 정상성을 구축하는 역할을 하고 있다.

자기 배려는 오늘날 우리가 사회에서 살아가는 형식이다. 바로 이러한 이유로 수양을 통한 자기 관심은 순수하게 자기 준거적인 권능 부여도, 다른 사람들을 넘어서는 상승도 아니며 바로 우리가 현재 상태에 자신을 편입시키는 형식이다. 다른 말로 하면, 자발적 복종이다.

지금까지 모은 것들을 정리해 보자. 자기 배려의 사회적 해방, 허락된 자기 관심은 늘 나르시시즘적 추구와 그 제한 사이의 까다로운 균형이다. 이 균형은 시간이 흐르면서 다양한 형태를 취했다. 오늘날 나르시시즘에 대한 질긴 의혹은 해소되었다. 우리는 도덕의 유산, 즉 나르시시즘에 대한 도덕적 비난의 유산에서 벗어났다. 이로써 우리는 모든 전선에서 자기 배려의 동원 한가운데에 있는 자신을 발견한다. 이것은 나르시시즘적 실천들의 폭발이며 벌써 수십 년간 지속되고 있다. 신앙 없이, 신 없이, 그러나 또한 윤리적 공동체 없이, 폴리스 없이. 그럼에도 우리가 보는 것은 바깥으로 가는 발걸음이 아니다. 순수한 권능 부여가 아니다. 왜일까?

오늘날 허락되는 자기 배려의 특수성은 그것을 초자아의 대체로, 즉 자아이상의 지배로 볼 때 명확히 드러난다. 개인적으로뿐 아니라 사회적으로도. 달리 말하면 자기 기술은 오늘날 도덕의 맥락에 있지 않으며 하나의 윤리를 따른다. 물론 슬로터다이크식 의미와는 다른 의미에서.

왜냐하면 초자아의 침식, 근본적 금지를 포함한 도덕법의 침식, 처벌하는 양심 심급의 침식은 단순히 바깥으로 가는 발걸음을 의미하지 않기 때문이다. 그것은 오히려 자아이상의 우세를 의미한다. 이는 다른 지배 형태다. 개인적으로 그리고 사회적으로. 자아이상의 지배는 못지않게 엄격하다. 그러나 다른 식으로 이루어진다. 자아이상의 지배는 도덕적 법칙성을 통해 이루어지지 않는다. 행동은 오히려 규칙을 통해 인도된다. 이것은 도덕과 윤리의 차이에서 근본이 되는 결정적인 대립이다. 이 장은 법과 규칙의 대립으로 시작했다. 여기에서 이 대립에 또 하나의 결정적 규정이 추가로 붙을 것이다. 이를 위해 우리는 슬라보예 지젝을 참고한다. 지젝은 오늘날 이 문제를 아마 가장 정교하게 다루는 사람일 것이다.

오늘날 우리의 행동을 인도하는 것은 의심받지 않는 권위에 의해 보장되는 보편적 도덕법이 아니라, 규칙이다.

규칙은 (스스로) 고안한 기준이다. 지젝에 따르면 규칙은 "초월적 법의 지원 없이"[118] 기능한다. 즉 오늘날 우리는 보증은 물론이고 권위도 없이 행동한다. 다시 말해 정해진 표지와 방향의 보증 없이, 하지만 처벌하는 옛 심급의 권위도 없이.

따라서 규칙은 도덕법과는 다른 구속력을, 다른 의무를 가진다. 그렇다면 다음과 같은 물음이 생긴다. 어째서 우리는 그러한 기준을 준수하는가? 어째서 우리는 '스스로' 고안한 규칙을 따르는가? 그리고 바로 이에 관해 지젝은 다시금 결정적인 실마리를 제시한다. 한 각주에서 그는 이렇게 밝힌다. "도착증자가 ……규칙을 정하는 것은(그리고 규칙을 따르는 것은) 그의 정신적 우주에서 기초를 이루는 법이 없다는 사실을 은폐하기 위해서다. 즉 이 규칙은 일종의 대체 법으로 기능한

---

[118] Slavoj Žižek, *Die Tücke des Subjekts*(Frankfurt/M., 2001), p. 509.

다."[119] 바로 이것이 우리에게 중요하다. 윤리 규칙, 생활 태도의 고안된 규제는 '마치' 법처럼 체험된다. 그것은 마치 도덕법처럼 기능함으로써, 부재하는 도덕법을 대체한다. 그런데 만약 자아이상의 윤리가, 우리 생활 태도의 규제가 '대체 법'으로 기능한다면, 그것은 이 윤리가 나르시시즘적 도덕으로 체험된다는 의미다. 이것은 모순이며 따옴표로 표시해야만 한다. 우리의 규칙, 우리의 가상 법은 나르시시즘적 윤리를 가상 도덕으로 만든다. 즉 '도덕'으로 만든다. 보편적 법이 아니라, 보편적 도덕이 아니라, 개인적으로 유효한 그냥 위장된 규칙. 이런 의미에서 오늘날 우리는 바로 나르시시즘적 '도덕'에 의거해 살고 있다.

나르시시즘적 '도덕'

근본적인 도덕법의 몰락은 따라서 자유가 아니라 다른 종류의 지배를 가져온다. 이것에 접근하기 위해 우리는 옛 도덕의 작동 방식을 다시 한번 살펴봐야 한다. 그리고 여기에서 한 가지 강조해야 할 사항은 도덕법이 외부에서 한 개인에게 부과되었

---

〔119〕 Ibid., p. 440. 여기에서 '도착(倒錯)'이란 병리 현상이 아니라 오히려 오늘날 사회를 지배하는 세계 관계를 일컫는다는 것을 명심해야 한다.

을 뿐 아니라 이후 내면화되었다는 점이다. 도덕법은 주디스 버틀러가 '열정적 애착'이라 부르는 것, 즉 법에 대한 열정적 관계, 금지의 리비도 점유를 또한 필요로 했고 만들어 냈다. 자기 소망의 그러한 지향은 신경증 증상에서 특히 뚜렷이 드러난다. 청결 강박을 예로 들어 보자. 이 경우 은유적으로 '불결한' 행동에 대한 도덕적 금지는 실제로 자기 몸을 씻으려는 강박이 된다. 청결 강박에서 나는 금지를 이행한다. 소망을 단념함으로써. 그러나 동시에 나는 금지를 우회한다. 연기된 충족에서, 대체물에서 소망을 만족시킴으로써. 강박적으로 씻는 행위에서는 내가 소망하는 것이 말하자면 소망하는 것의 금지를 **통해** 충족된다. 이로써 도덕적 금지는 리비도적 행위를 통해 유지된다.[120] 그리고 법에 대한 열정적 애착은 바로 여기에 근거한다.

　　그럼 규칙이 '법'으로 체험된다면 이 관계를 어떻게 상상해야 할까? 달리 표현하면 그런 식으로 유효한 규칙에서 열정적 애착, 자발적 복종은 어떤 모습을 가질까?

　　이것은 완전히 다른 상황이다. 왜냐하면 규칙은 금지의 특징이 아니라 허락되는 충족, 더 나아가 요구되는 충족, 즉 이상 충족의 특징을 가지기 때문이다. 하지만 동시에 이 이상은 도달 불가능하다. 그러니까 이상은 재촉하는 요구일 뿐 아니

---

〔120〕　이에 관해서는 다음을 참조하라. Butler, op. cit., p. 76 ff.

라 지속적인 이행 불가능성이기도 하다. 그리고 바로 이 점에서 우리의 일상적 생활 태도의 규칙은 특수한 기능을 가진다. 우리가 스스로 부과하거나 수용하는 이 규칙은 어쨌거나 보편적으로 규정된 것이 아니다. 그러니까 그것은 **나의** 규칙이며 오직 그러한 규칙으로만 작용한다. 이 규칙은 목적을 위한 수단일 뿐만 아니라 약속도 포함한다. 그것이 이상으로 가는 길, 충족으로 가는 길이라는 약속. 불가능한 이상 충족은 이로써 가능한 규칙 충족으로 전위된다. 그리하여 규칙은 도달 불가능한 이상의 번역이 되고 이상적 수단이 된다. 달리 말해 규칙을 따르는 것은 이상의 대체가 된다. 우리는 그토록 많은 규칙, 점점 더 늘어나는 규칙으로 우리의 일상을 에워싼다. 왜냐하면 이러한 규칙은 우리에게 전위된 만족을 마련해 주기 때문이다. 이 만족을 특징짓는 것은 이상이다. 금지가 아니다.

이때 우리가 규칙에서 얻는 만족은 놀라운 동기를 가진다. 그러한 생활 태도의 규칙은 흔히 수양, 반복, 트레이닝, 다이어트에 매여 있다. 우리가 이미 자주 마주친 나르시시즘의 고통은 여기에서 특수한 의미를 부여받는다. 수양이란 늘 자기를 괴롭히는 일이기도 하다. 그런데 바로 그것이 이제 생산적인 것이 된다. 즉 우리는 고통에 의미를 부여한다. 현실적 개선, 향상의 의미뿐 아니라 인증의 의미까지도. 수양의 고통, 내 규칙의 괴로움은 내가 이상에 근접했음을 인증한다.

우리는 여기에서 주목할 만한 상황을 발견한다. 그러니까 우리를 괴롭히는 규칙은 우리에게 전위된 충족, 즉 이상에 도달하는 것을 보장하는 규칙이기도 하다. 우리의 열정적 애착, 우리의 리비도 점유, 뿐만 아니라 온갖 종류의 규칙과 지침과 계획에 대한 우리의 강박은 그로부터 비롯한다. 우리는 규제와 수량화와 측정 가능성과 지침에 사로잡혀 있다. 왜냐하면 그것들이 우리에게 이상의 수단이기 때문이다.

지젝이 강박 신경증에서 "욕망의 '억압적' 규제가 규제를 향한 욕망으로 전도"된다고 말한다면,[121] 오늘날 우리는 이것을 다음과 같이 변형해서 표현해야 한다. 금지에서 벗어나 이상을 향해. 오늘날 우리에게는 억압적 금지가 아니라 요구하는 이상이 존재한다. 규칙이 도달 불가능한 이상을 말하자면 번역한다고 할 때, 이것은 전도가 아니다. 오히려 이상을 향한 욕망을 규칙을 향한 욕망과 동일시하는 것이다. 규칙을 따를 때 우리는 금지를 우회하지 않는다. 규칙을 준수하는 것은 오히려 도달 불가능한 이상을 충족하는 것이 된다.

여기에서 하나 언급할 것이 있다. 수년 전부터 기후 운동가들은 포기를 요구하고 있다. 자동차를, 비행을, 과잉 소비를 포기하라는 것이다. 이 오래된 모티프는 현재 새로이 해석된다. 무규칙의 종말에 대한 호소로 그리고 새로운 의무감의 복

---

[121] Slavoj Žižek, *Die Tücke des Subjekts*, p. 477.

귀에 대한 찬가로. 그러나 이는 현재 상황을 이중으로 잘못 파악하는 것이다. 만연하다고들 하는 무규칙은 존재하지 않는다. 정반대로 우리는 온갖 종류의 규칙에 사로잡혀 있지 않은가. 또한 이런 상황에서 생겨나야 할 것 또는 요구되는 것은 사실 의무가 아니다. 왜냐하면 의무는 법에 대한 관계이기 때문이다. 그러나 바로 비행 수치심[122] 혹은 접종 의무 같은 사안과 관련된 것은 새롭거나 다시 깨어난 의무감이 아니라 규칙이다. 이것은 다른 유형의 포기다. 에너지 절약부터 자전거 타기까지 스스로 부과하는 새로운 제한들은 베버가 말하는 향락 금지와 같은 포기가 아니다. 그것은 제약으로서의 포기가 아니라 이득으로서의 포기다. 그것은 이득으로 장부에 기록된다. 다른 삶의 질이라는 이득으로. 양심이라는 이득으로. 사회적 위신이라는 이득으로. 그것은 포기하는 포기가 아니라 오히려 충족하는 포기, 짐을 덜어 주는 포기다. 이런 포기는 다만 이상 추구의 길을 약간 우회한다. 이런 의미에서 그것은 나르시시즘의 저편에 있는 새로운 범례를 제시하지 않는다.

규칙으로 돌아가자. 사실상 생활 태도의 규칙은 대개 합리화 작용을 한다. 이러한 규칙은 실제로 개선을 이끌어 낼 수 있다. 건강과 미와 능력과 성과의 향상을. 하지만 중요한 것은

〔122〕 Flugscham. 기후 문제와 관련해서 비행기 타는 행위에 부끄러움을 느끼는 것.— 옮긴이 주

우리가 규칙, 즉 가상 법을 따르는 이유가 바로 그것이 우리에게 요구하는 노력에 대해 무언가를 제공하기 때문이라는 점이다. 규칙은 고통의 대가로 충만함을, 충족을 약속한다. 규칙은 이상의 그런 상상적 충만함으로 가는 현실적 길을 제시하며, 구체적 인과성을 제공한다. 네가 수양하고, 반복하고, 규제하고, 유의하고, 금욕하면, 요컨대 네가 규칙을 지키면 너는 추구하는 이상에 도달할 것이다. 그럼 너는 추구하는 충만함에 이를 것이다.

여기에서 우리는 초자아에서 나오는 규제와 자아이상에서 나오는 규제의 차이점을 명심해야 한다. 금지의 특징을 가진 규제와 이상의 특징을 가진 규제의 차이점을 말이다. 왜냐하면 금지는 지젝이 '상징적 거세'라 부르는 것을 초래하기 때문이다. 금지에 순응하는 것, 뭐든 허용되지는 않는다는 점, 뭐든 할 수는 없다는 점을 받아들이는 것. 신이든 아버지든 각각의 초자아 권위에 복종하는 것은 자신의 정체성을 그런 권위의 영향 아래에 두는 것을 의미한다. 근본적으로 자신의 정체성을 제한된 것으로, 전능하지 않은 것으로, 바로 비(非)나르시시즘적인 것으로 이해하고 체현하는 것을 의미한다.

주체에게 결핍을, 근본적 제한을 부여하는 금지와 달리 이상의 지배에서는 정반대의 것이 중요하다. 즉 결핍이 아니라 충만함이 핵심이다. 금지처럼 결핍을 만드는 대신에 규칙은 결핍을 극복해야 한다. 이상에 부합하지 않는다는 결핍을. 왜냐하면 이상의 영향을 받는 생활 태도의 규제, 수양과 훈련과 생활 태도의 규칙 등 모든 것은 충만함을 약속하기 때문이다. 아니, 더 나아가 충만함을 보장한다. 즉 규칙은 우리의 나르시시즘적 보증이다. 동시에 이 충만함은 환상이다. 그러니까 기만적 상이고 환영이다. 왜냐하면 실제 충만함, 다시 말해 이상은 도달 불가능하기 때문이다. 그리고 구간별 승리, 점적인 향상조차 부분적 충-족(Er-füllung)일 뿐이다. 다시 말해 충족이 아니다. 이 모순은 우리에게 중요하다.

만일 우리가 우리 삶에 씌우는 규제가 실제로 이상적 자아의 완전한 실현으로 가는 길이라면, 만일 그것이 나르시시즘적 실현의 양태라면, 그럼 그것은 슬로터다이크가 꿈꾸는 바로 그 권능 부여일 것이다. 하지만 실제로 우리는 도달 불가능한 이상을, 환상을 가지고 있으며 그것은 우리가 규칙을 따를 때 점적인 대체 만족을 제공한다. 즉 우리 앞에 놓인 것은 권능 부여와 제한 사이의 새로운 균형이다. 규칙을 따르는 게 만족인 동시에 복종인 이상의 지배.

지금까지 본 것처럼 이러한 이상의 지배는 법을 대신하는 규칙, 가상 법으로서의 규칙을 의미한다. 하지만 그 결과 이 '도덕'의 핵심 범주가 이동하여 심대한 파장을 불러온다.

초자아 도덕, 즉 따옴표 없는 도덕은 금지를 표시하고 의무를 명명하는 법의 지배다. 그 핵심 범주는 **죄**다. 의무를 다하지 않으면 죄를 짓는 것이다. 금지를 위반하면 죄를 짓는 것이다. 따라서 죄의식은 초자아에 지배되는 주체를 계속해서 동반한다. 프로이트에 따르면 우리의 행위뿐 아니라 우리의 의도와 소망도 미리 인식하는 죄의식은 유죄 판결을 내리고 벌을 준다. 초자아 도덕은 선과 악을 가르는 삼엄하고 공고하며 철통같은 경계선이다.

물론 초자아 도덕은 예나 지금이나 존재한다. 그러나 오늘날에는 다른 종류의 모델이 우세하다.

나르시시즘적 '도덕'은 금지를 제시하지 않으며 이상의 명령과 요구를 제시한다. 이 명령과 요구는 앞서 보았듯이 법이 아니라 바로 규칙의 토대가 된다. 비록 이 규칙이 대체 법으로 기능할지라도 그것은 죄를 통해 기능하지 않는다. 자아이상은 다른 종류의 위협을 통해 자신의 지배를 공고화한다. 위반이 아니라 실패를 범함으로써. 그러므로 문제는 죄가 아니라 열등함이다. 나르시시즘적 '도덕'에서 다모클레스의 검은 죄의식이 아니라 부끄러움이다. 이상을 충족하지 못했다는 부끄러움. 이 검은 우리의 온 존재 위로 떨어진다. 왜냐하면 부끄러움은 개별적인 행위에 한정되지 않기 때문이다. 부끄러움은 한 사람 전체에 적용된다.

우리는 5장에서 셀카 유행의 토대로 부끄러움 없음을 언급한 적이 있다. 부끄러움 없음은 나를 내보이는 것, 즉 자기표현과 관련이 있다. 오늘날 자기표현은 더 이상 비난의 대상이 아니다. 반면 우리가 이상을 충족하지 못할 때 부끄러움이 생겨난다. 실패에 대한 부끄러움. 이것이 오늘날 우리를 계속해서 동반한다.

따라서 이제 결핍이란 뭐든 할 수는 없다는 것, 뭐든 허용되지는 않는다는 것, 금지에 순응하는 것을 의미하지 않는다. 오늘날 결핍은 충만함에 도달하지 못하는 것, 이상을 충족하지 못하는 것이다. 그러니까 완전히 다른 종류의 결핍이다. 하지만 이상은 결코 현실적이지 않으며, 결코 완전히 충족할 수 없다. 이상의 이러한 도달 불가능함 때문에 실패는 불가피하다. 실패는 말하자면 구조적이다. 실패는 우리의 모든 개선에 따라온다. 실패는 우리 힘의 모든 향상에 동반한다. 실패는 우리의 그림자다. 제아무리 노력해도 우리의 권능 부여는 계속해서 손상된다. 우리의 권능 부여는 극복할 수 없는 제약을 당한다. 이런 상황에서 핵심은 바로 열등함이다. 우리는 그것을 부끄러움 혹은 모욕감으로 체험한다.

그리고 이로써 나르시시즘적 '도덕'은 선과 악을 구별하는 것이 아니라 좋음과 나쁨을 구별한다.

그럼 우리의 행동을 인도하고 금지에 초점을 맞추지 않은 이런 좋음-나쁨의 차이는 무엇일까? [123]

〔123〕 프리드리히 니체가 바로 떠오를 테지만 여기에서 우리는 니체를 따르지 않는다. 그가 바로 떠오르는 까닭은 '선과 악'을 '좋음과 나쁨'과

이 물음에서도 우리는 다시 스피노자에게로 돌아간다.

스피노자에 따르면 좋음과 나쁨의 구별은 전도에서 출발한다. 즉 인간은 자기가 세상의 중심이라는 생각을 스스로에게 주입한다. 모든 것을 자기와 관련시킬 때 인간은 좋음과 나쁨 같은 개념을 만든다. 왜냐하면 인간 자신이 척도가 되기 때문이다. 그렇다면 나에게 유용한 것, 나에게 소중해 보이는 것, 내가 유쾌하다고 느끼는 것이 '좋은' 것이다. 그리고 여기에 맞지 않는 모든 것은 '나쁜' 것이다.

즉 만물은 오직 나를 기준으로, 오직 나에게만 좋거나 나쁘다. 그리고 여기에 우리의 욕망이 개입한다. 왜냐하면 스피노자에 따르면 모든 사람은 자기가 좋다고 판단하는 것을 욕망하기 때문이다. 마찬가지로 모든 사람은 자기가 나쁘다고 판단하는 것을 혐오한다. 그리고 바로 이 지점이 스피노자의 결정적인 전환점이다. 왜냐하면 여기에서 다음의 결론이 나오기 때문이다. 우리가 무언가를 욕망하는 것은 우리가 그것을 (가령 도덕적 의미에서) 좋다고 판단해서가 아니다. 오히려 정반대다. 즉 우리는 "우리가 욕망하는 것을 좋은 것"[124]이라 지칭한다. 따라서 우리가 혐오하는 것은 나쁜 것이라 지칭한

단호히 구별한 장본인이 바로 니체이기 때문이나. 알다시피 니체의 '선악의 저편(Jenseits von gut und böse)'은 명언이 되었다. 그런데 한편으로 니체는 좋음과 나쁨을 강자와 약자의 차이로 정의한다. 다른 한편으로 니체에게 그렇게 이해한 '좋음'은 추구해야 하는 목표다.

[124] Spinoza, *Ethik*, 3부. 정서에 대하여. 정리 39. 주석.

다. 즉 좋음-나쁨은 우리의 소망, 우리의 욕망과 상응한다. 유
익함-해로움 혹은 유쾌함-불쾌함도 마찬가지다. 좋음-나쁨
은 우리의 성향, 우리의 본성, 그리고 오늘날이라면 우리의 정
체성에 근거한 주관적 판단이다. 우리의 본성과 부합하는 것
은 좋은 것이고, 우리의 본성과 반대되거나 우리의 본성을 해
치는 것은 나쁜 것이다. 스피노자는 아주 명시적으로 말한다.
"그래서 욕심 많은 사람은 많은 돈을 가장 좋다고 평가하고 돈
이 부족한 것을 가장 나쁘다고 판단한다. 한편 공명심 많은 사
람은 다른 무엇보다 명성을 욕망하며, 반대로 다른 무엇보다
치욕을 기피한다. 그리고 시기심 많은 사람에게는 다른 사람
의 불행보다 기분 좋은 게 없으며, 다른 사람의 행복보다 짜증
스러운 게 없다. 이런 식으로 모든 사람은 각자 무엇이 좋은지
혹은 나쁜지, 유익한지 혹은 무익한지를 자기의 정서에 근거
해 판단한다."[125]

스피노자에게 이런 좋음-나쁨의 표상은 깨달음이 아니며
그가 이것을 '부적합한', 부적절한 이념이라 칭한다는 사실을
명심해야 한다. 우리라면 그런 표상이 세계에 대한 이데올로
기적 관계와 일치한다고 말할 것이다. 오늘날 그것은 지배적
윤리가, 나르시시즘적 '도덕'이 되었다.

그러한 나르시시즘적 윤리가 어떤 근본적 전도를 의미하

[125] Ibid.

는가를 바로 여기에서 알 수 있다. 좋음, 윤리적인 좋음은 우리가 도덕적 선으로 이해하는 그것이 아니다. 나에게 좋은 것, 나의 본성과 나의 정체성을 장려하는 것인 좋음이 오늘날 우리의 생활 방식 전체를 규정한다.

이를테면 오늘날 큰 관심의 대상인 음식을 생각해 보자. 여기에 좋음-나쁨의 차이를 다양한 식으로 삽입할 수 있다. 일단 미각의 기준으로. 왜냐하면 좋음-나쁨은 세련됨의 문제니까. 그리고 정치적 올바름의 기준으로. 이때는 공정 제품 같은 것이 화두다. 그리고 기후 중립성의 문제로. 즉 지역 제품의 선호. 혹은 종교적 문제로. 깨끗함과 불결함 또는 단식 기간을 구별하는 종교적 규칙에 따라서. 아니면 건강 문제로, 식이 요법 문제로.

이때 우리의 관심을 끄는 것은 각각 무엇이 좋고 나쁜지가 아니다. 우리의 관심을 끄는 것은 이러한 구별이 그 **모든** 경우에 음식을 먹는 사람 각자의 본성, 정체성을 기준으로 한다는 점이다. 내가 생태 지향적이면 나의 식사 규칙은 생태적이다. 이 경우 생태적인 것이 윤리적으로 좋은 것이다. 이는 곧바로 납득이 간다. 선에 대한 오랜 도덕적 규정과 연결되니까. 그러나 그것은 잔재일 뿐이다. 왜냐하면 순수한 향유에 빠진 사람도 마찬가지기 때문이다. 이 경우에는 이러한 향유를 북돋우는 것이 나르시시즘적 의미에서 윤리적으로 좋은 것이다. 즉 통상적인 의미에서 좋다고 간주되는 것이 좋은 게 아니다. 예컨대 목살 스테이크도 스테이크 먹는 사람에게는 윤리적으로 좋기 때문이다. 그러니까 우리가 '윤리적 소비'라 부르는 것뿐 아니라 그 반대도 '좋을' 수 있는 것이다.

오늘날의 맥락에서 '좋음'은 외부에서 갖다 대는 척도가 아니다. 오늘날의 맥락에서는 오히려 내가 나 자신의 척도다.

따라서 나르시시즘의 시대에 윤리적 좋음은 허락된 자기 긍정이 되었다. 그런데 만약 나의 본성에 부합하는 것이 좋은 것이라면, 나의 정체성을 장려하는 것이 좋은 것이라면, 우리는 늘 좋음-나쁨을 가지고 내가 무엇인지를 협상하는 것이기도 하다. 우리는 단지 고기를 **먹는 것**이 아니라 육식하는 사람**이다**. 우리는 단지 자전거를 **타는 것**이 아니라 자전거 타는 사람**이다**.

그럼 좋음-나쁨의 구별이란 '무엇이 나에게 좋은가?'를 의미할 뿐 아니라 '내가 좋은 사람인가? 혹은 아닌가?'도 의미하게 된다. 그럼 나는 항상 백척간두에 서 있게 된다.

나르시시즘적 '도덕'은 허락된 자기 긍정일 뿐 아니라 늘 불안정한 자기 정체성에 요구되는 강화기도 하다.

자기 자신을 자기 세계의 중심으로, 척도로, 좋음과 나쁨의 기준으로 만드는 것은 따라서 모든 것을 자아를 위한 계기로, 기회로 받아들이는 것이기도 하다. 세상 모든 것을 대할 때 이렇게 묻는 일이다. 그것이 날 어떻게 만들까? 그것을 통해 내가 무엇이 될 수 있을까? **이것**이 현시대의 주도 동기다.

  그러니까 우리는 좋음-나쁨의 기준을 가지고 우리가 누구
인지를 협상한다. 혹은 우리가 누가 되고 싶은지를 협상한다.
그리고 바로 이 지점에서 스피노자의 또 다른 개념이 적용된
다. 여기에서는 주어진 정체성뿐 아니라 열망하고 추구하는
정체성, 즉 '모범상'이 중요하다.

  모범상은 스피노자에 따르면 보편적 이념이다. 우리는 가
령 집이나 건물에 대해 그런 모범상을 가지고 있다. 우리는 이
상에 의거해 판정을 내린다. 대상이 완성되었는지 혹은 미완
성인지. 대상이 완전한지 혹은 불완전한지. 이러한 판단의 근
거는 사물이 그 모범상에 얼마나 일치하는가, 혹은 그렇지 않
은가다. 하지만 이런 모범상이 사물에만 있는 것은 아니다. 인
간의 모범상도 있다. 우리라면 이것을 이상이라 칭할 것이다.
우리가 이 모범상에 '점점 더 근접'하도록 도와주는 것은 좋은
것이다. 그리고 우리가 '이 모범상에 부합하는 것'을 방해하는
것은 나쁜 것이다. 즉 스피노자는 자기가 온 세상의 기준이라
고 생각하는 주어진 자아와 관련해서만 좋음-나쁨을 정의하
지 않는다. 좋음-나쁨은 우리가 점점 더 근접하고 싶어 하는
모범상, 다시 말해 이상과 관련해서도 정의된다. 그렇다면 이
상적 자아를 강화하는 생활 방식은 좋고, 이상적 자아를 약화
하는 생활 방식은 나쁘다. 이상을 장려하는 자기 기술은 좋고,
그러지 않는 자기 기술은 나쁘다.

  만약 이것이 우리의 우세한 '부적합한 이념들', 우리의 나

르시시즘적 이데올로기에 대한 적합한 설명이라면, 이런 의문이 생긴다. 무엇이 우리의 모범상일까? 무엇이 나르시시즘적 이상일까?

이 물음에 다가가기 위해 우리는 잠시 우회해서 다시 한번 슬라보예 지젝을 살펴봐야 한다. 보다 정확히는 푸코가 설명하는 고대의 자기 배려 개념을 지젝이 어떻게 비판했는지 살펴봐야 한다. 지젝은 푸코가 그리는 고대의 이미지에서는 자기에 대한 배려가 보편적 법과 관련 없이, 금지 없이 잘 이루어진다고 말한다. 지젝은 이러한 고대의 이미지가 "엄밀한 의미에서 환상적"이라고 지적한다. 어떤 도덕적 질서도 없이, 즉 보편적 법의 "지원" 없이 스스로 만든 규율이란 환상이며 신화라고.[126]

푸코가 그리는 고대의 이미지에 환상적인 면이 있을 수 있다. 그러나 푸코가 매우 선명하게 스케치하는 것은 이상에 의해 인도되는 자기 배려다. 이 자기 배려는 결코 순수하게 개인주의적인, 순수하게 자기 준거적인 개인의 향상이 아니다. 그것은 오히려 이상에 의해, 좋음의 표상에 의해 인도되며 이러한 표상은 사회적이다. 자기 테크놀로지는 항상 이 표상을 지향한다. 무엇이 좋은 아버지인가? 무엇이 좋은 시민인가? 즉 중요한 물음은 다음과 같다. 어떻게 내가 폴리스에서 내 자리

〔126〕 Slavoj Žižek: op. cit., p. 343.

를 적합하게 채울까? 윤리적 공동체로서 이런 폴리스의 이미지가 얼마나 상상적이든 그것은 우리에게 중요하지 않다. 우리에게 중요한 것은 그곳에서 자기 기술이 항상 사회에서 규정된 자리에 의거한다는 점이다. 좋음에 대한 주어진 표상에 의거한다는 점이다. 즉 자기 기술이 이상의 영향을 받는 윤리라는 점이다.[127]

이것은 바로 우리 상황에 부합하지 않기에 더더욱 우리에게 중요하다. 요점은 이렇다. 우리는 자기 기술에 둘러싸여 있다. 단 구속력 있는 좋음의 표상 없이. 좋은 시민의 표상 없이. 좋은 남편이든, 좋은 아내든, 무엇이든 그에 대한 표상 없이. 사회에서 규정된 자리와 역할 없이. 따라서 어떻게 그러한 직분을 다해야 할지에 대한 표상도 없이.

우리에게는 막스 베버가 말하는 보편적 구속력을 가지는 종교적 기준도, 폴리스와 좋은 시민의 표상도 없다. 즉 우리에게는 초월적으로 고정된 좋음도, 순수하게 내재하는 좋음도 없다.

미리 정해진 사회적 역할과 정체성에 대한 거부, 즉 규정된 자리를 채우기를 거부하는 것은 오랜 세월 동안 영웅주의로 여겨졌다. 말하자면 정체성의 영웅주의로. 그 본보기는 가

---

[127] 여기에서 우리는 이것이 자기 테크놀로지를 말하는 후기 푸코에만 적용되지, 권력 이론가로서의 푸코에는 적용되지 않는다는 점을 분명히 해 두려 한다.

령 예술가의 전기에서 찾아볼 수 있는데 사람들은 그것을 예외적 주체의 자기 고집[128]으로 미화할 정도다.

이와 같은 가정과 반대로, 이러한 거부와 자기 고안의 모델과는 반대로 포스트 68이 보편화되었다고 오히려 말해야 한다. 오늘날 우리에게는 좋음의 표상, 구속력 있는 표상이 없는 것이다. 우리에게는 미리 만들어진 사회적 자리가, 미리 정해진 사회적 역할이 없기에 거부의 영웅주의가 필요 없다. 그러한 영웅주의가 아예 없다.(비록 그것이 '자아실현' 개념에 아직 남아 있을지는 몰라도.) 실제로 우리의 상황은 완전히 다르다.

우리의 현재 상황을 특징짓는 것은 바로 그런 구속력 있는 기준의 결핍이다. 아주 강조해 말하자면 바로 모범상의 부재, 규정된 이상의 부재가 오늘날 우리를 규정한다. 왜냐하면 이 부재는 뒤집혔기 때문이다. 이러한 전도에 대한 가장 정확한 묘사이자 우리 상황에 대한 가장 정확한 묘사는 예상치 못한 곳에서 발견된다. 헤겔의 텍스트가 그것이다.

헤겔이 염두에 둔 것은 낭만주의였다.[129] 낭만주의는 오늘날 우리의 나르시시즘적 세계 관계와 놀랄 만큼 많은 유사

〔128〕 Eigen-Sinn. 원래 형태인 Eigensinn의 중간에 하이픈이 들어가서 '자기 의미'로도 해석할 수 있는 표현이다.—옮긴이 주
〔129〕 다음을 참조하라. Georg Wilhelm Friedrich Hegel, *Phänomenologie des Geistes*(Frankfurt/M., 1986).

성을 보인다. 이 유사성 때문에 헤겔의 묘사는 우리에게 아주 큰 가치를 가진다. 헤겔의 분석은 물론이고 낭만주의에 대한 강력한 비판도 오늘날 우리의 상황에 딱 들어맞는다. 헤겔은 부재하는 공허한 기준이 어떻게 전도되는지를 보여 준다. 보편타당한 표상이 없을 때 바로 이 부재는 좋음의 새로운 내용이 된다. 달리 말하면 보편타당성이 부재할 때 그 반대가 보편타당성의 자리를 차지한다. 개별성과 구체성이 그것이다. 그럼 우리의 상황에서 이는 무엇을 뜻할까?

　좋음에 대한 보편적 표상이 없으면 오직 나 자신의 정체성만이 무엇이 좋고 나쁜지를 결정한다. 그렇다면 나의 행동은 보편타당한 미리 주어진 규범을 따르는 게 아니라 오직 나의 주관적 확신만을 따른다. 이런 의미에서 좋음을 측정할 보편적 기준은 존재하지 않는다. 보편적 척도는 존재하지 않는다. 내가 하는 일, 마땅히 해야 할 일, 해야만 하는 일에 대한 확신은 보편적 법, 보편적 도덕, 보편적 관습이 아니라 오직 나의 주관적 확신과만 관련된다. 그렇다면 나의 행동에서는 나의 내적 확신만이 실현될 것이다. 이런 의미에서 헤겔의 표현처럼 바로 나의 자아가 나의 행동의 **내용**이 된다.

　그런데 여기에서 다루는 자아를 더 자세히 고찰해야 하다. 왜냐하면 내 행동의 척도는 단순히 자아가 아니라, 자신을 개인**으로** 생각하는 자아이기 때문이다. 이 '개인**으로**'라는 표현의 함의를 철저하게 이해해야 한다. '개인으로서의' 자아란 사회적 존재로서의 나가 아니라 나의 '직접적' 개별성 속에 있는 나다. 비록 이 직접성이 모든 사회적인 것을 도외시하기에 겉보기에만 직접성일 뿐일지라도, 따옴표가 붙은 '직접성'일 뿐이라도 말이다. 그럼에도 그것은 내가 나를 그러한 개인으로 경험하는 형식이다. 바로 그것이 내 행동의 기준점이다. 구체적 개인**으로서의** 나.

여기에서 우리는 부재하는 보편타당한 이상이 그 반대로 전도된다는 것이 무슨 뜻인지 알 수 있다. **구체적** 이상, **개별적** 모범상이 보편타당한 이상의 자리를 대체한다는 뜻이다.

이로써 우리는 나르시시즘적 세계 관계의 또 다른 규정과 마주친다. 모든 것을 자신과 관련시키는, 항상 내가 대상이라 느끼는 중심화에, 경쟁 저편의 고유 가치에, 자아 충만의 환상에 이제 구체성이 추가된다. 온갖 모순에도 불구하고 절대적으로 설정되는 특수한 개별성으로서, 특수성으로서, 구체성으로서 세계에 접근하는 것. '나-지금-여기'을 절대적으로 설정하는 것은 환상이고 공상이다. 구체성의 환상이다. 왜냐하면 자아가 구체적이려면 반드시 추상성을 희생해야 하기 때문이다. 모든 사회적 관계의 추상성을.

그리고 바로 이 구체적 자아가 나르시시즘적 '도덕'의 내용이다. 그럼 '도덕적' 행동이란 나의 구체적 개별성을 실현하는 것이다. 나의 모든 행위에서, 나의 모든 발언에서. 따라서 이 자아는 스스로에게 "그 우연성 속에서…… 전적으로 타당한 것"이라고 헤겔은 쓴다. 이 기막힌 표현은 만일 내가 모든 것을 나와 관련시킨다면, 만일 내가 내 세계의 중심이 된다면, 나의 구체적 자아가 그 모든 우연성 속에서 내가 "전적으로 타당한 것"이라 체험하는 것이 된다는 사실을 보여 준다.

그럼 개인은 자신을 어떻게 개인**으로** 경험할까? 우리는 우리의 구체성을 어떻게 체험할까? 여기에 접근하는 특권적 통로는 감각이다. 감각적 경험 속에서, 느낌 속에서, 자신의 감정 속에서 우리는 우리를 개인**으로** 체험한다. 완전히 '직접적으로'.

그러니까 여기에서는 자신의 감정이 중요하다. 감정은 우리가 우리의 구체적 실존을 경험하는 매체다. 주관적 느낌 속에서 나는 완전히 구체적이다. 나-지금-여기. 혼동할 여지 없이. '직접적' 자기 확신 속에서. 이 자기 확신이 아무리 겉보기일지라도.

우리의 느낌은 우리에게 증거가 된다. 우리에게 그것은 우리의 구체적 실존을, 우리의 구체성을 보증한다.

따라서 감정은 오늘날 그토록 높은 사회적 위상을 가진다. 이는 우리가 헤겔과 함께 나아갈 다음 단계인데, 비록 감정은 근본적으로 개별적이지만 말이다.

감각적 앎은 주관적 앎이라고 헤겔은 말한다. 견해, 느낌은 개인적이고 개별적이다. 그리고 보편적이지 않다. 느낌이 오늘날 우리에게 그토록 중요한 이유가 바로 여기에 있다. 느낌은 나의 세계인 것으로 가는 통로이자 표시다. 느낌은 나의 느낌이고 나의 것이다. 무엇이 나의 느낌보다 더 나의 것이겠는가? 이로써 나의 감정은 나의 지평을 이룬다. 나의 감정은 내 세계의 지평을 나타낸다.

이는 나르시시즘적 '도덕'에서 감정이 가지는 위상 또한 결정한다. 우리가 보편적 의무에서 더 이상 자신을 발견할 수 없을 때, 우리는 정반대의 것을 주장한다. 즉 헤겔의 표현처럼 "무엇이 선(善)인지를 자기 안에서 그리고 자발적으로 알" 절대적 권한을. 여기에서 중요한 점은 이 앎이 우리의 느낌으로부터, 우리의 감정으로부터 우리에게 온다는 것이다.

감정은 나르시시즘적 '도덕'에게 고유성을 보증해 주는 역할을 한다. 감정이 오늘날 그토록 큰 가치를 가지는 이유다. 그러나 동시에 감정이 문제가 되는 이유이기도 하다.

만약 나르시시즘적 '도덕'과 같은 도덕이 개별성과 감정을 토대로 세워진다면, 이는 개인이 자신의 특수성을 원칙으로 만든다는 뜻이다. 헤겔에게 이것은 오랜 기독교 전통에 따라 악의 정의다. 즉 '어마어마해 보이는 자만'이다. 그런데 이 자만은 그것이 보편적 원칙으로 격상될 때 불식된다. 그러니까 만일 개인이 자신의 특수성을 다른 모든 사람들 위로 격상시킨다면, 그것은 악이다. 하지만 만일 개별적인 느낌에 기반을 둔 주관적 확신이 보편적 원칙으로 격상된다면, 그것은 더 이상 자만이 아니며 우리가 나르시시즘적인, 몹시 반사회적인 '도덕'이라 부르는 것이다.

그러한 '도덕'에서 나는 나에게 '전적으로 타당한 것'이다. 그러한 '도덕'에서 나는 나를 보편적 존재로, 보편성으로 설정한다. 이 점을 더없이 중요하게 받아들여야 한다.

나르시시즘적 '도덕'은 보편적 의무를 모르는 것처럼, 보편적 척도를 가지지 않은 것처럼, 보편 범주도 가지고 있지 않다. 더 정확히 말해서 나르시시즘적 '도덕'은 보편 범주를 다소간 격렬하게 거부한다. 나르시시즘적 '도덕'에게 보편 범주는 개인이 추구하는 구체성에 대한 항의로 간주된다. 즉 보편 범주는 오늘날 우리에게 '규준' 역할을 하는 절대적 구체성의 환상과 모순된다. 보편 범주는 개인에, 개인의 느낌에, 개인의 자기 확신에 근거한 이 '도덕'의 기초와 모순된다.

보편 범주에 대한 이러한 거부는 민족, 계급 또는 정당 같은 개념의 거부부터 가령 성별의 정의 같은 생물학의 거부에 이르기까지 매우 넓은 스펙트럼을 포괄한다.

이 보편 범주의 거부는(혹은 적어도 보편 범주에서 자기를 재인식하는 일의 감소는) 여러 가지 버전으로 나타난다. 하지만 두 가지 버전이 주요하다. 여기에서 우리는 5장에서 이미 맞닥뜨린 현상과 다시 만난다. 하나의 지배적 이데올로기는 모든 생활 형태의 단일화를 뜻하지 않는다. 하나의 지배적 이데올로기는 다양한 방식으로 체현될 수 있다. 나르시시즘과 나르시시즘적 '도덕'의 경우도 마찬가지다. 나르시시즘적 '도덕'은 본질적으로 두 가지 형태, 두 가지 버전을 가진다.

우리가 코로나 팬데믹에서 견고하고 강한 버전과 취약한 버전을 만났다면, 지금 살펴볼 것은 각각 스스로를 '자유주의적' 그리고 '진보적'이라 칭하며 서로 대립하는 두 가지 버전이다. 그러나 우리는 이러한 구별을 단연코 하나의 동일한 이데올로기의 두 가지 형태로 이해하려 한다.

첫 번째 버전, 즉 모든 형태의 '자유주의적' 버전에서 보편 범주의 거부는 세계에 대한 무제한적 요구가 된다. 그것은 자기 소망을 충족할 권리, 사익을 추구할 무제한적 권리, 절대적인 개인 자유의 주장으로 이해할 수 있다. **나의** 세계라 생각하는 것에 대한 그러한 요구는 나의 절대적으로 구체적인 개별성을 주장하는 데에서 생겨난다. 이 세계 관계에서 세계는 모든 구체성을 가진 자아에게 단지 기회일 뿐이다. 그러나 이는 향락을 요구하는 쾌락주의에 한정되지 않는다. 원래라면 이런 세계 관계와 대립할 보수주의도 거기에 포함된다.

자신의 보수주의를 체현하는 방식조차 오늘날에는 나르시시즘과 나르시시즘적 '도덕'의 영향 아래 있다. 오늘날 아주 유행하는 계보학을 예로 들어 보자. 자신의 기원과 족보에 대한 관심이 널리 퍼져 있다. 과거에는 개인이 가계도에 자신을 편입시켰다면 오늘날의 가계도는 나를 향해 뻗어 오는 선으로 스케치된다. 구체적 개인으로서 나를 향하는 선. 가문의 시간에서 개인의 위치를 결정하는 수단이었던 가계도는 개인이 자기에게 귀속시키는 하나의 내용이 되었다. 개인은 편입되는 게 아니라 자기에게 귀속시킨다. 그리하여 오늘날에는 전통 역시 개인이 따르는 기준이 아니라 개인에게 임의로 붙는 속성으로 체험된다. 개인은 전통을 자기 것으로 삼는다.

다른 형태인 '진보적' 버전에서 보편 범주의 거부는 마찬가지로 권리를 지향한다. 자아에 대한 무제한적 권리, 그러니까 규정된 범주를 거부하는 자아에 대한 권리다. 이로써 보편 규정의 거부는 규정된 역할이나 사회적 자리에 대한 전통적 거부를 훨씬 넘어선다. 자신의 구체성은 생물학적, 사회적 범주의 거부에까지 이른다. 규정된 성별 범주에 맞서 내세우는 것은 게이나 레즈비언 같은 '오래된' 성적 자기 긍정을 넘어선다. '오래된' 성적 자기 긍정은 오히려 하나의 공식으로 대체된다. 이 공식은 LGBTI, 이어서 LGBTI*, 그리고 LGBTI*QA 까지 계속해서 확장된다. 모든 형태, 모든 중간 형태, 모든 성적 가능성을 포괄하기 위해. 즉 모든 모호성을 포괄하려는 것이다. 그것이 아무리 모순적일지라도.

이러한 열거가 결코 끝날 수 없다는 점, 결코 모든 구체성을 포착할 수 없다는 점을 방증하는 표시는 뒤에 덧붙는 소심한 '플러스'다. LGBTQIA+. 꼬리표로 달린 이 플러스 기호는 지젝에 따르면 다른 모든 그룹과 규정을 '포함한다'는 표지다.[130] 이 플러스는 닿을 수 없는 구체성을 나타내는 기호라

〔130〕 Slavoj Žižek, *Der Mut der Hoffnungslosigkeit*(Frankfurt/M., 2018), p. 301.

고 말할 수도 있을 것이다.[131]

이제 나르시시즘적 '도덕'의 '진보적' 버전을 더 자세히 살펴보기 전에 우리는 두 가지 버전의 공통점, 다시 말해 이 '도덕'의 전체 영역을 이루는 것을 확인하려 한다.

두 경우 모두 자기 확신이 이 '도덕'의 토대다. 이 확신에게 사회적 기준과 사회적 역할은 모욕과 같다. 즉 자기 기획에 대한, 자기 규정성에 대한 모욕이다. 여기에서 나르시시즘적 '도덕'의 핵심 동기가 도출된다. 그것은 사회성의 부정, 자신의 사회성에 대한 부정이다. SUV 운전자뿐만 아니라 퀴어 활동가도 헤겔의 표현처럼 보편적인 '인륜적 관계'를 거부한다. 달리 말해 나르시시즘적 '도덕', 즉 세계를 나의 세계로 만들 권

[131] 우리는 전혀 예상치 못하게 이모지에서도 이 현상을 발견한다. 전 세계에서 빠른 소통을 위해 사용하는 이런 기호들과 관련해서 한번은 정체성 정치 논쟁이 있었다. 미국 유니코드 컨소시엄은 어떤 이모지를 허가할지 결정한다. 애플, 페이스북, 넷플릭스, 구글이 이 컨소시엄 소속이다. 허가 건수는 갈수록 늘어나며, 따라서 이모지는 갈수록 다양해진다. 하지만 갱신이 이루어질 때마다 소수 집단에서 비판을 가한다. 가령 빨간 머리카락을 가진 사람들이 자신들의 이모지를 요구했다. 또 인도 대학생들은 유니코드 카탈로그를 비판했다. 왜냐하면 버거, 피자, 초밥 이모지는 이미 있지만 인도 쌀 요리 이모지는 없기 때문이다.(이에 관해서는 다음을 참조하라. Adrian Lobe, Politische Ökonomie der Emojis, in: die *tageszeitung*, 2021. 3. 18.) 여기에서도 열거는 늘 부족한 상태에 머무른다. 여기에서도 구체화의 진전을 위해 싸움이 벌어진다. 구체적인 것은 계속 더 세세하게 표현되어야 한다. 계속 더 상세하게. 이때 차별이란 보편적 개념과 이미지에 나타나지 않는 것을 뜻한다.

리는 바로 형식을, 사회성을 부정하는 것이다. 절대적으로 설
정되는 개인의 구체성이라는 환상을 통해서.

구체성을 향한, 자기 규정을 향한 이러한 열망은 점점 더
확장되고 있다. 보편적 범주의 거부가 점점 더 진척되고 있다.
그렇기에 우리는 나르시시즘적 '도덕'의 정점이자 순수 형식
이라 할 현상을 통해 이를 고찰하려 한다. 여기에서 우리는 이
현상이 그것에 맹렬히 반대할지 모를 사람들에게도 순수 형식
이라는 점을 명심해야 한다. 우리가 살펴볼 현상이란 자기 정
체화다.

처음에 자기 정체화는 인종적 출신과 소속에 대한 정보 수
집과 관련된 반(反)차별적 조치였다. 1990년 유엔은 민족적 소
수자를 보호하기 위해 이 조치를 결정했고, 타인에 의한 차별
적 범주화는 자기 정체화로 대체되어야 했다.

오늘날 특히 이른바 자기결정법 형식의 자기 정체화는 무
언가 다른 것이 되었다. 행정 기술적 조치였던 자기 정체화는
정체성 주장의 본질적 형식이 되었다. 오늘날 자기 정체화는
성별과 관련해서 바로 타인에 의한 범주화로 이해할 수 있는
보편적 범주화의 급진적 거부를 의미한다. 오늘날 성별은 더
이상 '외부에서' 규정되어서는 안 된다. 사회에 의해서든 생물
학에 의해서든.

오늘날 여러 곳에서 이미 시행되고 있고 어떤 곳에서는 아
직 논의 중인 자기결정법[132]은 단지 의사 표현만으로 성별을

바꿀 권리를 승인한다. 자기결정법이란 가령 출생증명서에 기입된 '부여된' 성별을 의학적 개입 없이 바꿀 수 있다는 뜻이다. 오로지 자신의 내적 감정에 근거해서, 즉 자기 정체화에 근거해서.

여기에서 우리는 사실로서의 트랜스젠더와 담론으로서의 트랜스젠더를 아주 선명히 구별해야 한다. 사실로서의 트랜스젠더는 전체적으로 볼 때 소수의 사람만 해당한다. 우리는 이 사람들의 엄청난 문제 상황을 여기에서 결코 다루지 않는다.

지젝은 트랜스인들이 단순히 이성애적 규범을 교란하는 비주류 집단이 아니라고 말한다. 그들의 메시지는 오히려 보편적이라고. 이 메시지는 실제 당사자들을 훨씬 넘어서서 하나의 핵심 담론이 되었다고도 말할 수 있을 것이다. 여기에서 우리는 이 담론을 살펴보고자 한다. 왜냐하면 담론으로서 트랜스, 무엇보다 자기 정체화는 하나의 범례가 되었기 때문이다. 통념과 달리(그리고 아마 트랜스인들의 자기 이해와도 어긋나게) 자기 정체화는 지배적 사회를 겨냥하지 않으며, 오히려 지배적 사회의 급진화된 표현이다. 그것은 여기에서 우리가 다

〔132〕 자기결정법 혹은 성별결정법은 2012년 아르헨티나에서 처음 생겼고 현재 칠레, 몰타, 덴마크, 룩셈부르크, 벨기에, 스위스, 아일랜드 등 여러 나라에서 시행 중이다. 독일의 경우 2024년 11월부터 발효 예정이며 14세 이하는 법적 보호자의 동의를 받아 성별과 이름을 변경할 수 있다. 오스트리아에서는 이와 같은 법이 아직 도입되지 않았다.— 옮긴이 주

루는 '도덕' 전체의 순수 형식이라 할 수 있다. 즉 자기 정체화
는 이 '도덕' 전체의 토대를 표현하는 극단으로 뒤집힌 거울
이 된다. 그러니까 자기 정체화와 트랜스 담론을 거부하는 '도
덕,' 즉 '자유주의적' 버전의 '도덕'도 포함해서 말이다.

왜일까?

지배적 나르시시즘에서 모든 것은 고유한 정체성에 근거
한다. 이것은 분명하다. 그런데 이 정체성(이것이 초점이며 여
기에서 뚜렷해진다.)은 오로지 자기 정체화의 정체성이다. 혹은
오로지 자기 정체화의 정체성이어야 한다. 이것은 개인의 구
체성의 정점이다. 내가 무엇인가 혹은 누구인가라는 물음에
대한 우리의 강박의 정점이다. 그리고 그 유일한 기준은 바로
나의 감정이다. 나 자신의 궁극적 진리는 내가 **느끼는** 정체성
이다. 이 정체성이 불변하든 변화하든(오늘 나는 누구인가? 오늘
나는 내가 무엇이라 느끼는가?), 어떤 경우든 주관적 감정이 궁
극적 근거이자 궁극적 기준이자 내 정체성의 토대다. 이로써
개별화는 계속해서 나아간다. 개인에게서 더 이상 어떤 보편
성도 발견할 수 없을 때까지. 우리 모두가 추구하는 절대적 구
체성이라는 환상, 공상은 이제 극에 이른다. 완전한, 실존적인
'자기 권능 부여'라는 환상. 왜냐하면 오직 주관적 감정에만
근거하는 정체성이란 오직 자기 자신에 의해서만 규정되는 정
체성이기 때문이다. 이것은 순수한 자기 정립이다.

그것은 자아에 대한 모든 사회적 규정의 거부다. 모든 규

정성이 구획 짓기에, 부정에, 하지만 더불어 타자와의 관계에
도 있다는 원칙의 거부다. 그것은 순수한 자기 준거성 안에서
의 자아 규정이다. 따라서 그것은 반사회적, 반변증법적 주체
성의 표상임이 여기에서 아주 분명히 드러난다. 자기 정체화
에서 자아의 사회성에 대한 부정은 정점에 이른다. 그리고 바
로 이것이 우리의 나르시시즘적 '도덕'의 지평이다.

　그런데 이러한 자기규정의 지평에서 타자들은 어떤 역할
을 할까? 여기에서도 자기 정체화 개념은 자체의 설정을 훨씬
넘어서는 결정적인 실마리를 제공한다. 타자들은 내가 자기
정체성을 스스로 설정할 때 동의하는 역할에 한정되어야 한
다. 타자들은 내가 규정하는 것에 그냥 동의해야 한다. 더 나
아가 자기 정체화의 원칙은 다음의 사항을 분명히 한다. 즉 타
자는 나의 규정이 자신의 인식과 모순될지라도 그것을 인정**해
야 한다**. 가령 내가 나를 남성으로 규정하면 타자는 나를 남성
으로 인정해야 한다. 그것이 자신의 인식에 부합하지 않더라
도. 타자가 그것을 적절하다고 여기든 아니든 상관없는 것이
다. 원칙은 이렇다. 그러한 동일시를 의문시할 권한은 누구에
게도 없다. 그리고 설사 내가 주관적으로 부여한 정체성이 바
뀌더라도 타자는 그것을 받아들여야 한다. 이 경우에도 원칙
은 확고히 유지된다. 즉 나는 스스로가 생각하는 자신이 타자
에게도 그렇다고 포고한다. 자신이 느끼는 정체성이 자신이
타자에게 보여 주는 정체성이기도 하다고 포고한다. 이로써

자아에 대한 사회적 인식은 규정될 뿐 아니라(나는 어떻게 인식
된다.) 또한 확정되어야 한다.(나는 그렇게 인식되어야 한다.) 달
리 말하면 자기 인식과 외부 인식은 포고를 통해 맞아떨어진
다. 이것은 '나는 나다'라는 동어 반복을 사회적으로 확정하려
는 시도다.

　우리는 여기에 내재한 역설을 명확하게 말해야 한다. 자기
정립은 자아의 사회성에 대한 부정이다. 다시 말해 순수한 '나
는 나다'다. 하지만 그것은 동시에 사회적 인정을 필요로 한
다. 그런데 역설은 여기에서 그치지 않는다. 왜냐하면 사회적
인정을 스스로 바꿔야 하기 때문이다. 인정은 반사회적 원칙
에 기입되어야 한다. 이 얼마나 엄청난 일인가! 이때 타자는
결코 실제 타자로 존재하지 않으며 단지 동의자로만 존재한
다. 이것은 타자 안의 반영이 아니라 순전히 형식적인 인정일
뿐이다. 왜냐하면 동의는 꼭 필요하니까.

　자기 정체화는 자기의 정의를 제시한다. 하지만 동시에 그
러한 원칙으로서 사회적으로 받아들여져야 한다. 그리고 국가
에 의해 법으로 관철되어야 한다. 헤겔은 국가가 느낌을, 주관
적 앎을 인정할 수 없다고 말한다. 당시에는 아직 그랬다. 그
런데 오늘날에는 바로 그 일이 일어나야 한다. 자기 정체화는
한편으로는 인정의 원리를 순수한 동의로 축소함으로써 무력
화하고자 시도한다. 그러나 동시에 순수한 동의의 전제, 다시
말해 자기 정체화 원칙 자체는 사회적으로 받아들여지고 국가

적으로 강화되어야만 한다. 이것은 그런 순수한 자기 권능 부여가 이르는 모순이다.

자기 정체화는 이미 말했듯이 자기 정립, 자기 권능 부여, 자기 준거성의 정점을 찍는다. 이 점에서 자기 정체화는 **모든** 종류의 자기 정립과 대립하지 않으며 그 모델이다.

자기 정체화는 '진보적' 버전에서 핵심일 것이다. 그러나 자기 정체화는 나르시시즘의 '자유주의적' 버전 또한 규정하는 범례를 아주 명확히 보여 준다. 사회적 기준에 대한 거부가 그것이다. 이쪽에서는 성적인 정의에 대한 거부가, 저쪽에서는 보건 위생 조치부터 소셜 미디어 규칙에 이르기까지 주어진 사회적 규제에 대한 거부가 된다. 다시 말해 '외부 규제'로, 나의 규칙이 아닌 규칙으로 생각되는 것에 대한 거부다.[133] 이쪽에서는 성적 자기 정의가, 저쪽에서는 보편적 세계 관계로서의 자기 정의가 된다.

요컨대 나르시시즘적 '도덕'을 이루는 모든 것이 자기 정체화에서 하나로 묶인다. 자신의 사회성에 대한 부정, 자아의 무제한적 자기 정립, 보편 범주의 거부. 그리고 동시에 그 귀결인 모순, 다시 말해 이 모든 것에 동반하는 사회적 인정의

----

[133] 나의 규칙이 아닌 규칙에 대한 이러한 거부는 '생각이 다른 사람들'부터 일론 머스크까지 넓은 스펙트럼을 포괄한다. 공상에 빠지는 정도가 계급적 위치와 반비례한다는 것을 여기에서 볼 수 있다. 즉 가난할수록 더 공상적이다. 하지만 동시에 순수한 자기 정립이라는 이상은 늘 환상에 그친다.

필요성까지.

왜냐하면 모든 자기 정립은 얼마나 급진적이든, 얼마나 개별적이든, 얼마나 구체적이든 간에 보편적으로 유효하기를 원하고 보편적으로 유효해야 하기 때문이다. 자기 정립은 인정을 받아야 한다. 어떤 형태의 자기 정립이든 그렇다.

따라서 내적 자기 확신으로는 충분치 않다. 그것은 헤겔의 표현처럼 또한 "보편적 매체 안에 놓여야" 하기 때문이다. 내적 자기 확신이 법을 자처하지 않을 때도. 즉 자기와의 동일성, 오늘날 최고이고 가장 유효한 이 확신, 순수한 '나는 나다'는 모든 자기 준거성에도 불구하고 대상화되고 외면화되어야 한다. 그리고 이를 위한 매체는 헤겔에 따르면 **언어**다. 언어 안에서 개인과 그 모든 구체성은 인정받을 수 있다. 언어 안에서 개인은 '그러한 존재'로 인정을 받을 수 있다. 어떻게? 이 구체적 개인이 자기를 나타냄으로써. 구체적 개인이 **자기를** 표현하고, **자기를** 표명함으로써. 구체적 개인이 자신의 확신을 표명함으로써. 우리는 이를 자기 정체화에서 보았다. 그리고 이것은 모든 영역에, 모든 버전에 적용된다. 자기를 지칭하는 것, 그리고 바로 그럼으로써 자기를 보편적으로 만드는 것이 중요하다.

정리해 보자. 오늘날 우리 모두가 되려 하는 순수한 자아는 "직접적인 자기 확신의 형식에서……확언의 형식으로" 옮겨 감으로써 실현된다고 헤겔은 말한다. 즉 '나는 내가 ……라고 느낀다'에서 '나는 ……다'라는 주장으로 옮겨 감으로써. 헤겔은 흉내 낼 수 없는 특유의 유머를 담아 말한다. 이 확언은 나의 확신이 본질이라는 것을 내가 확신한다는 것을 확언한다고.[134] 이러한 동어 반복의 소용돌이 속에서 침몰하기 전에 우리는 오늘날 우리에게 중요한 동기를 확인하려 한다. 헤겔에 따르면 중요한 것은 이러한 확언의 표명이다. 왜냐하면 확언의 표명은 '그 특수성의 형식'을 지양하기 때문이다. 내가 그것을 표명함으로써, 내가 자기가 누구인지 혹은 무엇인지를 표명함으로써(오늘날 모두가 계속해서 하는 일이다.) 그것은 보편적인 것이 된다. 이로써 오늘날 언어에 대한 우리의 강박도 해명된다. 우리는 이제 언어가 나르시시즘적 주체의 매체라는 것을 알 수 있다. 이 매체 안에서 나르시시즘적 주체는 자신의 개별성과 구체성을 그대로 인정받을 수 있다.

그럼에도 이는 오늘날 우리의 상황과 완전히 같지는 않다. 오늘날 우리의 상황은 또 한 가지 특징을 보인다. 왜냐하면 언어 자체가 근본적으로 변화했기 때문이다. 언어는 헤겔이 생각하는 보편성의 매체에서 나르시시즘의 매체, 즉 개인과 그 구체성의 매체가 되었다. 이러한 변화는 언어의 '나르시시즘적 전환'을 의미한다.

---

[134] Hegel, *Phänomenologie*, p. 479 f.

여기에서 두 사람의 언어 전문가를 따라가 보자. 편집자 카타리나 라베와 번역가 올가 라데츠카야는 한 대담에서 이 나르시시즘적 전환의 핵심 동기를 말한다.[135]

두 사람의 출발점은 점점 더 세분화되는 사람 지칭 명사다. 이로써 보편적 개념이던 사람 지칭 명사는 이름과 같은 것이 된다. 이러한 경향이 계속된 결과 개인을 더 이상 남성 또는 여성같이 보편적으로 지칭하지 않고 구체적, 개별적, 성적으로 사람을 **표시**하는 지경에 이르렀다. 예컨대 젠더 별표, 밑줄, 사이 콜론[136]과 기타 정체성 표시를 사용하는 것이다.

우리라면 이것이 언어를 우리의 나르시시즘적 규준인 구체성에 맞추려는 시도라고 말할 것이다. 그럼 언어는 매체가 되면서 나르시시즘적 '도덕'의 도구도 된다. 이를 언어의 반(反)코페르니쿠스적 전환이라고도 칭할 수 있을 것이다. 보편성의 매체(그래도 자기에 대해 어느 정도 거리를 두었다.)는 자기 중심화의 매체가 되어야 하는 것이다.

'나는 나다'라는 확언은 이렇게 언어적 표상에 대한 권리

---

〔135〕 *Perlentaucher*, Im neuen Turm zu Babel(2021. 8. 23) 참조.

〔136〕 독일어에서 사람을 지칭하는 명사는 남성을 기본형으로 하고 여성을 표현할 때는 어미 -in이 덧붙는다. 따라서 성 평등의 관점에서, 그리고 양성으로 규정할 수 없는 여러 성 정체성을 포괄하기 위해 모든 기본형 명사와 여성형 어미 사이에 별표(*)나 밑줄, 콜론을 붙인 성 중립 표기를 사용하는 경우가 늘고 있다. 예를 들어 '운전자'를 의미하는 명사 Fahrer를 Fahrer*in, Fahrer_in과 Fahrer:in으로 표기하는 것이다.—옮긴이 주

가, 아니 더 나아가 요구가 된다. 즉 모든 개인은 각자 자신의 특수성이 언어적으로 인정받기를 요구한다고, 라베는 말한다. 이로써 늘 새로운 특수화 형태와 함께 언어가 개별화되는 것은 자명한 결과라고 말이다.

이러한 전환은 오래전부터 더 이상 정치적 올바름과 그 해방적 요구, 그리고 이따금 과잉된 형식에 국한되지 않는다. 언어적 개별화의 새로운 규칙은 공공 관청, 회사, 광고, 매체, 언론 보도, 박사 학위 취득 규정, 구인 공고, 고객 세일즈 등 도처에서 발견할 수 있다고, 라베는 말한다. "비개인적 심급인 관청 또는 시장은 내가 생각하는 그런 나에게 몹시 개인적으로 말을 건다." 이는 모두가 각자의 구체성을 나타낼 수 있을 뿐 아니라, 외부에서 그런 구체적인 나에게 말을 걸고 닿을 수 있다는 환상이다. 누구에게나 몹시 개인적으로.

그런데 언어의 개별화 과정, 언어가 나르시시즘적 '도덕'의 매체로 전환되는 과정에서 '도덕적' 물음의 재정식화도 일어난다. 우리가 반코페르니쿠스적 전환이라 칭한 것과 부합하는 이 재정식화는 라베에 따르면 다음과 같다. '언어가 나를 정당하게 평가하는가?' 그리고 오직 나만이, 오직 각각의 자아만이 자신이 제대로 인정을 받는다고 느끼는지, 혹은 모욕을 받는다고 느끼는지를 각자 결정할 수 있다.

자아와 그의 느낌은 여기에서 결정적인 심급이다. 그리고 이러한 인정이 결코 실제로, 결코 완전히 성공할 수 없다는 것

은 너무도 분명한 사실이다. 왜냐하면 헤겔의 낭만주의 주체
에서 언어적 표현이 아직 어떤 보편성으로 가는 통로라면, 언
어의 보편성을 개별성으로 뒤바꿀 지금의 전환은 만회할 수가
없기 때문이다.

　그 결과는 명확하다.

　한편으로는 만일 모두가 직접 보편성이 되고자 한다면(그
리고 이로써 우리는 헤겔에게로 돌아간다.) 그 결과는 필연적으로
"만인의 만인에 대한 보편적 저항과 투쟁"[137]일 것이 명약관
화하다. 모두가 각자 '자기 자신의 개별성'을 관철시키려 시도
할 것이다. 하지만 모두가 똑같은 일을 시도하고 그래서 서로
맞선다면 누구도 정말로 그것을 이루지는 못한다. 그 귀결을
헤겔은 보편적 적대라 부른다. 오늘날의 공적 담론에 정말 딱
들어맞는 말이다.

　하지만 다른 한편으로 반대의 결과도 있다. 자기 지칭, 자
기 표명은 헤겔이 자기 준거성을 일컫는 멋진 표현처럼 "고독
한 예배"에 그치면 안 된다. 자기 표명은 신앙 공동체를 만들
수도 있다. 그러니까 그룹, 공동체를 말이다. 어떤 종류의 공
동체든 간에 그것을 결속하는 끈은 항상 "그들의 양심과 선의
를 서로 확언하고, 이러한 서로의 순수함을 기뻐하며, 앎과 표
명의 훌륭함과 그러한 탁월함을 보호하고 돌보는 일의 훌륭함

[137]　Ibid., p. 282.

을 즐거워하는 것"[138]이다. 이것이 퀴어부터 온갖 종류의 라이프스타일 그룹까지 오늘날 도처에서 발견되는 나르시시즘적 공동체에 대한 멋진 설명이 아니라면 무엇이겠는가?

취약한 버전의 나르시시즘적 '도덕'에서는 또 한 가지 특징이 추가된다. 다치기 쉬운 자아는 스스로를 보호하거나, 아니면 보호를 받아야 한다. 가령 유명한 트리거 워닝(Trigger warning) 같은 규칙에 의해. 이때 구축되어야 할, 즉 자아에게 상처를 입히는 모든 종류의 위해에 대해 안전과 보호를 제공해야 할 **안전 공간**을 지젝은 '고치'라 부른다. 고치로서 나르시시즘적 공동체는 대양적 공간이 된다. 가령 숱하게 인용되는 대학의 예처럼. 대학은 그런 대양적 공간으로 바뀌어야 하며, 우리가 이제 말할 수 있는 이차적 나르시시즘을 위한 공간으로서 보호를 제공하는 것이다.

나르시시즘적 공동체와 그 헤게모니의 변화 또한 여기에서 분명히 드러난다. 달아나 방황하던 1960년대 아이들의 은신처였던 초자아 문화의 구석은 안전 공간이 되었다. 이 안전 공간은 대양적인 것의 영역을 공격적으로 표시한다.

그런데 취약한 형태든 견고한 형태든 간에 이런 모든 종류의 신앙 공동체는 한 가지 공통점을 가진다. 자기의 탁월함에 대한 상호 확언에서 사교성이 발생한다. 하지만 사회는 생기

〔138〕 Ibid., p. 481.

지 않는다. 달리 말하면 나르시시즘적 공동체는 사교성만 안다. 왜냐하면 자기의 탁월함에 대한 상호 확언은 자기 정의와 마찬가지기 때문이다. 여기에서 인정은 스스로의 자기 확신의 '반향'일 뿐이다. 반향. 이 모든 경우에, 이 모든 신앙 공동체에 인정의 가상만이 존재한다는 점을 분명하게 보여 주기에 헤겔의 이 표현보다 더 적확한 표현은 아마 없을 것이다. 이러한 인정은 실제 인정이 아니라, 스스로의 자기주장의 반향일 뿐이다.

이 '인정'은 따라서 공통성에 근거하지 않는다. 기껏해야 반향들의 더하기일 뿐이다. 스스로의 자기 확신을 다지는 일일 뿐이다. 하지만 그것은 한 사람을 격리 상태에, 헤겔의 표현처럼 "깊디깊은 내적 고독" 속에 내버려 둔다.

따라서 이러한 모으기, 이러한 더하기, 이러한 나르시시즘적 사교성은 사회성의 가상일 뿐이다. 그것은 사회성의 환상이면서 사회성에 대한 부정을 유지한다. 즉 자기를 정의하는 자들의 '사회성'이다. 신앙 공동체에서조차, 일반 공동체에서조차 나르시시즘의 이 본질적 동기를 유지할 수 있다. 여기에서 발생하는 것은 사회성의 부정을 통한 역설적 사회 됨이다. 이것은 모든 나르시시즘 변종에서 발견된다.

그런데 이 모든 환상과 함께 나르시시즘적 '도덕'은 스스로가 이해하는 것처럼 권능 부여의 실천일까? 제약도 제한도 없는 순수한 해방의 실천, 자유의 실천일까?

'나는 나다'라는 이 자기 정립이 그 모든 형태에서, 그 모든 버전에서, 그 모든 포럼에서 모순을 내포한다는 것을 우리는 보았다. 그것은 순수한 자기 확신, 그러니까 내적 확신과 외적 인정 사이의 모순이다.

이제 우리는 마지막으로 이 모순이 어떤 결과를 가져오는지 보아야 한다.

자기 확신은 바로 자신의 감정에 근거하므로 절대적인 동시에 불안정하다는 사실이 여기에서 드러난다. 자기 확신은 내적 불안정성에 시달린다.(감정은 바뀐다. 내가 감정을 얼마나 신뢰할 수 있을까?) 그런데 자기 확신은 마찬가지로 외적 불안정성에도 처해 있다.(내가 느끼는 정체성이 받아들여지고 존중을 받을까? 그것이 유효할까? 나는 어떻게 그리고 무엇으로 인식될까?)

그것은 내가 느끼는 정체성일 뿐이기에, 그것은 나의 감정 외에 다른 토대를, 다른 근거를 가지고 있지 않기에(그리고 이는 모든 나르시시즘 버전에 적용된다는 점을 여기에서 다시 한번 강조해야겠다.) 바로 그래서 이 정체성에 대한 동의는 아주 특별한 위상을 가진다.

왜냐하면 승인을 받아야 하는 것은 나의 가장 개인적이고 가장 구체적이며 개별적인 정체성이기 때문이다. 다시 말해 나의 정체성에 대한 동의는 동등한 자들의 대칭적 인정이 아니며, 공통된 보편성에 준거하지 않는다. 그것은 나의 가장 개인적이고 가장 구체적이며 개별적인 본질의 인정일 뿐이다.
이 본질은 따라서 동의를 얻으려면 완전히 외화[139]되어야 한
다. 이로써 인정은 근본적인 나르시시즘적 보증, 실존적인 동
의가 된다. 이 동의는 나의 가장 내밀한 확신을 승인해야 하기
에 다른 어떤 인정보다도 실존적이다. 우리가 보루로 삼는 반
향 공간의 밖에서든 안에서든 상관없이.

그런데 이 말은 아무리 트리거 워닝이 있더라도 어떤 소모
임도, 라이프스타일 그룹도, 골프 클럽도, 자기의 탁월함을 상
호 확언하는 신앙 공동체도 실은 고치가 아니라는 뜻이다. 경
쟁의 저편도, 고유 가치도, 성공 속에서의 안전도 실제로는 없
는 것처럼. 왜냐하면 항상 자신을 실존적으로 내맡겨야만 구
원에 도달할 수 있으니까. 실존적인 의미에서 우리는 자신의
아주 구체적인 실존 속에서, 완전히 개별적으로, 어떤 보편 범
주의 보호도 없이 인정에 자신을 내맡긴다.

우리는 여기에서 자기 정립이 그 반대로 전도되는 것을 본
다. 순수한 자기 권능 부여라는 이상은 완전한 내맡겨짐으로
전도된다. 사회성에 대한 한없는 거부는 사회성에 대한 실존
적인 의존을 불러온다. 왜냐하면 이때 자아는 전례 없는 방식
으로 저당을 잡히기 때문이다. 바로 그래서 자기 관계는 고통
이 된다. 우리의 출발점인 현실적 실존 조건에 대한 상상적 관

---

〔139〕 원문인 entäußern은 '양도', '포기'라는 뜻도 있다. — 옮긴이 주

계, 즉 이데올로기가 단순히 혹사당하는 자를 위한 위로, 거짓된 전원, 공상적 현실 도피주의, 기만적 희망만이 아니라는 사실이 여기에서 드러난다. 그것은 독특한 괴로움이기도 하다. 나르시시즘은 이 동기에 아주 특별한 완벽성을 부여했다. **나르시시즘의 고통**을 통해서. 왜냐하면 이때 우리는 너무나도 가차 없이 자신을 노출하기 때문이다. 우리의 근본까지.

그러므로 모든 버전의 자기 정립은 권능 부여, 즉 보편성의 억압으로부터의 해방일지 모르지만, 동시에 완전한 자기 외화[140]에 이른다. 따라서 결론은 이렇다. 그것은 자기성(自己性)의 도취, '나는 나다'라는 동어 반복의 도취다. 다른 말로 하면 자발적 복종이다. 즉 권능 부여로 체험되는 복종이다. 우리의 복종은 나르시시즘의 복종이며 나르시시즘적 '도덕'의 복종이다. 나르시시즘적 '도덕'은 일련의 모순으로 입증되었다. 그것은 도덕으로서 반도덕적 원리다. 사회성으로서 반사회적 원리다. 인정을 필요로 하는 자기 정립이다. 그리고 그 인정은 반향일 뿐이다.

이 책은 에티엔 드 라 보에시의 구호로 시작했다. 그러나 오늘날 우리의 상황에서 우리를 자발적 복종으로부터, 우리의

---

[140] 원문의 Selbstentäußerung은 '자기 양도', '자기 포기'를 뜻할 수도 있다.—옮긴이 주

예속 상태로부터 벗어나게 하는 구호는 불가능하다. 대체 어떻게 반항해야겠는가? 누구에게서 자신을 해방해야겠는가?

그럼 헤겔식의 해결책은 어떨까? 헤겔이 볼 때 나르시시즘적 '도덕', 나르시시즘적 이데올로기는 자체적인 모순 때문에 필연적으로 실패하고 붕괴할 수밖에 없을 테고 거기에서 어떤 새로운 형상이 생겨날 것이다.

오늘날 우리에게는 라 보에시의 가능성이 없다. 그리고 헤겔식의 낙관주의도 없다. 그렇다면 우리에게 남은 건 나르시시즘의 이데올로기가 막다른 골목이라는 사실을 확인하는 것뿐이다.

Die Qualen des Narzissmus

나르시시즘의 고통

우리는 왜 경쟁적인 사회에
자발적으로 복종하는가

1판 1쇄 펴냄 2024년 6월 7일
1판 3쇄 펴냄 2024년 10월 11일

지은이 이졸데 카림
옮긴이 신동화
발행인 박근섭, 박상준
펴낸곳 ㈜민음사

출판등록 1966. 5. 19 (제16-490호)
서울특별시 강남구 도산대로1길 62(신사동)
강남출판문화센터 5층
대표전화 02-515-2000
팩시밀리 02-515-2007